Traumhafte Strände und Buchten und die sprichwörtliche Gastfreundschaft locken jährlich Tausende von Touristen in die Türkei. Doch darüber hinaus gibt es sehr viel mehr zu entdecken: Der Reisebegleiter Türkei lädt ein, das Land, seine faszinierende Kultur und Literatur kennenzulernen. Einheimische und ausländische Autoren begleiten uns auf der Reise durch das Land und erzählen vom Alltag, vom Leben, von der Denkweise und den Sitten der Menschen in der heutigen Türkei: der Nobelpreisträger Orhan Pamuk, Adalet Ağaoğlu, Bilge Karasu und Mario Levi ebenso wie Homer und Sappho, Franz Werfel, Christa Wolf, Louis de Bernières, Giorgos Seferis u. v. a.

Als Literaturland wird die Türkei erst in den letzten Jahren stärker wahrgenommen, wozu unter anderem der Nobelpreis für Orhan Pamuk beigetragen haben mag. Dabei ist türkische Literatur vielfältig und vielstimmig und keineswegs auf orientalische Märchen beschränkt. In Form und Thematik ist sie längst in der Moderne angekommen.

Das multikulturelle Istanbul hat eine lebendige literarische Szene mit vielen jungen Autoren, die beginnen, sich über die Grenzen des Landes hinaus einen Namen zu machen. Doch auch in der Hauptstadt Ankara, im Inneren Anatoliens, an den Mittelmeerküsten und im weitgehend unbekannten Osten gibt es erstaunliche literarische Entdeckungen zu machen.

Der Reisebegleiter präsentiert schwerpunktmäßig die türkische Literatur und zeigt zugleich, wie seit Jahrtausenden – angefangen bei Homer – vom Boden der heutigen Türkei Anregungen für die europäische Literatur ausgegangen sind.

insel taschenbuch 3349
Türkei

Türkei

Ein Reisebegleiter

Von Barbara Yurtdas
Mit farbigen Fotografien
und einer Landkarte

Insel Verlag

insel taschenbuch 3349
Originalausgabe
Erste Auflage 2008
© Insel Verlag Frankfurt am Main und Leipzig 2008
Vertrieb durch den Suhrkamp Taschenbuch Verlag
Umschlag: Elke Dörr
Satz: Hümmer GmbH, Waldbüttelbrunn
Druck: Druckhaus Nomos, Sinzheim
Printed in Germany
ISBN 978-3-458-35049-1

1 2 3 4 5 6 – 13 12 11 10 09 08

Inhalt

Vorwort

Einen literarischen Reisebegleiter für die Türkei zu verfassen erscheint so notwendig wie vermessen. Notwendig, weil die meisten deutschsprachigen Türkeiführer zwar dem historischen Interesse des Reisenden entgegenkommen, jedoch die Literatur stiefmütterlich behandeln. Es gibt genügend Hand- und Sachbücher für den, der auf die Zeugnisse der jahrtausendealten Geschichte des Landes neugierig ist. Manche Reisenden möchten darüber hinaus den Alltag, das Leben, die Denkweise und die Sitten der Menschen in der heutigen Türkei kennenlernen. Da sind Romane, Erzählungen, Gedichte und Theaterstücke eine hervorragende Möglichkeit, das Land aus der Sicht der Einheimischen zu betrachten.

Der Nobelpreis für Orhan Pamuk hat in Deutschland den Blick auf die türkische Literatur gewandelt. Beklagte noch Petra Kappert in ihrem Nachwort zu der Anthologie *Türkische Erzählungen des 20. Jahrhunderts* (Insel), es werde türkischen Autoren »als Dreistigkeit oder Unbescheidenheit verübelt«, wenn sie »erklären, sie wollten *Weltliteratur* schreiben«, weil die erwartete »Exotik« fehle, so hat sich hierzu der Preisträger nicht nur mehrfach in den Medien deutlich geäußert, sondern in seinen Romanen auch bewiesen, daß er mit Thomas Mann, Dostojewski, Turgenjew, Eco und Kafka, um nur einige zu nennen, im künstlerischen Dialog steht.

Orhan Pamuk ist durchaus kein Einzelfall. Moderne – oder postmoderne – türkische Autorinnen und Autoren kennen die europäische und amerikanische Literatur wesentlich besser, als das umgekehrt der Fall ist. Die intensive Auseinandersetzung etwa mit Erzähltechniken und Sprachtheorie, das intertextuelle Spiel, Verweise auf Werke der »westlichen« bildenden Kunst und Musik, die Einbeziehung von Psychologie, Soziologie und Geschichte finden sich überreich zum Beispiel in den Werken von Adalet Ağaoğlu und Bilge Karasu. Die Epoche, in der die berühmten Dorfepen von Yaşar Kemal und Fakir Baykurt in Deutschland das Image der türkischen Literatur prägten, geht damit wohl zu Ende – wobei die Bedeutung des Genres *Dorfroman* für deren Entwicklung nicht geringgeschätzt werden soll.

Das riesige Land – gut doppelt so groß wie Deutschland bei annähernd gleicher Einwohnerzahl – ist ein sehr unterschiedlicher literarischer Nährboden. Auch zieht es die Autoren, entsprechend dem allgemeinen Wanderungstrend, nach Westen, und da wiederum in die großen Städte. Bei näherem Hinsehen zeigt sich, daß die türkische Literatur ebenso multikulturell ist wie die türkische Gesellschaft insgesamt, zum Teil noch als Erbe des Osmanischen Reiches. Gerade in Istanbul, der Literaturhauptstadt des Landes, spielt die Völkervielfalt eine Rolle, und zumal jüngere Autorinnen und Autoren wie etwa Elif Shafak, Mario Levi und Murathan Mungan schöpfen daraus thematische und sprachliche Anregungen.

In dem vorliegenden Reisebegleiter kommen schließlich auch nichttürkische Autoren zu Wort, soweit ihr Werk etwas mit dem Land zu tun hat. So begegnen uns Thorsten Becker, Franz Werfel, Christa Wolf und Edgar Hilsenrath neben Louis de Bernières und Giorgos Seferis. Daß auch Homer, Anakreon und Sappho unsere Wege kreuzen, sollte den historisch versierten Leser nicht erstaunen. Weniger bekannt ist die Tatsache, daß die weltweit ältesten Schriftstücke in einer indoeuropäischen Sprache mitten in Anatolien gefunden wurden.

Die Kapiteleinteilung des Reisebegleiters richtet sich nach Landschafts- bzw. Klimazonen. Nach diesem Prinzip Literatur zu ordnen ist ebenso »sinnvoll« wie die Bücher im Regal nach Größe oder Farbe einzustellen. Andererseits besucht der Gast in der Regel eine bestimmte Region, deren Literatur er auf diese Weise kennenlernen kann. Reiserouten wurden nicht vorgeschlagen, um dem Reisenden jede Freiheit zu lassen. Ein Autorenregister und die Übersichtskarte erleichtern die Orientierung.

Bleibt noch die Frage, ob »Orte« zum Verständnis von Literatur beitragen können – oder umgekehrt. Lese ich *Schnee* von Orhan Pamuk mit größerer Einfühlung, wenn ich Kars besucht habe, wo die Handlung großenteils spielt? Bin ich nicht eher enttäuscht, wenn ich in der heutigen Çukurova die poetische Landschaft aus den *Memed*-Romanen nicht mehr finde? Oder verklärt sich mir geradezu die karge anatolische Steppe durch die mystischen Lieder von Yunus Emre, wohingegen ich die unbedeutende Kleinstadt Sivrihisar im Andenken an Nasreddin Hoca plötzlich »witzig« finde? Probieren Sie es aus!

Zuletzt möchte ich mich bedanken für die Anregungen, die ich von vielen Seiten, insbesondere von meinem Sohn Hüseyin bekam, der mir auch in Übersetzungsfragen zur Seite stand. Besonders herzlich aber danke ich Renate Reifferscheid für ihre Geduld und ihren kompetenten Rat bei der Endfassung des Textes.

Barbara Yurtdas

GEORGIEN

TBILISI

Samsun

Trabzon   Rize

Giresun   Sumela-   P o n t u s   G e b i r g e
               Kloster

                                          Kars   Ani   ARMENIEN

                                                    JEREVAN

Sivas   Euphrat   Erzincan   Erzurum   Ararat

                                                    IRAN

Kayseri   Tunceli

                                      Muş

           Malatya   Tigris   Van-See   Van

Ceyhan   Diyarbakır

Ceyhan   Hakkari

Anavarza   Euphrat   Atatürk-
Kalesi   Stausee   Mardin

Musa Dağı Şanlıurfa   Harran-
           Antakya   Ebene
                Aleppo   IRAK

Samandağ

Asi   0   50   100   150   200   250 Km

Orontes   SYRIEN

Südküste

Wir sind auf dem Flughafen von Antalya angekommen, wo während der Hauptreisezeit fast im Minutentakt Jets mit sonnenhungrigen Europäern landen, unter denen die Deutschen die größte Gruppe stellen. War Antalya noch in den achtziger Jahren ein verschlafenes Provinzstädtchen, so wirkt die Entwicklung zum Touristenzentrum mit über einer Million Einwohnern in der Saison geradezu erschreckend. Doch in der Betonwüste müssen Sie nicht wohnen. Die Hotels und Clubanlagen befinden sich außerhalb der Stadt an Sand- und Kiesstränden, die sich viele Kilometer nach Norden und Süden hinziehen. Das riesige Ferienparadies mit zumeist strahlendem Wetter bietet außer Baden, Surfen, Segeln, Wellness, Schlemmen, Disco, Flirten auch viel Kultur.

Leicht gemacht wird der Zugang zur Geschichte, die – teilweise tragisch – mit der unseren verknüpft ist. Fast alle Reiseveranstalter haben Ausflüge zu griechisch-römischen oder frühchristlichen Stätten im Programm, sei es nach Pamukkale, Ephesos, Kappadokien, sei es zu den näher gelegenen Ruinen von Phaselis, Perge, Side oder Aspendos. Die Altstadt von Antalya erinnert mit dem Hadrian-Tor daran, daß hier jahrhundertelang die Römer herrschten. Bei der Teilung des Römischen Reiches kam Kleinasien zu Byzanz, das wiederum 1071 von den Seldschuken (Schlacht bei Malazgırt) besiegt wurde. Die Wehrtürme des früheren Stadttors von Antalya und das »gerillte Minarett«, *Yivli Minare*, das der mächtigste Seldschukensultan, Alaeddin Keykubat, 1220 aus Backstein errichten ließ, sind Zeugnisse der hochentwickelten seldschukischen Baukunst – die man freilich ausgeprägter in Konya, Sivas oder Erzurum bewundern kann. Die zum Weltkulturerbe gehörende Altstadt Antalyas ist im Sommer tagsüber heiß bis drückend, und die Fahrt mit dem Minibus vom Strandhotel zum Zentrum durch die ausufernden Neubaugebiete kann zur Qual werden. Wesentlich angenehmer erscheint der Kern von Antalya außerhalb der Hochsaison. Der Besuch der malerischen Altstadtgassen mit ihren renovierten Konaks (Herrenhäusern) aus osmanischer Zeit ist ebenso lohnend wie ein Tag im Museum. Anhand der reichhaltigen Sammlung bekommt man einen guten Überblick über die Geschichte der Küstenregion seit dem Paläolithikum: Die Höhle von Karain, wo vor wenigen Jahren die Reste einer steinzeitlichen Jägerkultur gefunden wurden, liegt unweit von Antalya.

Orientalische Märchen

Wenn Sie Ferienlektüre mitgenommen haben, dann wahrscheinlich nicht *Die Erzählungen aus den Tausendundein Nächten*, die in der deutschen Übersetzung von Enno Littmann immerhin sechs Bände umfassen. Doch wer weiß nicht um Şehrazades raffinierte Erzählkunst, der das Vertrösten auf die Fortsetzung der Geschichte, die jeweils an der spannendsten Stelle abbricht, das Leben gerettet hat? Obwohl die Sammlung von Helden- und Liebesromanen, Schwänken und Fabeln, Gedichten und zweideutigen Witzen, Geschichten von mystischer Frömmigkeit, Aufzeichnungen von Volksszenen und rhetorischen Debatten gar nicht in der Türkei, sondern in Persien und Arabien entstanden ist, kommen die gewieften Türken der Erwartung ihrer Gäste gerne entgegen, wenn sie ihre Nachtclubs, Cafés und Souvenirläden » 1001 Nacht« »Ali Baba« oder »Şehrazade« nennen.

Das Hadrianstor in der Altstadt von Antalya erinnert daran, daß hier jahrhundertelang die Römer herrschten. Später kamen die Seldschuken, die Kreuzfahrer, die Osmanen ... die Touristen.

Kurioserweise gehören die populärsten Erzählungen wie *Ali Baba und die vierzig Räuber*, *Sindbad der Seefahrer* und *Aladin mit der Wunderlampe*, die bei uns zumeist aus »gereinigten« Kinderausgaben bekannt sind, nicht zum Bestand der ursprünglichen Sammlung, sondern sind durch den Übersetzer ins Französische, Antoine Galland (1646-1715) aus zum Teil unbekannten Quellen hinzugefügt worden. Solche interessanten Details kann man in *Die Welt von Tausendundeiner Nacht* von Robert Irwin nachlesen. Der englische Wissenschaftler beleuchtet die Textgeschichte ebenso wie die abenteuerliche Geschichte der Übersetzungen und der Rezeption in Europa. Er wagt die These, daß dieses Werk, ähnlich wie die Bibel, die europäische und amerikanische Literatur derart beeinflußt hat, daß es alle kennen, auch wenn sie es nicht gelesen haben. Nachweisbar ist die Wirkung auf Joyce, Proust, Borges, Rushdie, Goethe und Hofmannsthal, aber auch auf den Filmemacher Pasolini, um nur einige Namen zu nennen.

Statt archetypischer Märchen wie in der Sammlung der Gebrüder Grimm finden sich in *Tausendundeiner Nacht* meist urbane Geschichten, die das Leben in den mittelalterlichen Städten Bagdad, Kairo und Damaskus spiegeln und die oft vom Leben einfacher Menschen handeln, von Barbieren und Lastträgern, Hufschmieden, Schuhflickern und Schulmeistern, vom Kadi oder Kaufmann. Diese Menschen bildeten denn auch die Zuhörerschaft des Erzählers oder Vorlesers. Wenn dieser allerdings den Lebensstil der Reichen und Mächtigen schildert, dann kaum aus eigener Anschauung. Er entwirft, wie Irwin sagt, »eine phantastische Vision des Lebens der Großen, eine Vision von Zeremonien hinter hohen Mauern, von Harems, in die niemand eindringen konnte, ohne hingerichtet zu werden, und vor allem von einem Leben ohne jegliche Mühe und Arbeit«.

Auch die vielen tatkräftigen Frauen, die ihr Leben geradezu emanzipiert gestalten, nicht zuletzt Şehrazad, die kluge, mutige Erzählerin, die von Feministinnen der Gegenwart als ein Vorbild angesehen wird, sind wohl kaum ein Abbild der mittelalterlich-arabischen Realität. Wahrscheinlich haben die Geschichten auch die Funktion, eine Gegenwelt zu entwerfen, nicht nur das Bekannte zu spiegeln. Auffällig ist etwa die Verherrlichung von Dieben, Kriminellen und Hochstaplern, die ihr »Handwerk« geschickt ausüben. Die arabische Literatur kennt laut Irwin einen »Kult von Listen und Tricks«, der sich gegen die rigide islamische Rechtspraxis wendet. Gegenüber den schlagfertigen, liebenswerten Gaunern wirken die Vertreter der Obrigkeit, Polizei und Juristen, plump und dumm. So enthalten die Texte durchaus ein subversives Element.

Vielleicht kennen Sie die Erzählung *Ali der Meisterdieb* in der Version von Elsa Sophia von Kamphoevener (1881-1963). Sie lebte als Tochter eines »Pascha«, wie die deutschen Militärberater am osmanischen Hof tituliert wurden, bis 1921 in der Türkei. Nach eigenem Bekunden als »ein abenteuerlustiges Mädchen, das ein leidenschaftlicher Reiter war, in Knabenkleidung durch Anatolien« streifend, wurden ihr die Erzählungen von Meister Fehim Bey anvertraut. Die beiden Bände *An Nachtfeuern der Karawan-Serail* sind inzwischen auch (wieder) in der Türkei angekommen. Reiseführer verkürzen ihrer deutschen Reisegruppe die Fahrt durchs Landesinnere gerne mit dem Vorlesen aus diesem Buch.

Man hat Kamphoevener, der Şehrazade der deutschen Soldaten im Zweiten Weltkrieg, die in der Nachkriegszeit auch sehr wirkungsvoll auf Schallplatten und im Radio zu hören war, vorgehalten, sie erfinde einen Fantasie-Orient oder verfälsche das Gehörte, denn türkische Originale ihrer Erzählungen seien nicht nachzuweisen. Im Vorwort zum zweiten Band verteidigt sie sich mit Hinweis auf die Tradition der türkischen Märchenerzähler, die stets ihren eigenen Stil gepflegt und große Freiheit bei der Ausgestaltung eines Erzählkerns genützt hätten. Auch wäre eine trockene Übersetzung aus dem Türkischen wegen der Knappheit der türkischen Sprache im Deutschen unpoetisch.

Jedenfalls haben ihre freien Nachdichtungen wesentlich mehr Resonanz gefunden als die Sammlungen türkischer Märchen, die später korrekt von Otto Spies, Adelheid Uznoğlu-Ocherbauer, Pertev Naili Boratav und anderen herausgegeben wurden. Doch Märchenmotive halten sich nicht an nationale Grenzen. Genauso wie man in der Sammlung aus *Tausendundeiner Nacht* unter anderem indische, byzantinische und lateinische Vorstufen erkennen kann, haben die türkischen Märchen auch aus anderen Quellen geschöpft und sind vielfach verbunden mit der arabischen, asiatischen und balkanischen Tradition. Die universal verbreiteten Erzählkerne wurden in der konkreten Ausgestaltung dann jeweils für die eigene Zuhörerschaft und ihre Bedürfnisse und Erwartungen umgestaltet.

Lesenswert sind die türkischen Märchen allemal, denn trotz der phantastischen Elemente wie Feen, Geister, Zauberpferde, fliegende Teppiche und wunderbare Verwandlungen zeichnen sie ein relativ genaues Bild gesellschaftlicher Zustände früherer Epochen. Der Märchenerzähler (*meddah*) war der Einzige, der in osmanischer Zeit Kritik an den Mächtigen und Reichen formulieren und sozusagen mit Volkes Stimme Mißstände anprangern konnte. Außerdem gewinnt der Leser viele Einblicke in türkische Sitten und Charakterzüge, wie Gastfreundschaft, Tapferkeit und Freundestreue, Handelssitten, Frömmigkeit und Familienbindungen, die in abgewandelter Form heute noch Gültigkeit haben. Wer freilich in der modernen Türkei einen märchenhaften Orient erwartet, kann leicht enttäuscht werden.

Kreuzzugsliteratur

Das Orientbild des Abendlandes ist bis heute zu einem Teil von den Berichten der Kreuzfahrer geprägt. Schon im 12. Jahrhundert beziehen sich in Frankreich Kreuzzugsepen auf die Eroberung Antiochiens und Jerusalems während des ersten Kreuzzugs (1096-99). Mittelhochdeutsche Versepen berichten in den Biografien einzelner Helden von den Kreuzzügen; sie werden aber dort nicht so gewichtig behandelt, wie man das bei einem Thema, das über zwei Jahrhunderte hin die Gemüter bewegte, vermuten möchte. Auch in der Gegenwart beschäftigen sich in historischen Romanen häufiger französische und englischsprachige Autoren mit den Kreuzzügen als deutsche.

In jenen Kämpfen, die ja unter anderem eine Reaktion des christlichen Abendlandes auf das Vordringen der Seldschuken waren und die heiligen Stätten in Jerusalem vor den Muslimen schützen sollten, war Antalya – wie die übrige türkische Mittelmeerküste – mehrfach von europäischen Rittern besetzt, wovon auch diverse, heute meist zerstörte Ritterburgen zeugen. So wäre jene in Silifke östlich von Anamur gelegene wohl kaum erwähnenswert, wenn nicht unweit davon im Fluß Göksu (früher Selef oder Saleph) am 10. Juni 1190 Kaiser Friedrich I. Barbarossa angeblich beim Baden ertrunken wäre. Daran erinnert eine Gedenktafel auf einem Parkplatz über der tief eingeschnittenen Schlucht des Göksu.

Der Anlaß für den dritten Kreuzzug (1189-1192) war die

Einnahme Jerusalems durch Sultan Saladin (gest. 1193). Man muß sich vor Augen halten, daß Jerusalem auch für die Muslime ebenso wie für Christen und Juden ein heiliger Ort war und ist.

Unter den Kreuzfahrern gab es viele, die nicht aus religiösen Gründen, sondern aus Besitzgier, Abenteuerlust oder um einer Strafe zu entgehen, an der Reise ins Heilige Land teilnahmen. Zudem hatte der Papst allen Teilnehmern einen vollständigen Ablaß, das heißt den Erlaß der Sündenstrafen im Fegefeuer, versprochen. In der Umgebung Kaiser Barbarossas wurde vor dem Aufbruch auf dem Mainzer Hoftag von 1188 die Lauterkeit der Motivation der Ritter diskutiert und alle zu ernsthafter Besinnung ermahnt. Dabei kamen auch bekannte Minnesänger zu Wort. Friedrich von Hausen, der 1190 auf dem Kreuzzug verstarb, dichtete:

> »Min herze und min lip diu wellent scheiden,
> diu mit ein ander varnt nu mange zit.
> der lip will gerne vehten an die heiden:
> so hat iedoch daz herze erwelt ein wip
> vor al der werlt. Daz müet mich iemer sit, ...«

Die wörtliche Übertragung dieses Gedichtanfangs lautet nach Borries: »Mein Herz und mein Leib, die wollen sich trennen, / die miteinander gewandert sind so lange Zeit. / Der Leib will gerne fechten gegen die Heiden, / jedoch das Herz hat sich erwählt eine Frau / vor der ganzen Welt. / Das bekümmert mich seitdem, / ...«

Hausens Kreuzzugslied thematisiert so den Zwiespalt zwischen dem Minnedienst, der von einem Liebenden Beständigkeit verlangt, und der Pflicht zum Kreuzzug, wie sie die Gefolgstreue zum Kaiser vom Ritter fordert. Der Sänger argumentiert, man dürfe ihn nicht als unstet schelten, wenn er die bisher angedichtete Frau verlasse, denn diese habe es verdient, da sie seine höhere Verpflichtung nicht verstehen wolle.

Der berühmte Verfasser höfischer Romane, Hartmann von Aue, hat ebenfalls zwei Kreuzzugslieder verfaßt, die eine völlige Absage an die weltliche Minne propagieren und die Bekehrung des Herzens zu Gott fordern. Vom Tod seines Lehnsherrn zutiefst erschüttert, hat Hartmann alle Freude am Leben verloren und trachtet nur noch nach der Seligkeit. Den Tod im Heiligen Land kalkuliert er ein. Doch anders als Hausen bleibt er am Leben und kehrt zurück. Historisch gesichert ist allerdings nicht, ob Hartmann mit Barbarossas Troß gezogen ist.

Auch andere Minnesänger, wie Heinrich von Rugge, Walther von der Vogelweide, Albrecht von Johansdorf haben, von der Sache überzeugt und in werbender Absicht, Kreuzzugslyrik verfaßt. Kritische, ja ironische Töne finden erst spätere Dichter, z. B. Neidhart von Reuenthal und der Tannhäuser, die wahrscheinlich den Kreuzzug Kaiser Friedrichs II. begleiteten, als sich dieser 1228 als ein vom Papst Gebannter nach Akkon einschiffte. Gerade dieser Kaiser, der für sein ungewöhnliches wissenschaftliches Interesse und seine Sympathie für die arabische Kultur bekannt ist, erreichte ganz ohne Krieg, nur durch Verhandlungen, die Rückgabe Jerusalems. Daß die Kreuzzüge insgesamt ein militärischer Mißerfolg und mehr noch, was die Werbung für die Religion der Liebe angeht, eine moralische Katastrophe waren, steht auf einem anderen Blatt. Wir müssen uns bis heute mit den Folgen auseinandersetzen. Sehr zögerlich hat die katholische Kirche das begangene Unrecht zugegeben.

Kehren wir zurück zum Beginn des dritten Kreuzzugs, bei dem unter Kaiser Friedrichs Führung ca. 15 000 deutsche Kreuzfahrer, davon 3000 Ritter, über türkisches Gebiet zogen. Sie wählten den Landweg, nicht wie die englischen und französischen Kontingente die Anfahrt zu Schiff. Kaiser Isaak II. von Konstantinopel wollte Barbarossa den Durchzug durch sein Reich nicht erlauben, es kam zur Schlacht, nach der die deutschen Ritter bei den Dardanellen nach Kleinasien übersetzten. Dort regierte der Seldschukensultan Kılıç Aslan II. (gest. 1192) in der Hauptstadt Konya. Nachdem Barbarossa diese besetzt hatte, akzeptierte der Türkenherrscher in ritterlicher Art seine Unterlegenheit und bemühte sich, dem deutschen Heer den Weg zu ebnen und es mit Vorräten auszustatten. Das ist in der historischen Erzählung von Wilfried Westphal *Richard Löwenherz und Saladin* nachzulesen. Die im Titel genannten Personen sind die eigentlichen Protagonisten, die nach dem Tod Barbarossas und der Auflösung des deutschen Heeres den Kreuzzug fortsetzen.

Die tragischen Ereignisse am Saleph/Göksu kommen in diesem Buch nur knapp zur Sprache. Die vom Autor zitierte mittelalterliche Quelle weiß nichts von einem badenden Kaiser, vielmehr habe dieser nicht warten wollen, bis die Tragtiere die Furt durchschritten hätten und diese überholt, wobei ihn das Wasser mitgerissen habe. Eine weitere Variante bietet Umberto Eco in dem Roman *Baudolino* an. Nach der Schilderung des Ich-Erzählers Baudolino, der als dreizehnjähriger hochbegabter italienischer Bauernbursche vom Kaiser adoptiert worden war, ist Barbarossa gar nicht ertrunken, sondern schon in der vorhergehenden Nacht in der Burg seines Gastgebers, eines armenischen Ritters, gestorben. Baudolino vermutet einen Mord, doch diesen zu beweisen, scheint unmöglich, denn das von den Getreuen bewachte Schlafzimmer war von innen verriegelt, die Fenster waren verschlossen und sogar der Kamin

*»Die Hänge des Taurusgebirges steigen von der Mittelmeer-
küste her ganz allmählich bis zu den schneebedeckten Gip-
feln an«,* so beginnt der Roman Mehmed, mein Falke *von*
Yaşar Kemal.

war verstopft. Aber gerade darin liegt wohl die Lösung. Denn der Kaiser zündete sich ein Feuer an. Der in naturwissenschaftlichen Experimenten erfahrene Burgherr muß dies einkalkuliert haben. Baudolino setzt sich die Aufgabe, den Tod seines »Vaters« zu rächen, aber vorderhand muß die Leiche aus der Burg geschafft und ein Badeunfall inszeniert werden, um die Bewacher von der Pflichtvergessenheit freizusprechen

»Sie banden den Leichnam Friedrichs los und entkleideten ihn bis auf das Wenige, was ein schwimmender Kaiser braucht, um seine Sittsamkeit zu wahren. Kaum hatten sie ihn in den Fluß gestoßen, riß ihn die Strömung mit sich. (...) Der Körper Friedrichs trieb kreiselnd talwärts, verschwand unter Wasser und tauchte ein Stück weiter vorn wieder auf. Von weitem war nicht leicht zu erkennen, daß da ein Mensch am Ertrinken war. Endlich begriff es jemand, drei Reiter sprengten ins Wasser, doch als der Körper bei ihnen ankam, stieß er gegen die Hufe der erschrockenen Pferde und wurde vorbeigerissen.«

Noch immer ist der Göksu ein reißender Gebirgsfluß, doch dies beweist nichts. Was mit der Leiche geschah, ist ebenfalls nicht ganz geklärt. Angeblich wurden die Eingeweide entfernt und in Tarsus, der Geburtsstadt des Apostels Paulus, beigesetzt. Wo blieb der restliche Körper? Aus den Spekulationen konnte sich leicht die Kyffhäusersage entwickeln, wie sie in dem Gedicht *Barbarossa* von Friedrich Rückert anklingt. Die Hoffnung auf die Wiederkehr des Kaisers, der im Berg schläft und mit ihm »des Reiches Herrlichkeit«, hört sich leicht nationalistisch an. Weitaus fragwürdiger noch klingt die Ballade *Schwäbische Kunde* vom Ludwig Uhland (1787-1862), die Schüler früher oftmals auswendig lernen mußten, so daß manch einer heute noch daraus zitieren kann:

>Als Kaiser Rotbart lobesam
zum heil'gen Land gezogen kam,
da mußt er mit dem frommen Heer
durch ein Gebirge wüst und leer.«

Werden mit biederem Humor die Strapazen der Kreuzfahrt
beim Marsch durch Anatolien beklagt, so verläuft die erste
Feindberührung einfach glorios. Ein einzelner nachtrotten-
der »deutscher Reitersmann« wird von fünfzig Türken
attackiert, doch »der wackre Schwabe forcht' sich nit«.
Als deren einer »auf ihn den krummen Säbel schwang«,
ist Brutalität gerechtfertigt:

>Zur Rechten sieht man wie zur Linken
einen halben Türken heruntersinken.«

Das ist vom Dichter wohl komisch gemeint, denn vor dem
Kaiser, der sich für den tapferen Schwaben interessiert,
nennt dieser seine Tat doppeldeutig untertreibend »Schwa-
benstreiche«. Aus der heutigen Sicht gelesen, ist dies ein
ungeheuerlicher Text, der von einer feindseligen Überheblichkeit gegenüber Türken zeugt. Was für deutsche Ohren
vielleicht »witzig« klingt, beleidigt die Gegenseite. Jedenfalls ist schon einmal die Aufstellung einer Barbarossa-
statue am Göksu am Wunsch der Deutschen nach einem
Zitat aus der Ballade gescheitert!

Die Çukurova

Welchen Weg die Kreuzfahrer im Einzelfall genommen haben – es gibt mehrere Durchgänge durch den Taurus –, wissen wir nicht. Jedenfalls hat sich inzwischen die Küste östlich von Silifke durch die endlosen modernen Ferienhaussiedlungen bis zur Unkenntlichkeit verändert, und auch die Çukurova, eine durch die Flüsse Seyhan und Ceyhan geschaffene Schwemmlandebene, ist heute kein Sumpfgebiet mehr, sondern intensiv genutztes Ackerland. Zur Zeit der Kreuzzüge bestand hier das Kleinarmenische Königreich unter der Lehnshoheit des deutschen Kaisers. Vielerorts sind Reste von armenischen Burgen zu besichtigen, am lohnendsten ist Anazarbos (türkisch Anavarza Kalesi) bei Dilekkaya. In den *Memed*-Romanen von Yaşar Kemal spielt der Burgfelsen von Anavarza eine wichtige Rolle ebenso wie der Ceyhan mit seinen Nebenflüssen. Die wundervollen Landschaftsbilder, die der Autor entwirft, sollten Sie allerdings nicht zu einem spontanen Ausflug inspirieren, denn den Sommer über herrschen in der Çukurova drückende Hitzegrade, so daß zwar Reis und Baumwolle, Sonnenblumen und Mais prächtig gedeihen, aber auch die Mücken. Wie einnehmend ist dagegen die Lektüre:

»Die Hänge des Taurusgebirges steigen von der weiß schäumenden Mittelmeerküste ganz allmählich bis zu den Höhen der Taurusgipfel an. Über dem Mittelmeer kann man immer weiße Wolken sehen, die aufeinandergetürmt dahintreiben. Das Küstenland ist so glatt und ebenmäßig, daß man glauben könnte, es sei mit einer Glanzschicht überzogen. Sein Lehmboden läßt einen an Fleisch denken. Auf Stunden ins Landesinnere hinein riecht es hier nach Meer, nach der Schärfe des Salzes. Hinter den flachen Äckern mit ihrem von Furchen durchzogenen Lehm beginnt das Röhricht der Çukurova, bedeckt mit unentwirrbar ineinander verfilztem Gestrüpp, mit Brombeeren, Wildreben und Schilf – eine dunkelgrüne Hölle, ohne Anfang und Ende, dunkler und wilder noch als Urwald.

Ein Stück weiter landeinwärts, zur Rechten Anavarza, zur Linken Osmaniye, auf dem Weg nach Islahiye, kommt man in eine weite Sumpflandschaft. Hier brodelt es im Sommer ringsumher, wenn die Sümpfe kochen und der widerwärtige Geruch von verfaultem Schilf, Kraut und Holz, der Fäulnisgestank des Bodens, jedermann fernhält.«

So beginnt der Roman *Ince Memed* von Yaşar Kemal (geb. 1922), des in Deutschland nach Orhan Pamuk wohl bekanntesten Vertreters der türkischen Gegenwartsliteratur. Sein umfangreiches Werk liegt fast vollständig in deutscher Übersetzung vor. *Ince Memed*, sein erster Roman, mit dem er schlagartig berühmt wurde, erschien 1955 nach einem Vorabdruck in der linksliberalen Zeitung *Cumhuriyet*. Der deutsche Titel *Memed mein Falke* nimmt den Beinamen auf, den der Protagonist von seinen Bewunderern verliehen bekommt. Denn so dünn und schmächtig (das ist die Wortbedeutung von *ince*) der Held auch sein mag, er läßt wie ein kleiner Falke seine Beute nicht los. Die Handlung beginnt ohne genaue Zeitangabe mit der harten Kindheit des vaterlosen Bauernjungen Memed, der für den Großgrundbesitzer Abdi Ağa schuftet wie alle Bauernfamilien der fünf Dörfer der Distelplatte, die am Rand des Taurusgebirges in der nördlichen Çukurova liegen. Die Bauern müssen fast den gesamten Ernteertrag an den Ağa abliefern und im Winter von ihm Getreide kaufen, um zu überleben. Zwar erinnert man sich, daß es im 19. Jahrhundert freie Nomadenhirten und Bauern gegeben hat, doch jetzt reißen die Gutsbesitzer alles Land an sich, auch die fruchtbaren Böden der vertriebenen Armenier.

Seit seiner Kindheit liebt Memed die schöne Hatçe, die gegen ihren Willen mit dem Neffen des Abdi Ağa verlobt wird. Memed entführt sie, und als das Paar gestellt wird, erschießt der Entführer den Neffen. Darauf flieht Memed in die Berge und schließt sich einer Räuberbande an, von der er sich bald trennt, denn das skrupellose Vorgehen des Bandenchefs widerspricht seiner Auffassung von Anstand und Gerechtigkeit. Hatçe ist ins Gefängnis geworfen worden, wo sie die Zelle mit Iraz teilt, die sich an den straffrei ausgegangenen Mördern ihres Sohnes zu rächen versucht hat. Diese ältere Frau stärkt den Überlebenswillen der jüngeren. Als beide in ein anderes Gefängnis verlegt werden sollen, überfällt Memed den Transport und befreit sie. Nun folgt ein gefährliches Leben im Gebirge, bedroht von Gendarmen und feindlichen Banden. Hatçe gebiert während einer Schießerei einen Sohn, bei einem anderen Gefecht wird sie tödlich getroffen. Iraz beschließt, mit dem Kind in die Stadt zu gehen, während Memed die Amnestie zum zehnten Jahrestag der Republik (1933) annehmen und sich stellen will. Doch in seinem Heimatdorf wird er nicht freudig empfangen. Die alte Mutter Hürü beschimpft ihn: »So, Memed? Erst läßt du Hatçe dort oben umkommen, und jetzt gehst du hin und ergibst dich? Damit Abdi Ağa zurückkommen und wieder wie ein Pascha regieren kann? Also stellen willst du dich? Hasenherziger Tropf!«

Nicht aus persönlicher Rache erschießt Memed den Abdi Ağa, sondern weil die Bauern es von ihm verlangen. Damit hat Memed jedoch die Chance auf ein normales Leben verloren. Er muß wieder ins Gebirge fliehen, und am Ende des Romans heißt es: »Von Ince Memed hat man nie wieder etwas gehört.« Der große Erfolg dieses Buches veranlaßte den Autor nach vielen Jahren zu Fortsetzungen.

1969 erschien *Ince Memed II* (deutsch *Die Disteln brennen*); in den achtziger Jahren kamen zwei weitere Bände hinzu. Dieser Romanzyklus, der in der Türkei außerhalb der intellektuellen Elite ein breites Lesepublikum fand, wurde in viele Sprachen übersetzt und machte den Autor weltweit berühmt. Was die Übersetzungen wohl nicht zu transportieren vermögen, ist der sprachliche Reichtum, dieses herrliche regional gefärbte Dorftürkisch der Dialoge, dazu die plastische, bildhafte Ausdrucksweise, die im Original so witzig klingt.

Viele türkische Leser meinen, es habe Ince Memed wirklich gegeben. Er ist für sie so wirklich wie die Helden der Erzählungen, Lieder, Epen und Märchen des Volkes, die Yaşar Kemal in den Dörfern gesammelt und in seinem Werk verschmolzen hat. Auch seine zahlreichen anderen Romane, die in der Çukurova oder in Anatolien spielen, etwa *Eisenerde Kupferhimmel* (verfilmt), *Das Lied der tausend Stiere*, *Die Ararat Legende*, haben volkstümliche Überlieferungen aufgenommen und ihrerseits Legenden geschaffen. Doch bleibt das Werk des mit vielen Preisen, unter anderem dem Friedenspreis des deutschen Buchhandels (1997), ausgezeichneten Autors nicht auf den Dorfroman und die südöstliche Türkei beschränkt. Schon sein zweiter Roman *Teneke* von 1955 (deutsch *Anatolischer Reis*) spielt in einer Kreisstadt der Çukurova und zeigt, wie ein junger Landrat im Kampf gegen den Filz der Reichen und Mächtigen aufgeben muß.

Nach der Übersiedlung Yaşar Kemals aus seiner Heimat (der Provinz Adana) nach Istanbul verlagert sich die Thematik und der geografische Schwerpunkt seiner Romane. In *Zorn des Meeres* geht es um die Ausrottung der Delphine im Marmarameer; die Handlung spielt zum Teil auch in der Unterwelt von Istanbul. *Die Ameiseninsel* und *Sturm der Gazellen* haben eine ägäische Insel zum Schauplatz. In diesen sogenannten Inselromanen engagiert sich der Schriftsteller für die Versöhnung mit den nach dem Ersten Weltkrieg vertriebenen Griechen. Es ist wohl fast unausweichlich, daß ein Künstler, der immer wieder heiße Eisen anfaßt, sich dabei die Hände verbrennt: Yaşar Kemal stand wegen seiner Bücher mehrfach vor Gericht, er wurde inhaftiert, gefoltert. Sein internationales Renommee verhinderte glücklicherweise Schlimmeres.

Genau wie Yaşar Kemal stammt auch Orhan Kemal (1914-1970) aus der Çukurova. Die Namensgleichheit bedeutet keine Verwandtschaft (Orhan Kemal ist ein Pseudonym). Seine Erzählungen und Romane handeln ebenfalls von kleinen Leuten, allerdings von Industriearbeitern und Bewohnern der *gecekondu* genannten Siedlungen am Rand der Großstädte, wo die bäuerlichen Zuwanderer aus dem Landesinneren ihr Leben fristen und für eine bessere Zukunft schuften. *Gurbet Kuşları* (1962, Zugvögel) erzählt, wie ein junges Paar sich in Istanbul fern der anatolischen Heimat durchschlägt. Orhan Kemal schildert hier die schlimmen Folgen der Arbeitsmigration, ein Thema, das in der Türkei heute aktueller denn je ist.

Ein Opfer unfreiwilliger Wanderung ist auch die Hauptfigur der Novelle *Murtaza* desselben Autors (erschienen 1952), in deutscher Fassung *Murtaza oder das Pflichtbewußtsein des kleinen Mannes*. Mehr noch als die Prosaversion machte in der Türkei die Bühnenfassung bzw. die Verfilmung den Arbeiter Murtaza als Verkörperung des pflichttreuen Einfaltspinsels bekannt. In der Vorgeschichte der Erzählung erfährt der Leser, daß Murtaza mit seiner Familie durch das Umsiedlungsabkommen zwischen Griechenland und der Türkei nach dem Ersten Weltkrieg in die Çukurova eingewandert und schließlich in Adana als Hilfs-

aufseher der Nachtschicht in einer Textilfabrik unterge-
kommen ist. Mit seiner überaus pedantischen Pflichtauf-
fassung macht er sich nicht nur lächerlich, sondern bringt
auch die Arbeiter gegen sich auf, denen er Schlamperei,
Diebstahl, Herumlungern und Schlafen während der Ar-
beitszeit abgewöhnen will. Über alles maßt er sich die Kontrolle an, legt sich mit jedem, der ihm über den Weg läuft,
an und mischt sich überall ein.

Komisch wirkt vor allem, wie Murtaza auf naive Weise
Respekt einfordert, weil er einige Kurse besucht hat, die
ihm Disziplin und Pflichterfüllung als höchste Güter nahe-
gebracht haben. Ständig wiederholt er Sätze wie »Weißt du
überhaupt, was ich für Lehrgänge mitgemacht habe, was
für eine Ausbildung ich genossen habe?«. Diese Formel,
die von den anderen sattsam nachgeäfft wird, durchzieht
in Variationen das gesamte Buch, ebenso wie »Im Dienst,
da kenn' ich kein Pardon! Da seh' ich auch meine eigenen Kinder nicht mehr, da sage ich nicht mein Liebling.«
Auch Murtazas halbwüchsige Töchter arbeiten in Nachtschicht in der Textilfabrik und bestücken die sogenannten Egreniermaschinen, die die Kapseln von den Fasern der
Baumwolle trennen. Die genaue Beschreibung des Arbeits-
vorgangs offenbart, daß der Autor die Textilfabriken der
Çukorova aus eigener Anschauung kennengelernt hat:

»Das war ein langer, schmaler, mit Baumwollstaub gefüll-
ter Saal, den das scharfe Klirren der in einer Doppelreihe
aufgestellten sechsunddreißig Maschinen in unerträglichem
Lärm erstickte. An jeder Maschine saß ein kleiner Junge
oder ein kleines Mädchen, eine junge Frau oder auch ein
verhutzeltes altes Weib; aus den hinter den Maschinen an-
gebrachten Kästen nahmen sie sich jeweils eine Handvoll
Baumwollkapseln und warfen sie zwischen die scharfen

Messer an den langen Walzen vorn an den Maschinen. Diese Walzen, die man ›Kanonen‹ nannte, schluckten die Kapseln und spuckten sie vorn als schneeweiße, federleichte entkapselte Baumwolle wieder aus. Die Arbeiter mußten dabei mit Stöcken zwischen den Walzen nachstopfen. So wurde die Baumwolle egreniert.«

Als Murtaza seine Töchter einmal schlafend an den Maschinen erwischt, noch dazu vor Zeugen, packt er voll Scham und Wut die jüngere bei den Haaren und schleudert sie zu Boden. Bald darauf stirbt das Mädchen an einer Hirnblutung, während zeitgleich der Direktor den treuen Murtaza mit einer Prämie belohnt. So führt das »Pflichtbewußtsein des kleinen Mannes« zu einem tragischen Ende. Mahnend zeigt der Autor auf, was aus »militärischem« Diensteifer und »deutscher« Pflichterfüllung (beides als Parallelen angeführt) erwachsen kann, wenn das »Wohl der Fabrik« höher wiegt als das der dort arbeitenden Menschen. Es ist bedauerlich, daß die fast zwanzig Romane Orhan Kemals hierzulande mangels Übersetzung kaum bekannt sind. Sie bilden mit ihren knappen realistischen Schilderungen des Fabrikarbeitermilieus ein Gegengewicht zu den ausufernden Epen aus dem Dorf- und Nomadenleben des frühen Yaşar Kemal. Während man die romantische Çukurova aus *Ince Memed* heute vergeblich sucht – denn die Großgrundbesitzer haben riesige Ackerflächen geschaffen, die von schlecht bezahlten, nicht sozialversicherten Wanderarbeitern bebaut werden –, kann man sich die Menschen aus Orhan Kemals Romanen jederzeit in den Steinbrüchen und Zementwerken, Konserven- und Textilfabriken der industriellen Wachstumsregion vorstellen.

Der Musa Dağı

Nahe der Grenze zu Syrien liegt die Provinz Hatay mit der Hauptstadt Antakya, die früher Antiochia hieß. Der Apostel Paulus machte auf seinen Missionsreisen mehrfach hier Station, wovon der Evangelist Lukas, der selber aus Antiochia stammte, in der Apostelgeschichte berichtet. Es hatte sich hier die erste heidenchristliche Gemeinde gebildet. Im 11. Kapitel der Apostelgeschichte steht geschrieben, daß die Urgemeinde in Jerusalem, als sie davon hörte, zuerst den Barnabas hinschickte, der wiederum den Paulus aus Tarsus holte. »In Antiochien war es, daß die Jünger erstmals den Namen ›Christen‹ trugen.« Als die Kirche der ersten Christen in der Stadt kann man noch heute die St. Petrus-Höhlenkirche besuchen.

Hatay liegt am Fluß Orontes (türkisch Asi), der etwa bei dem Städtchen Samandağı ins Meer mündet. Die Ruinen von Seleucia Pieria, der ersten Hauptstadt des Seleukos I. Nikator, eines Generals Alexanders des Großen und Gründers des Seleukidenreichs, befinden sich etwas nördlich von Samandağı. Warum die umständliche Darlegung früherer und heutiger geografischer Bezeichnungen? Weil Franz Werfel (1890-1945) in seinem Roman *Die vierzig Tage des Musa Dagh* mit Hilfe der alten (entsprechend der deutschen Aussprache geschriebenen) Namen den Musa Dağı (Mosesberg) lokalisiert, dessen südliche Flanke auf die Ruinen von Seleucia schaut.

Auf diesem Berg hatten sich im Ersten Weltkrieg etwa 5000 Armenier, die Bewohner aus sieben Dörfern eines Tals im Küstengebirge verschanzt, um bewaffneten Widerstand gegen den Deportationsbefehl des Innenministers Talat Paşa zu leisten. Nach gut fünf Wochen, als die Belagerten fast ausgehungert waren, nahte Hilfe vom Meer:

Englische und französische Kriegsschiffe hielten mit ihren Bordwaffen die türkischen Verfolger so lange in Schach, bis die Erschöpften geborgen waren, die nach Ägypten in Sicherheit gebracht wurden.

Wer heute das Tal der sieben Dörfer am Musa Dağı bereist, findet an paradiesisch grünen Hängen noch ein einziges armenisches Dorf vor, dessen 140 Bewohner, Nachkommen der Überlebenden, von dem zunehmenden Medieninteresse wenig erbaut sind. Die sich loyal zur Republik bekennenden türkischen Staatsbürger möchten nicht politisch benutzt werden. Sie haben ihre Entscheidung getroffen, als Antakya, das nach dem Ersten Weltkrieg französisches Mandatsgebiet war, 1939 türkisch wurde. Damals ging nämlich die armenische Restbevölkerung aus sechs der sieben Dörfer ins Exil.

Franz Werfel verarbeitet in seinem Roman das Elend armenischer Flüchtlingskinder, denen er auf einer Weltreise 1929 in Damaskus begegnete. Ehe er sein Heldenepos vom Mosesberg in nur neun Monaten zu Papier brachte (das Werk hat immerhin fast 1000 Seiten), studierte der Autor die ihm zugänglichen historischen Quellen, die er teilweise wörtlich zitiert.

Bei der fiktionalen Darstellung oft komplexer historischer Ereignisse besteht immer die Gefahr, daß Fiktives für bare Münze genommen wird. So auch bei Werfels Gestaltung der Verfolgung der Armenier am Ende des Osmanischen Reiches, ein Thema, das von der Forschung noch nicht aufgearbeitet ist, und so steht seine Darstellung übermächtig den verschiedenen Versionen des wirklichen Ablaufs des Geschehens gegenüber. So differieren schon die Opferzahlen zwischen 1,6 Millionen (armenische Quellen) und 800 000 (osmanische Quellen); kontrovers ist auch die Bewertung der grausamen Vertreibung als Genozid.

Die türkische Regierung hat jetzt – endlich – eine Historikerkommission mit internationaler Beteiligung zugesagt, die die geschichtlichen Vorgänge neu untersuchen soll.

Der umfangreiche Stoff wird von Franz Werfel gestalterisch eingegrenzt durch den Fokus auf die Menschen vom Mosesberg und durch die Einführung fiktiver Figuren, besonders des Protagonisten Gabriel Bagradian. Dieser eigentlich in Paris lebende gebildete und reiche Armenier hält sich bei Ausbruch des Krieges mit seiner französischen Frau Juliette und seinem Sohn Stephan zufällig in seinem Heimatdorf auf. Angesichts der Bedrängnis seines Volkes organisiert er zusammen mit dem Geistlichen Ter Haigasun den Widerstand und wächst dabei vom in der Fremde menschlich verkümmerten »abstrakten« Intellektuellen zum existentiell geläuterten Helden. Wenig sympathisch gezeichnet ist Juliette, eine oberflächliche, kaltherzige Französin, die ihrem Mann noch dazu in der kritischen Situation untreu und vom Autor dafür mit Wahnsinn »bestraft« wird.

Trotz aller Sympathie für seine Protagonisten verfällt der Autor nicht in Schwarzweißmalerei. Zwar wird die historische Bedeutung und kulturelle Überlegenheit des armenischen Volkes öfter angedeutet, etwa wenn der kauzige gelehrte Apotheker Krikor zu Juliette bemerkt: »Wir haben ein glänzendes Reich besessen, die Hauptstadt Ani mit ihren tausend Kirchen war ein anerkanntes Weltwunder. Könige von armenischem Blute regierten Byzanz. Zu einer Zeit, da Frankreich noch in tiefer Barbarei schlief, hatten wir eine klassische Literatur.« Dem geistreichen Krikor wagt Juliette nichts zu entgegnen. Erst viel später, gegenüber der schüchternen Iskuhi, die in ihrer selbstlosen Liebe zur »Schwesterseele« für Gabriel wird, äußert sie gereizt: »Ein Kulturvolk! Meinetwegen! Aber wodurch beweist ihr eigentlich, daß ihr ein Kulturvolk seid? Nun ja, ich weiß schon. Die Namen, die ich immer wieder hören muß: Abovian, Raffi, Siamanto! Aber wer kennt diese Leute? Außer euch niemand auf der Welt.«

So wenig wie Werfel die Armenier idealisiert – es gibt Schwächlinge, Kleingeister, Egoisten, Spinner unter den Exilierten auf dem Berg, und selbst Gabriel Bagradian ist nicht ohne Fehl –, so sehr bemüht er sich, die Türken nicht generell als primitive Bluthunde hinzustellen. Die Bagradians hatten in Paris türkische Freunde, »reizende, feine Menschen«, und Gabriel weiß aus seiner Erfahrung als Offizier in der türkischen Armee: »Es gibt unter ihnen wunderbare Leute. Ich habe schließlich im Krieg auch das niedere Volk kennengelernt, in seiner Geduld und Güte. Sie sind nicht schuld, und wir sind nicht schuld. Aber was hilft das?« Als der Sohn Stephan auf der Flucht nach Antakya erkrankt, findet sich ein mitleidiger türkischer Bauer, der ihn unter Lebensgefahr gesund pflegt. »Auf das Verbrechen des Mitleids mit Armeniern stand laut den neuen Gesetzen Bastonade, Gefängnis und in schweren Fällen der Tod. Hunderte von gutherzigen Türken rings im Land, denen das unmenschliche Elend der Deportierten das Herz zerbrochen hatte, wußten ein Lied davon zu singen.«

Die beiden Hauptverantwortlichen für die Todesmärsche, Innenminister Talat Paşa und der Kriegsminister Enver Paşa, schildert Werfel im 5. Kapitel des 1. Buches eindrucksvoll abstoßend, als der deutsche protestantische Pastor Lepsius bei der Hohen Pforte in Istanbul vergeblich für die Armenier interveniert. Dessen Bemühungen sind schon deshalb aussichtslos, weil das deutsche Kaiserreich, obwohl über die Vorgänge gut informiert, seinem Verbündeten während des Krieges nicht in den Rücken fallen wollte. Daß 1919 ein Kriegsgericht die für die Massaker verantwortlichen Politiker und Offiziere verurteilte, die ins Ausland geflohenen Enver und Talat sogar zum Tode, kann Werfel aus der von ihm gewählten Perspektive natürlich nicht erwähnen, sondern nur durch eine Vision, die den Pastor Lepsius ereilt, andeuten. Talat fiel im Ausland einem armenischen Attentat zum Opfer.

Mit dem 5. Kapitel des noch unfertigen Romans ging Franz Werfel im November 1932 in Deutschland auf Lesereise. Das Schicksal der Armenier bezogen die Zuhörer sofort auf die Lage der deutschen Juden. Beim Erscheinen des Buches 1933 hatte die Wirklichkeit die Vorahnungen des Autors eingeholt. Er wurde mit dem Großteil seiner Werke zusammen verfemt, doch hatte sich *Die vierzig Tage des Musa Dagh* schon verbreitet, vor allem in jüdischen Kreisen. Laut Marcel Reich-Ranicki wurde dem Roman z. B. im Warschauer Getto »ein unerwarteter Erfolg« zuteil. Im Schicksal der Armenier »glaubten viele jüdische Leser Parallelen zur eigenen Situation erkennen zu können«.

Im Ausland wurde Werfel vor allem von den armenischen Kolonien gefeiert; die anglo-amerikanischen Übersetzungen und die Übersetzung ins Armenische machten sein Buch zum Bestseller. Bei seiner Emigration in die USA nach einer abenteuerlichen Flucht über Frankreich, Spanien, Portugal war Werfel weltberühmt und materiell abgesichert. Seit vielen Jahren liegt der Roman auch in türkischer Übersetzung vor.

Wer Hintergrundinformationen zu der Verfolgung der Armenier sucht, sei auf die nicht fiktionale, knappe, aber doch alle Aspekte berücksichtigende Darstellung *Die Armenier zwischen Berliner Vertrag und Deportation* in *Kleine Geschichte der Türkei* von Klaus Kreiser und Christoph K. Neumann hingewiesen. Im Kapitel »Ost- und Südtürkei« dieses Reisebegleiters werden Edgar Hilsenrath und Orhan Pamuk mit ihren, die Armenierfrage betreffenden Romanen vorgestellt.

Das Mittelmeer

Wie sagt Fazil Hüsnü Dağlarca, der bedeutendste türkische Lyriker der Gegenwart, in seinem Gedicht *das mittelmeer war traurig*?

> »ihr seid blind seht nicht was ich sage
> meer sage ich ihr seid im blau
> heimat sage ich im wind
> ihr
> seid blind
>
> ich reiche euch meine hände jetzt dem mittelmeer jetzt
> ihr zählt meine finger zehn
> ich lebe zehn milliarden
> ihr seid blind
>
> die blätter und auch die wellen des nichts sind groß
> von den frühsommern bis hin zu den himmelsblumen
> ich bin in den zeiten die der wind herantreiben wird
> ihr
> seid blind«

Fazil Hüsnü Dağlarca (geb. 1914 in Istanbul) hat etwa 100 Gedichtbände veröffentlicht. Das schmale Bändchen der zweisprachigen Ausgabe *Steintaube/Taş Güvercin* (deutsche Version von Nevfel Cumart) bringt Beispiele aus allen Schaffensphasen. Die Gedichte dieses Lyrikers sind keineswegs nur ästhetisch schön, sondern kraftvoll, manchmal

volkstümlich, sozial engagiert, reich an originären Sprach-
formen, vielschichtig, ins Transzendente reichend, aber
nicht weltabgewandt oder elitär. Der 1958 entstandene Ge-
dichtzyklus über das Mittelmeer umfaßt Naturgedichte,
die zugleich Liebesgedichte voller Schönheit und Trauer
sind.

Ägäis

Die Ägäisküste ist reich an kulturell interessanten Plätzen, insbesondere aus der griechischen Antike, und auch touristisch gut erschlossen. Wir wählen Izmir als Ausgangspunkt für unsere literarischen Ausflüge.

Izmir

Izmir, die drittgrößte Stadt der Türkei, malerisch um die schiffbare Bucht herum gelegen, mit palmenbestandenen Boulevards mediterran wirkend, wird von weltoffenen Menschen bewohnt. Sie ist als Handels- und Industriestandort sowie als NATO-Hauptquartier bekannt, kaum jedoch als Zentrum kulturellen Lebens. Wenn ausländische Touristen nach Izmir fliegen, dann zumeist, um vom Flughafen aus sofort das Ferienhotel an einem der vielen südlich gelegenen Strände anzusteuern. Ein Ausflug in die Stadt wird meistens als Einkaufsbummel, z. B. im historischen Basar von Kemeraltı, gestaltet. Den wenigsten ist bekannt, daß Izmir eine über dreitausendjährige Geschichte hat, die mit einer Siedlung beim Stadtteil Bayraklı begann. Das alte Smyrna wurde der Überlieferung nach von Amazonen gegründet und nach der Mondgöttin Myrine benannt. »Obwohl es zu jeder Zeit Amazonen gegeben hat, die überall auf der Welt lebten, wird als Heimat der Amazonen Anatolien angesehen, wo sie große wunderbare Städte bauten: Smyrna, Ephesos, Sinope«, weiß Luisa Francia. Amazonen sind keine Fantasiefiguren, ihr Wirken in mutterrechtlich organisierten Stammesgesellschaften ist wissenschaftlich belegt.

Die Amazonenstadt Smyrna wurde um etwa 800 v. Chr. von den griechischen Ioniern erobert und dem ionischen Städtebund angegliedert. Es heißt, der Dichter Homer hätte damals in der Stadt gelebt. Nun haben zwar nach Roland Hampe, Übersetzer von *Ilias* und *Odyssee*, schon im Altertum etwa zwanzig verschiedene Städte den Anspruch erhoben, »Heimat des Homer zu sein. Aber nur für den Raum Phokaia, Smyrna, Kolophon und Chios kann dies ernstlich erwogen werden«. In seinem Nachwort zur *Ilias* schreibt Hampe: »Die Überlieferung, daß er in Smyrna geboren sei, geht nachweislich bis ins 7. vorchristliche Jahrhundert zurück.« Altphilologen haben durch akribische Textarbeit herausgefunden, daß zwischen der *Ilias* und der *Odyssee* ein Zeitunterschied von mehr als einer Generation liegt und es deshalb und auch aus stilistischen Gründen mehr als fraglich ist, ob derselbe Verfasser für beide Epen in Frage kommt. »Die neuere philologische Forschung neigt dazu, die *Odyssee* einem anderen Dichter als die *Ilias* zuzuschreiben. Wenn das richtig ist, beziehen sich die biographischen Nachrichten, die auf uns gekommen sind, auf den Dichter der *Ilias*. Über den Verfasser der *Odyssee* wissen wir dann nichts«, so Hampe im Vorwort zu seiner *Odyssee*-Übersetzung.

Die Geschichte der Stadt Smyrna kann hier nur ganz knapp nachgezeichnet werden. Lyder, Meder und Perser wechselten sich im 6. Jahrhundert v. Chr. als Herren ab. Schließlich eroberte Alexander der Große (334 v. Chr.) die ganze Westküste. In jener Zeit empfahl ein Orakelspruch des Apollon von Klaros (beim nahe gelegenen Ferienort Gümüldür) die Verlegung der Stadt an den Hügel Pagos, der heute Kadıfekale (türkisch für Samtburg) heißt. Sowohl vom alten Smyrna in Bayraklı sind archäologische Überreste zu besichtigen als auch vom hellenistisch-römischen am Fuße des Pagos. Die Agora mit ihren Säulenhallen und Gewölbekellern im Stadtteil Namazgah und die Aquädukte über den Meles-Fluß geben nur einen schwachen Abglanz der einstmals reichen und angeblich sehr schönen Stadt.

Als die *Apokalypse* des Johannes entstand (ca. 100 n. Chr.), gehörte Smyrna zu den »sieben Gemeinden«, für die ein *Sendschreiben* formuliert wurde.

Ehe Smyrna im 15. Jahrhundert osmanisch wurde, erlebte es verschiedene Eroberungen durch Araber, Seldschuken, die Aydın-Emire, den Johanniterorden (1344) und die Mongolen (1403 Timur Lenk).

Die Osmanenherrschaft brachte der Hafenstadt mit ihrer gemischten, vorwiegend griechischen Bevölkerung Frieden und Wohlstand. Besonders im 19. Jahrhundert war der Handel mit den europäischen Ländern, die die süßen Smyrna-Feigen und den würzigen Smyrna-Tabak ebenso wie Zitrusfrüchte, Wein und Oliven schätzten, so umfangreich, daß englische Handelsgesellschaften gleich zwei Bahnlinien ins fruchtbare Hinterland verlegten. Neben Griechen, Armeniern und Engländern siedelten sich Franzosen und Italiener in Izmir an. Bis heute leben hier alteingesessene europäische Familien, die zum internationalen Gepräge der Stadt beitragen.

Nur – konfliktlos ist die Geschichte nicht verlaufen. Nach der Niederlage des Osmanischen Reiches im Ersten Weltkrieg mußte es Smyrna mit seinem Umland an Griechenland abtreten. Der damalige griechische Premierminister Eleutherios Venizelos verfolgte die »Große Idee« eines neuen byzantinischen Reiches, das von Konstantinopel – die Hagia Sophia wieder als Kathedrale – aus regiert werden und neben dem bisherigen Griechenland mindestens Thrakien, Westanatolien und die Schwarzmeerküste umfassen sollte. Mit Billigung der Engländer landete eine griechische Invasionsarmee 1919 in Smyrna und rückte von hier ins Landesinnere vor. Mustafa Kemal, der spätere Atatürk, schlug mit seinem aus den Resten osmanischer Truppen und türkischen Bauern neu zusammengestellten Heer in mehreren, für beide Seiten verlustreichen Schlachten die Griechen bis ans Mittelmeer zurück. Am 9. September 1922 zogen die siegreichen Türken ins brennende Smyrna ein. Bis heute ist nicht geklärt, wer die Brände, denen 30 000 Häuser zum Opfer fielen, gelegt hat.

»Das armenische Viertel geht in Flammen auf, und bald sind das europäische und das griechische Viertel ebenfalls zerstört. Die Türken behaupten, die Griechen seien dafür verantwortlich, weil sie nicht wollten, daß ihnen die Stadt in die Hände fiel. Schließlich hätten sie auf ihrem Rückzug auch alles andere niedergebrannt. Aber in diesem Fall war die griechische Armee bereits einige Tage vorher abgezogen. Einige behaupten, die Armenier hätten ihr Viertel angezündet, damit es nicht in türkische Hände fiel. (...) Einige behaupten, türkische Soldaten hätten den Brand absichtlich gelegt, um zu verbergen, wie sie mit den armenischen Zivilisten umgesprungen waren ...«, schreibt der um eine gerechte Beurteilung bemühte englische Autor Louis de Bernières in seinem historischen Roman *Traum aus Stein und Federn*. Dank dem profund recherchierten Detailwissen gewinnt der Leser in diesem Buch Einblick in die komplizierten geschichtlichen Vorgänge am Ende des Osmanischen Reiches. Izmir vor der Katastrophe des Brandes wird – aus der Sicht einer der Hauptfiguren des Romans, des türkischen Großgrundbesitzers Rustem Bey – als lebenslustige, kosmopolitische Stadt beschrieben:

»Er liebt den geschäftigen Hafen, wo die Schiffe aus so

unvorstellbar exotischen Orten wie Buenos Aires und Liverpool kommen, und er bewundert die mächtigen Kaufmannshäuser am Kai. Er mag die Art, wie die griechischen Frauen, die Augen schwarz getuscht, still an ihren Fenstern sitzen, wo sie dem Leben draußen zuschauen und sich zugleich bewundern lassen. (...) Es wäre, geht ihm durch den Kopf, keine schlechte Idee, in Smyrna zu leben. In Smyrna wird sich ein Mensch nie langweilen und nie einsam sein.«

Dieser Rustem Bey verbringt sein Leben in einer Kleinstadt bei Fethiye, wo Griechen, Türken und einige Armenier nachbarlich zusammen wohnen. Zum Beispiel rufen auch die Türken in Notfällen die Jungfrau Maria an, und der orthodoxe Priester zitiert Aussprüche des Propheten Muhammed. Es ist ein Ort, »... wo Seite an Seite Christen lebten, die nur Türkisch sprachen, es aber in griechischen Buchstaben schrieben, und Muslime, die ebenfalls Türkisch sprachen und es ebenfalls auf Griechisch schrieben«.

Diese – relative – Idylle, die auch für andere Orte in der Türkei bezeugt ist, wird zerstört, als im Friedensvertrag von Lausanne 1923 der Austausch der Minderheiten zwischen Griechenland und der neu entstandenen Türkischen Republik verfügt wird: Über 430 000 Türken aus Epiros, Makedonien und Kreta wurden nach Kleinasien geschickt, mehr als 1 340 000 Griechen aus der Türkei, vorwiegend von der Westküste, nach Griechenland umgesiedelt. Die meisten dieser Menschen gingen keineswegs freiwillig. Am Beispiel des Exodus der griechischen Bevölkerung aus dem multinationalen Städtchen zeigt der Romanautor, wie schmerzhaft und für beide Seiten nachteilig sich der von den Politikern ausgehandelte Plan auswirkt. Zwei Liebespaare sind besonders betroffen, zum einen Rustem Bey und seine Leyla, die eigentlich Griechin ist und ihn nun verlassen muß, und vor allem der junge Ibrahim, der seine Philotei verliert und darüber verrückt wird. *Traum aus Stein und Federn* verknüpft die zu Herzen gehenden persönlichen Schicksale spannend mit den geschichtlichen Informationen.

Ein Liebesdrama ganz anderer Art, das ebenfalls mit der Vertreibung der Griechen beginnt, schildert der amerikanische Autor Jeffrey Eugenides in seinem Roman *Middlesex*. Die Großeltern des Ich-Erzählers stammen aus einem griechischen Dorf oberhalb von Bursa. Sie fliehen nach Smyrna, um von dort nach Amerika auszuwandern. Schwerer noch als die unbeschreiblichen Greuel der Türken an den armenischen Einwohnern wiegt für den Autor das Verhalten der griechischen Führung. Unter dem verrückten General Hajienestis, der glaubt, seine Beine seien aus Glas bzw. aus Zucker, rückt die griechische Flotte aus dem Hafen von Smyrna aus und läßt die griechischen Flüchtlinge am Ufer zurück.

»An Land sahen Lefty und Desdemona zu, wie die griechische Flotte auslief. Die Menge wogte zum Wasser, hob ihre vierhunderttausend Hände und schrie. Und verstummte. Kein einziger Mund gab einen Laut von sich, als deutlich geworden war, daß ihr eigenes Land sie im Stich gelassen hatte, daß Smyrna nun keine Regierung mehr besaß, daß nichts mehr zwischen ihnen und den vorrückenden Türken war.«

Die Geschwister Lefty und Desdemona gelangen schließlich an Bord eines französischen Schiffes erst nach Griechenland und dann nach Amerika, wo der größte Teil des Romans in Detroit spielt. Ja, Desdemona und Lefty sind Geschwister, aber sie lieben sich, und weil keiner sie kennt, fangen sie ihr neues Leben als Ehepaar an, was allerdings ungeahnte Folgen für die genetische Ausstattung ihres Enkels hat.

Unter den griechischen Einwanderern in Detroit wird die Vergangenheit stets kontrovers diskutiert.

»Das Gesprächsthema war immer dasselbe, die Türken und ihre Brutalität, Venizelos und seine Fehler, König Konstantin und seine Rückkehr sowie das ungesühnte Verbrechen, Smyrna niederzubrennen.« Der Schmuggler Zizmo vertritt die Meinung, an Krieg und Vertreibung seien die Griechen selbst schuld gewesen. »Ich sympathisiere mit der Wahrheit«, brüllte Zizmo. »Es gibt keinen Beweis, daß die Türken den Brand gelegt haben. Das haben die Griechen getan, um den Türken die Schuld zu geben.«

Das Thema ist auch im 21. Jahrhundert noch virulent. Die Originalausgabe von *Middlesex* erschien 2002 in New York, das zuvor zitierte Werk *Birds Without Wings* (deutscher Titel *Traum aus Stein und Federn*) 2004 in London. Das Interesse der Leserschaft an historischen Romanen ist in den letzten Jahren gewachsen, aber es ist ein gravierender Unterschied, ob es um die Päpste des Mittelalters, um keltische Druiden, um eine ägyptische Dynastie geht oder um Kriegsverbrechen, historische Fehlentscheidungen und menschliche Tragödien, an deren Folgen heute noch ganze Völker leiden. Den beiden vorgenannten Autoren ist es gelungen, einen Weg zwischen Empathie und Objektivität zu finden.

Die türkische Literatur hat den Befreiungskrieg, eindeutig Partei für die türkische Seite nehmend, schon sehr früh thematisiert, etwa in dem Roman *Das Flammenhemd* von Halide Edip Adıvar, wo die Befreiung Izmirs das Ziel der Kämpfe ist (siehe S. 141).

In der Gegenwart hat Izmir als Literaturstadt zwar nicht die Bedeutung von Istanbul oder Ankara, doch aufgrund der beiden Universitäten gibt es ein interessiertes Lesepublikum, das durch die Buchhandlungen im Zentrum versorgt wird. Es gibt ein kleines Opernhaus aus dem 19. Jahrhundert am ›Konak‹, das wegen seiner historischen Ausstattung sehenswert ist. Aufführungen sind ein seltener Genuß. In dem zum staatlichen Konservatorium gehörenden Konzertsaal erklingen außer westlicher und russischer Musik des 19. und 20. Jahrhunderts auch moderne türkische Kompositionen. Theater und Kabarett finden eher auf kleinen Bühnen statt; im Sommer ziehen Kabarettgruppen ein größeres Publikum mit ihren Sketchen auf der Freilichtbühne im Messepark (*fuar*) in den Bann. Spektakuläre Musikveranstaltungen werden ins antike Theater von Ephesos, 80 km südwestlich, verlegt.

Die meisten Izmirer Autoren, wie Necati Cumali, Attila Ilhan, Semin Kocagöz, Halit Ziya, sind in Deutschland unbekannt. Lediglich *Puslu Kıtalar Atlası* (*Der Atlas unsichtbarer Kontinente*) von Ihsan Oktay Anar (geb. 1960) wurde kürzlich übersetzt. Anar ist ein Vertreter der jüngeren Schriftstellergeneration und lehrt im Hauptberuf Philosophie an der Universität. Er hat mit seinem 1995 erschienenen Erstlingswerk ein Kultbuch für die studierende Jugend geschaffen. Die Handlung spielt im Istanbul des 17. Jahrhunderts und setzt sich auf kreative Weise mit dem Satz des Descartes »Ich denke, also bin ich« auseinander. Hier trifft eher die Variante »Ich träume mir eine Welt, also ist sie« zu. Ihsan Efendi versetzt sich durch Drogen in einen seherischen Zustand, um aus der Fantasie heraus einen Weltatlas zu schaffen. Der Roman nimmt sich die Freiheit, Traum und historische Wirklichkeit zu vermengen, und wirkt wie ein überladenes Märchen, in dem sich die oft groteske Handlung höchst sprunghaft entwickelt.

Epbesos: Eine Bibliothek als Grabmal errichtete der Sohn des Celsus für seinen Vater, den Statthalter der Provinz Asia (gest. ca. 117 n. Chr.). Fassade der Celsusbibliothek

Wesentlich realer erscheint die Welt bei Alev Tekinay, die 1951 in Izmir geboren, in Istanbul aufwuchs und zum Studium nach München ging, wo sie bis heute lebt. In ihrem Roman *Nur der Hauch vom Paradies* (1993 im Original auf deutsch erschienen) ist Izmir die Heimat der türkischen Gastarbeiterfamilie Ertürk, die dort die Sommerferien verbringt und Hochzeiten und Beschneidungen feiert. Wenn der Vater Halil Ertürk, als Gemüsehändler in Schwabing zu einigem Wohlstand gekommen, am Feierabend in München auf seinem Balkon Raki trinkt, intoniert er wehmütig das Lied von den Izmirer Pappeln, deren Blätter abfallen. Doch sein Sohn Engin erkennt klar, daß der vom Vater unzählige Male wiederholte Satz »Nächstes Jahr gehen wir endgültig zurück« eine Utopie ist.

Die sogenannte zweite Gastarbeitergeneration, die Alev Tekinay in vielen Erzählungen sehr genau beschreibt, hat sich der Heimat ihrer Eltern völlig entfremdet. So erlebt Engins Schwester die Zeit, die sie – zur Vorbereitung auf die geplante, aber nie vollzogene Rückkehr – in einem Izmirer Internat verbringen muß, wie eine Verbannung. Und Engin, der in Deutschland studiert und als junger Schriftsteller erste Erfolge feiert, fühlt sich bei einem Izmir-Aufenthalt – ohne seine Eltern – so unwohl unter seinen Landsleuten (zumal sich die türkischen Mädchen nicht einmal zu einer harmlosen Küsserei verführen lassen), daß er sich der deutschen Kolonie anschließt. Dort lernt er Tina Förster kennen, die seit ihrem fünften Lebensjahr in Izmir gelebt hat und dort Medizin studiert. Sie behauptet, im Urlaub in Deutschland stets die Türkei zu vermissen.

»Es gibt gewisse Ähnlichkeiten zwischen den Türkei-Deutschen und mir, dem Deutschland-Türken Engin. Ich bin jetzt in der Türkei im Urlaub und vermisse Deutschland sehr. Wenn ich Tina Förster anschaue, habe ich das

Gefühl, mein umgekehrtes Spiegelbild zu sehen. Doch gibt es auch einen riesigen Unterschied. Sie leben hier im Luxus, wohnen in den besten Häusern und werden von den Einheimischen vergöttert, weshalb sie auch so fasziniert von der türkischen Gastfreundschaft sprechen, während unsereiner in der Bundesrepublik wie der letzte Dreck lebt und auch so behandelt wird. Wenn ich an diesen Unterschied denke, bekomme ich ein dumpfes Gefühl in der Magengegend, und manchmal ist mir sogar zum Kotzen zumute.«

Engin persönlich wird in Deutschland keineswegs »wie der letzte Dreck« behandelt, sondern als junges Talent bewundert. Er ist einer von Tausenden türkischstämmigen Studenten an deutschen Universitäten. Doch sein Problem ist, daß er zwischen den beiden Welten steht. Dies läßt sich nicht dadurch lösen, daß er sich zu assimilieren versucht und den Deutschen markiert.

Pergamon, Lesbos

Ein Ausflug ins nördlich von Izmir gelegene Pergamon wird zumeist wegen der antiken Stätten unternommen. In der Nähe des heutigen Bergama, wie der Ort auf türkisch heißt, liegt das Asklepieion, ein Heil- und Kultbezirk aus hellenistisch-römischer Zeit, der ein Theater und eine Bibliothek besaß. Letztere war wohl vor allem medizinische Fachbibliothek; die Theateraufführungen waren durchaus Bestandteil der Therapie und wurden von den Kurgästen nicht bloß zur Unterhaltung, sondern zur inneren Läuterung besucht. Theater und Bibliothek stammen aus der ersten Hälfte des 2. Jahrhunderts, als der bekannte Arzt Galen dort wirkte, also ebenfalls aus römischer Zeit.

Unvergleichlich bedeutender war die einstige königliche Bibliothek auf dem Burgberg. Sie umfaßte ca. 200 000 Schriftrollen, die Antonius, der römische Beherrscher des Orients, im Jahre 41/40 v. Chr. nach Alexandria bringen ließ und Königin Kleopatra zum Geschenk machte. Eine Besichtigung der Räume der Bibliothek auf der Nordseite des Athena-Heiligtums bedarf jedoch einer ausgeprägten Vorstellungskraft, denn statt der Regale, in denen die Schriftrollen aus Pergament einst lagerten, sind lediglich leere Gewölbe zu sehen.

Die Bibliothek wurde wahrscheinlich von König Eumenes II. (197-159 v. Chr.), der auch den berühmten Pergamonaltar (s. u.) erbaut hatte, angelegt. Kunst und Wissenschaft waren Statussymbole und dienten der Verherrlichung des Herrscherhauses. Die Dynastie von Pergamon, die Attaliden, hatte sich nach dem Tod Alexanders des Großen (323 v. Chr.) und der Aufteilung des gewaltigen Alexanderreiches unter den Diadochen (Nachfolgern) entwickelt. Die wohlhabenden und kunstsinnigen Attalidenherrscher geboten in der Blütezeit des Reiches von der Mitte des 2. bis zur Mitte des 1. Jahrhunderts v. Chr. über weite Teile der Ägäis. Der letzte König, Attalos III. (138-133 v. Chr.), vermachte sein Reich testamentarisch den Römern.

Durch Zufall entdeckte ein Deutscher, der Ingenieur Karl Humann, 1869 die Ruinen von Pergamon. Im Auftrag des Sultans sollte er den Straßenbau von Bergama nach Dikili leiten, wobei ihm Bruchstücke großer Marmorreliefs auffielen, die die türkischen Steinmetzen und Kalkbrenner zu Straßenbaumaterial verarbeiten wollten. Humann rettete, ohne zu wissen, worum es sich handelte, auch Bruchstücke vom Pergamonaltar. Er machte deutsche Gelehrte auf seine Funde aufmerksam und lud eine Delegation unter Professor Ernst Curtius nach Pergamon ein. Um unter allen Fundstücken die herauszufinden, die zum Zeus-Altar gehörten, hielt man sich an den römischen Schriftsteller Lucius Ampelius (2. Jahrhundert), der in seinem lexikonartigen *Liber Memorialis* den Altar von Pergamon unter den Weltwundern erwähnt: »Ein großer marmorner Altar, vierzig Fuß hoch, mit sehr großen Skulpturen. Enthält eine Gigantomachie.« Das bedeutet, die Reliefs stellen den Kampf zwischen Göttern und Giganten dar. Der Zeus-Altar wurde nach Berlin gebracht, so daß vor Ort, auf dem Burgberg von Pergamon, nur seine Fundamente zu sehen sind. Die heutige Türkei legt, ganz anders als das Osmanische Reich, größten Wert darauf, antike Schätze zu bergen und zu pflegen. Für die Rückgabe des Zeus-Altares engagierte sich die türkische Presse jahrelang vergeblich.

Der in Berlin ausgestellte Gigantenfries ist in die zeitgenössische deutsche Literatur eingegangen, nämlich in den Roman *Die Ästhetik des Widerstands* von Peter Weiss. Hier wird geschildert, wie eine Gruppe von Arbeitern bei einem Museumsbesuch die überlebensgroßen Plastiken der Götter als Abbild einer sie versklavenden übergeordneten Macht begreift. Das Pergamonmuseum wird zur Schule der Revolutionäre.

»Die Eingeweihten, die Spezialisten sprachen von Kunst, sie priesen die Harmonie der Bewegung, das Ineinandergreifen der Gesten, die anderen aber, die nicht einmal den Begriff der Bildung kannten, starrten verstohlen in die aufgerissenen Rachen, spürten den Schlag der Pranke im eigenen Fleisch. Genuß vermittelte das Werk den Privilegierten, ein Abgetrenntsein unter strengem hierarchischem Gesetz ahnten die anderen.«

Vom Ortsnamen Pergamon ist der Begriff *Pergament* abgeleitet. Erfunden wurde das Pergament jedoch wahrscheinlich nicht in Pergamon, sondern war schon vor der

Auf dem Burgberg von Pergamon befand sich einst eine der größten Bibliotheken der Antike mit rund 200 000 Schriftrollen. Antonius schenkte sie Kleopatra ...

hellenistischen Zeit bekannt. Allerdings stimmt wohl die Anekdote, daß die rivalisierenden Ptolemäer in Ägypten, weil sie keine Konkurrenz zur Bibliothek in Alexandria dulden wollten, kein Papyrus mehr nach Pergamon lieferten, so daß man im Attalidenreich gezwungen war, selber in aufwendiger Arbeit das Schreibmaterial herzustellen. Wir wissen nicht, welche Tierhäute in Pergamon verwendet wurden. Auch die Bearbeitungstechnik ist im einzelnen unbekannt.

Welche Texte wurden in Pergamon aufgezeichnet? Hier sind wir auf Vermutungen angewiesen, denn zusammen mit der Bibliothek von Alexandria ist auch die von Pergamon verloren. Immerhin kennen wir einige Namen von Dichtern, Philosophen und Naturwissenschaftlern. Nach Wolfgang Radt, seit 1971 Leiter der Ausgrabung Pergamon, dessen ausgezeichnetes Buch über Pergamon ich hier zugrunde lege, waren es weniger »kreative Verfasser von Werken mit wirklich neuen Ideen«, sondern »Kritiker, Sammler und Interpretatoren älterer Werke«. Und deren Werke wiederum sind als solche nicht erhalten, sondern erscheinen als Zitate und Auszüge in späteren Büchern.

Es gäbe noch Hochinteressantes zu berichten, etwa von der Wasserversorgung auf dem Burgberg, der, da er über keine Quellen verfügt, mit Hilfe einer 42 Kilometer langen Druckwasserleitung aus dem nördlich liegenden Gebirge versorgt wurde. Auch die enorme Ingenieurleistung, die schmale Hügelkuppe durch Abstützungen so zu verbreitern, daß alle die Gebäude, sogar ein Theater für 10 000 Zuschauer Platz fanden, ist erstaunlich. Wer sich ausführlicher informieren möchte, sei auf die Fachliteratur verwiesen.

Auf der Fahrt nach Pergamon blickt man von der Küste aus auf die griechische Insel Lesbos, türkisch Midilli.

Es war die Heimat der Dichterin Sappho (ca. 617-560 v. Chr.); sie war die berühmteste der »Sänger aus Lesbos«, und Lesbos bedeutete zu ihrer Zeit ein Qualitätsmerkmal. Sappho war verheiratet und Mutter einer Tochter. Als Witwe (ab 585) sammelte sie einen Kreis von Mädchen aus guten Familien um sich, die zumeist aus den kleinasiatischen Städten kamen. Sie wurden bei ihr in Tanz und Gesang ausgebildet und auf die Hochzeit vorbereitet. Es gab auf Lesbos auch andere Leiterinnen solcher Mädchenkreise, die Sappho als Rivalinnen ansah.

Marion Giebel verweist in ihrer sehr lesenswerten Monografie über Sappho auf den kultischen Hintergrund: »Die Mädchen leben im Reich der Aphrodite, einem Reich der Anmut, des blühenden Lebens der Natur wie der Jugendschönheit, der ersten Liebessehnsucht.« Eine der schönsten Oden der Sappho richtet sich an Aphrodite, die sie beschwört, ihr die Liebste geneigt zu machen. Leider kennen wir viele Gedichte der Sappho nur bruchstückhaft, als Zitat bei späteren Dichtern der Antike oder in literarischen Lehrwerken. Zum Glück wurden in Ägypten ab 1898 auf Papyrusstreifen, die zu einer Art Kartonage gepreßt waren, um Mumien aufzubewahren, mehrere längere Texte entdeckt, unter anderem ein erschütterndes Abschiedslied für eine Schülerin, die sich verehelichte. Da Sappho ihre Schülerinnen auf die Hochzeit vorbereitete, waren Abschied und Trennung als Grundsituation vorgegeben, und Abschiedsschmerz ist wie Sehnsucht wiederkehrendes Thema in ihren Gedichten.

Im sogenannten *Arignotalied* besingt Sappho die Sehnsucht der Arignota, die jetzt verheiratet in Sardes (bei Salihli) lebt, nach Atthis, die wiederum eine Zeitlang die Liebste der Sappho war.

»Oftmals von Sardes aus
richtet sie hierher ihre Gedanken,
wie wir beisammen gelebt haben.
Einer Göttin gleich hielt dich Arignota,
und an deinem Lied erfreute sie sich am meisten.

Nun aber glänzt sie hervor unter den Frauen Lydiens,
wie wenn nach dem Sinken der Sonne
die Mondgöttin rosenfingrig
alle Sterne hell überstrahlt,
ihr Licht breitet sie aus übers salzige Meer
wie über die blumenreichen Gefilde.
Frischer Tau ist ausgegossen, in Blüte
leuchten die Rosen, die zarten Kerbelstauden
und der Honiglotos mit seinen Blütendolden.

Hin und her wandert sie, an die sanfte
Atthis denkt sie voll Sehnsucht,
und ihr zarter Sinn wird ihr beschwert.

Kommt her zu mir, ruft sie laut, doch wir
können sie nicht hören, das rauschende Meer,
das uns trennt, trägt den Ruf nicht zu uns herüber . . .«

Daß in diesen Gedichten, die ja öffentlich vorgetragen wurden, unverhüllt über erotische Gefühle gesprochen wird, soll nicht wundern. »Sappho konnte von ihrer Liebe so offen sprechen, da der erzieherische Eros in der Knabenliebe allgemein Billigung in der Gesellschaft fand. Sie nahm für sich das gleiche Recht in Anspruch wie die Männer, nämlich von dem Eros zu sprechen, der ihre erzieherische Wirkung auf die Mädchen ihres Kreises belebte und fruchtbar machte«, sagt Giebel. Der Ruhm der Sappho beruht auf ihrer Dichtung. Platon nennt sie die zehnte Muse. Die wenigen Texte, die wir von ihr kennen, zeigen, daß sie eine ganz eigene Sprache hat, »ohne Metapher, ohne Umschreibung; sie läßt die Dinge in ihrer Welt in ihrem eigenen Glanze leuchten, und ebendadurch werden sie ›poetisch‹«.

Manisa

Einen Halbtagsausflug von Izmir aus lohnt auch das 40 Kilometer nordwestlich gelegene Manisa (in der Antike Magnesia), wo drei große Moscheen daran erinnern, daß die Stadt einst eine der »Prinzenstädte« war. In ihnen lernten die osmanischen Thronfolger als Gouverneure das Herrschen. Das Archäologische Museum (in der Medrese der Muradiye Camii) zeigt interessante Fundstücke, die bis auf die lydische Kultur zurückreichen.

Literarische Bedeutung hat Manisa insofern, als der Autor und Verlagslektor Yusuf Atılgan nicht nur 1921 hier geboren wurde, sondern jahrelang auf seinem Gut in der Nähe der Stadt, abgeschieden vom Literaturbetrieb gelebt und geschrieben hat. In seinem bekanntesten Roman *Hotel Heimat* (*Anayurt Oteli*, erschienen 1973) sind deutliche Hinweise auf Manisa mit seinen geschichtsträchtigen Baudenkmälern enthalten. Doch die bedrückende Atmosphäre von Verfall und Tristesse ist gleichermaßen für andere türkische Kleinstädte typisch. So wählte Regisseur Ömer Kavur die südöstlich von Izmir gelegene Kreisstadt Nazilli für seine eindrucksvolle Verfilmung des Romans mit Macit Koper in der Hauptrolle. Das Hotel ist im Film wie im Roman ein umgebautes altes griechisches Herrenhaus mit Stuckdecken, Kronleuchtern, schweren dunklen Türen.

Als Anregung mag dem Autor ein tatsächlicher Kriminalfall gedient haben: Der ledige Verwalter eines Hotels erhängt sich, nachdem er vorher seine Putzfrau erwürgt und seine Katze erschlagen hat. Meisterhaft entwickelt der Autor die Vorgeschichte der Katastrophe. Lange Zeit hat Zebercet, der letzte Sproß einer alten Familie, ein ruhiges, korrektes Leben geführt, bis eines Abends eine hübsche Frau auf der Durchreise im Hotel Heimat absteigt. Durch diesen Gast wird der Verwalter aus dem Gleis geworfen. Er schließt sich in das Zimmer der Fremden ein, um von ihr zu träumen und wartet auf ihre Rückkehr.

»Am nächsten Morgen, als sie schon weg war, spürte er ihren Duft, als er das Zimmer betrat. Rasch machte er die Tür zu. Sie hatte das Licht beim Weggehen nicht gelöscht. Er betrachtete das Handtuch auf dem Eisengestell, die Decke am Fußende des Bettes, das zerknitterte Leintuch, die Pantoffeln, den Stuhl, die Lampe auf dem Nachttischchen, die beiden vorzeitig ausgedrückten Zigaretten in dem kupfernen Aschenbecher, die Teekanne auf dem Tablett, das Sieb, das Teeglas, die Zuckerstücke auf dem kleinen Teller.«

Zunehmend verändert sich Zebercets Verhalten. Eines Tages beschließt er, keine Gäste mehr aufzunehmen, er streift in der Stadt umher, betrinkt sich und macht Zufallsbekanntschaften, die erotisch gefärbt sind. Da die ersehnte Reisende nicht zurückkehrt, sucht Zebercet bei der Putzfrau, mit der er seit Jahren ohne gefühlsmäßige Beteiligung geschlafen hat, persönliche Zuwendung, was diese mißbrauchte Dorfmagd dumpf abwehrt, woraufhin er sie erwürgt.

Als Motiv für den Selbstmord kommt nur oberflächlich die Angst, man könnte ihn als Mörder der Putzfrau entlarven, zum Tragen. Vielmehr leuchtet das Ende, die Konsequenz aus einem sinnleeren Leben, unmittelbar ein. Die Hauptfigur ist nicht sympathisch. Yusuf Atılgan bricht mit einem Tabu der türkischen Literatur und schildert die intime Körperlichkeit dieses einsamen Mannes so plastisch, daß sich der Leser möglicherweise ekelt. Doch für den Autor ist die glatte Fassade dessen, was als normal gilt, ohnehin verdächtig. So sagt er über seinen Helden, nachdem dieser den Entschluß zum Selbstmord gefaßt hat:

»Er scheute vor Menschen zurück, die meinten, man könne auf der Welt überleben, ohne schuldig zu werden, vor Menschen, die sich für schuldlos hielten.«

Textabschnitte in sachlicher Berichtform wechseln ab mit solchen aus dem Bewußtseinsstrom des Protagonisten. Montageartig werden Splitter aus vorher Gesehenem und Gehörtem mit Erinnerungen und Gedankenfetzen kombiniert, wobei sich besonders gegen Schluß Wahnvorstellungen und zielgerichtetes Überlegen überlagern.

»Sie fragen auch das steht fest warum hast du sie getötet mit dem Taschenmesser in der Hand ohne daß es jemand merkt im Hof ein Loch graben von hinten an ihn rangehen und ihm eins überziehen. Im Hof geht es nicht nachts im Keller ein Loch graben die Leiche ganz langsam über die Stiege schleifen sie am Kopf halten und ziehen wenn ich sie an den Füßen ziehe schlägt der Kopf bei jeder Stiege auf auch wenn mich niemand sieht kann einer aus dem Dorf kommen und nach der Frau suchen wenn er es der Polizei meldet wenn sie gesucht wird der Kaufmann sagt bestimmt als Zeuge aus er hat mir gesagt sie sei ins Dorf gefahren weil ihr Onkel gestorben ist gibt er an das heißt sie ist woanders hin gefahren ist das so heiße Maroni in die Achselhöhlen legen wenn man sich von hinten mit dem Taschenmesser anschleicht kann er sich plötzlich umdrehen. (...) Man kann eine Handvoll Sand auf die Maroni werfen. Wir holen den Sand vom Schweinebach.

Du schaust aus wie ein Schwein
Wie ein Esel
Wie ein Stier
Wie eine Kuh
Wie ein Gaul
Wie ein Affe
Wie ein Zugpferd
Wie eine Küchenschabe
Wie eine Ratte
Wie ein Hund
Wie ein Schakal.«

Urla Iskele

Ein anderer Ausflug von Izmir in Richtung Çeşme könnte in den kleinen Küstenort Urla Iskele führen. Hier hat der 1900 in Izmir als Sohn eines Rechtsanwalts geborene griechische Dichter und Nobelpreisträger (1963) Giorgos Seferis in seiner Kindheit die heißen Sommermonate verbracht. Das vor einigen Jahren renovierte Steinhaus, heute ein Hotel, das die Metalltafel mit dem Hinweis auf Seferis trägt, ist nach Aussage älterer Bewohner von Urla jedoch nicht das echte Seferis-Haus. Dieses habe vielmehr unmittelbar am Hafen zwischen anderen Häusern gestanden, wo jetzt ein armseliger kleiner Park ist. Zum Beweis dient ein altes Foto, auf dem noch die gesamte Hafenzeile zu sehen ist, die im Krieg der Türken gegen die Griechen 1922 zerstört wurde.

Die Familie Seferis hatte die Türkei schon zu Beginn des Ersten Weltkriegs 1914 verlassen. Giorgos studierte Jura an der Sorbonne und trat dann als Beamter in den diplomatischen Dienst seines griechischen Vaterlands. Die Diplomatie war fast 40 Jahre lang sein Brotberuf unter verschiedenen Regierungen, doch litt er unter dieser »äußeren Unterwerfung, die mich mein Leben lang verwunden wird«, wie er in einem Brief sagt. Er arbeitete an der Erneuerung der dichterischen Sprache, reinigte sie von Ballast und verbannte den Pomp, das überschwenglich Pathetische, das bis dahin in der griechischen Lyrik üblich war. Asteris Kutulas schreibt in seinem Nachwort zu dem Essayband *Alles voller Götter* über den Dichter: »An die Stelle der bis dahin üblichen Dithyramben auf Liebe, Natur und Nation trat eine pessimistische Grundstimmung, die das, was man Modernes Bewußtsein oder Tragische Weltanschauung nennt, zu poetischen Bildern verdichtete. Eingang ins Gedicht fanden Tagebuchaufzeichnungen, Zitate, Träume, die Probleme des Dichters mit dem Gedicht, Fragmente aus anderen Gedichten.« Zusammen mit Kavafis gilt Seferis als Begründer der modernen griechischen Lyrik.

Populär wurde der Dichter jedoch weder aufgrund seiner Texte, die sich schlecht verkauften, noch wegen des Nobelpreises, sondern weil Mikis Theodorakis einige seiner Gedichte vertont hatte. Auch verfaßte Seferis 1969 eine *Erklärung* gegen die Obristendiktatur, die erste und letzte öffentliche politische Stellungnahme in seinem Leben. Aus Protest gegen die Junta hatte er seit dem Putsch 1967 nichts mehr in Griechenland veröffentlicht. Als er 1971 starb, geleiteten ihn viele Tausende Athener zur letzten Ruhe.

Wenn heute zunehmend griechische Touristen nach Urla Iskele kommen, zeugt das auch vom »vorsichtigen Wandel der historisch schwer belasteten griechisch-türkischen Beziehungen«, wie Christiane Schlötzer in ihrem Aufsatz *Die Freundschaft der früheren Feinde* schreibt. Übrigens hat Seferis selbst 1951 »den einzigen Ort, den ich Heimat nennen kann« besucht. Das Gedicht *Das Haus am Meer* (übertragen von Christian Enzensberger) ist vom Schmerz des Verlusts geprägt.

»*Das Haus am Meer*

Die Häuser die ich besaß haben sie mir genommen.
$\qquad\qquad\qquad\qquad\qquad\qquad$ Es war so
daß die Zeit aus den Fugen geriet: Kriege Trümmer
$\qquad\qquad\qquad\qquad\qquad\qquad\qquad$ Verbannungen:
Manchmal findet der Jäger die Zugvögel auf dem Durchflug
Manchmal bleiben sie aus: zu meiner Zeit
War die Jagd gut gewesen, viele kamen um in
$\qquad\qquad\qquad\qquad\qquad\qquad$ den Feuersbrünsten,
die übrigen streifen umher oder verlieren in
$\qquad\qquad\qquad\qquad\qquad$ den Schlupfwinkeln den Verstand.

Sprich mir nicht von der Nachtigall oder der Lerche
Noch auch von der zierlichen Bachstelze
Die mit dem Schwanz Ziffern ins Licht schreibt:
Mit Häusern kenne ich mich nicht sehr gut aus
Nur daß sie Wesen von eigener Art sind weiß ich,
$\qquad\qquad\qquad\qquad\qquad\qquad\qquad$ sonst nichts.
Anfangs sind sie neu, wie die Kinder
Die in den Gärten mit den Zotteln der Sonne spielen,
sticken sie farbig die Fensterläden und glänzend
die Türen in den Tag:
wenn der Baumeister fertig ist verändern sie sich,
sie werden runzlig oder lächeln oder auch:
$\qquad\qquad\qquad\qquad\qquad\qquad$ sie verhärten sich

vor denen die bleiben vor denen die fortgehen
vor den anderen die zurückkämen wenn sie könnten
oder den Unauffindbaren jetzt da verwandelt ist
die Welt in ein grenzenloses Hospiz.

Mit Häusern kenne ich mich nicht sehr gut aus,
ich erinnere mich an ihre Freude und an ihre Trauer
manches Mal, wenn ich innehalte:
                              und wiederum
manches Mal, am Meer, in leeren Zimmern
mit einer eisernen Bettstatt in denen nichts mir gehört
denke ich mir, und sehe dabei der abendlichen Spinne zu
wie einer sich bereit macht zur Ankunft, wie sie
                              ihn schmücken:
mit weißen und schwarzen Kleidern mit vielfarbigem
                              Zierrat
und um ihn her in gesetzter Rede ehrwürdige Damen
in grauem Haar und dunkler Spitze,
wie er sich bereit macht zu kommen und Abschied
                              zu nehmen;
oder auch eine tiefgegürtete Frau mit geschwungenen
                              Wimpern
bei der Rückkehr von südlichen Häfen,
Smyrna Rhodos Syrakus Alexandria,
von Städten so verschlossen wie Fensterläden gegen
                              die Hitze,
wie sie im Duft goldener Früchte und Kräuter
die Stufen hinaufgeht und sich nicht umblickt
nach denen die unter der Treppe liegen und schlafen.

Du mußt wissen die Häuser verhärten sich leicht,
                              wenn du sie leerst.«

Teos

Teos, eine Ausgrabungsstätte nahe Seferihisar, südlich von Güzelbahçe, einem Izmirer Vorort, ist die Heimat des Dichters Anakreon, der in der 2. Hälfte des 6. Jahrhunderts v. Chr. lebte und zusammen mit Sappho und Alkaios zu den frühgriechischen Monodikern gehörte. Um 545 mußte er Teos verlassen, weil die persische Großmacht die griechischen Kolonien in Kleinasien einnahm. Er lebte erst in Abdera in Thrakien, dann auf Samos am Hof des Tyrannen Polykrates (reg. 538-522). Nach dem Tod seines Gönners wurde er ehrenvoll nach Athen geholt. Seine Lieder kreisen um Wein und Liebe, künden vom heiteren Lebensgenuß und vom schmerzlichen Entsagen. Die Verse sind leichtfüßig, scheinen ganz aus dem Augenblick zu entspringen. Hier ein Beispiel in der Übersetzung von H. Rüdiger:

»Warum schaust du, thrakisch Füllen, mich so an
                          mit schrägen Blicken,
Weichst mir herzlos aus? Du scheinst mir wenig Übung
                          zuzutraun!
Sei gewiß: Ich wüßte dir die Trense richtig anzulegen
Und am Zügel dich zu jagen um die Wende auf der Bahn.
Noch vergnügst du dich, mit flinken Sprüngen tänzelnd,
                          auf der Weide,
Denn es fehlt dir noch ein rechter roßerfahrner
                          Reitersmann.«

Als Anakreontik bezeichnet man eine Richtung in der europäischen Lyrik, die den Wein und die Geselligkeit lobt, die Geliebte und die Macht der Liebe preist, dabei Namen und Situationen aus der antiken Mythologie verwendet, die Beteiligten ins Schäferkostüm steckt vor dem Hintergrund einer idealisierten Landschaft mit Bächen, Quellen und Grotten, so wie man es von Rokokogemälden kennt. Die deutsche Anakreontik hat in der Zeit zwischen der Endphase des Barock und dem Sturm und Drang viele heute zu Recht vergessene Tändeleien hervorgebracht. Doch selbst Goethe hat in seiner Jugend »anakreontisch« gedichtet. Wer kennt nicht *Mit einem gemalten Band* oder *Die Nacht*?

Doch so verengt auf bestimmte Motive und Haltungen wie die Anakreontik war das Schaffen des Dichters Anakreon nicht. Die Forschung erschließt aus den rund 150 Fragmenten ganz andere Themen, es gibt Weihinschriften und Gebete, ein Grabepigramm auf einen gefallenen Soldaten, Spottgedichte, Elegien. Ob Anakreon, der sehr alt geworden sein soll, schließlich nach Teos zurückgekehrt und dort begraben worden ist, läßt sich nicht beweisen.

Viel später, im 2. Jahrhundert v. Chr., wurde in Teos der große Dionysos-Tempel, dessen mächtige blaugraue Ruinen wir heute sehen, erbaut. Damals hatte der Bund der Techniten des Dionysos dort seinen Sitz. Die Techniten waren wandernde Berufsschauspieler, die die Bevölkerung der Ägäis mit dramatischen Darbietungen erfreuten, bis sie wegen ihres Lebenswandels (Wein und Liebe) in Verruf gerieten und aus Teos vertrieben wurden.

Milet

Weiter südlich von Izmir liegt Milet, das in der Zeit der sogenannten Griechischen Kolonisation (seit dem 8. Jahrhundert v. Chr.) als wichtiger Hafen und Handelsort zur »heimlichen Hauptstadt des neuen Griechenland« (Latacz) wurde. Davon ist allerdings anhand des jetzigen Grabungsfeldes kaum noch etwas zu erkennen. Die kulturelle Bedeutung der Metropole war enorm. Der Mathematiker Thales von Milet konnte im 6. Jahrhundert v. Chr. eine Sonnenfinsternis exakt vorherberechnen, was dem wissenschaftlichen Denken den Weg ebenso ebnete wie die von Anaximander hier gezeichnete Weltkarte. Diese sogenannten Naturphilosophen, auch Anaximenes von Milet gehörte dazu, versuchten den Urstoff aller Dinge zu bestimmen. Sollte es das Wasser oder die Luft sein? Erst Demokrit aus Abdera stellte die These auf, daß alles aus »Atomen« bestehe, kleinsten unteilbaren Teilchen. Die fragmentarischen Schriften der Vorsokratiker kann man jedoch kaum als »Literatur« im eigentlichen Sinn betrachten.

Bei Ausgrabungen im Theater, dem eindrucksvollsten erhaltenen Bau auf dem Ruinenfeld, wurde um 1900 von französischen Archäologen das Fragment einer Jünglingsstatue gefunden, das in der Fachwelt den Namen »Torso von Milet« führt. Im Louvre wurde dieses Statuenfragment dann unter der Bezeichnung »Archaischer Torso Apollos« ausgestellt, obwohl nichts darauf hindeutet, daß es sich um ein Abbild des Gottes der schönen Künste handelt. Gleichwohl hat Rainer Maria Rilke sich von der frühklassischen Gestalt (entstanden um 470 v. Chr.) zu einem seiner wunderbarsten Sonette anregen lassen:

»Archaischer Torso Apollos

Wir kannten nicht sein unerhörtes Haupt,
darin die Augenäpfel reiften. Aber
sein Torso glüht noch wie ein Kandelaber,
in dem sein Schauen, nur zurückgeschraubt,

sich hält und glänzt. Sonst könnte nicht der Bug
der Brust dich blenden, und im leichten Drehen

der Lenden könnte nicht ein Lächeln gehen
zu jener Mitte, die die Zeugung trug.

Sonst stünde dieser Stein entstellt und kurz
unter der Schultern durchsichtigem Sturz
und flimmerte nicht so wie Raubtierfelle;

und bräche nicht aus allen seinen Rändern
aus wie ein Stern: denn da ist keine Stelle,
die dich nicht sieht. Du mußt dein Leben ändern.«

Das Gedicht ist 1908 entstanden, nach der Zeit, die Rilke
als Privatsekretär des Bildhauers Auguste Rodin in Paris
verbrachte (1905 bis 1906), wo er zu einem neuen Sehen
erzogen wurde.

Pergamon, Izmir, Teos, Milet – an einigen von vielen mög-
lichen Beispielen ist deutlich geworden, daß vom Boden
der heutigen Türkei seit bald dreitausend Jahren mannig-
faltige Anregungen für die abendländische Literatur ausgegangen sind.

Bodrum

Nach Bodrum zieht es die Urlauber vornehmlich aus zwei
Gründen: Hier gibt es einen großen Jachthafen, Ziel und
Ausgangspunkt für die »Blaue Reise« von Bucht zu Bucht,
und die schönste Freiluftdiskothek der Türkei. An einen
geruhsamen Urlaub ist in dem für sein Nachtleben berühmten Hafenstädtchen, das in der Antike Halikarnassos
hieß, weniger zu denken. Ein dritter Grund, Bodrum zu
besuchen, ist das vom Johanniterorden ab 1402 erbaute

mittelalterliche Kastell, welches das weltweit größte Museum für Unterwasserarchäologie beherbergt. Der Literaturfreund kennt Bodrum wegen des »Fischers von Halikarnas«, wie sich der Dichter Cevat Şakir Kabaağaçlı (1886-1973) nannte. Dieser Enkel des letzten Großwesirs des Osmanischen Reiches wurde – zu Unrecht – beschuldigt, den Wehrdienst und das Militär abzulehnen und in linksradikalen Kreisen zu verkehren. Deswegen wurde er 1924 in Ankara zu drei Jahren Festungshaft verurteilt und nach Bodrum verbannt, das damals noch ein Fischerdorf war und keine Straßenverbindung zur Außenwelt hatte.

Der Autor beschreibt in der autobiografischen Erzählung *Mavi Sürgün* (Blaue Verbannung), wie er als Gefangener zu Pferd seinen Verbannungsort erreicht, dort dank der Großzügigkeit des Festungskommandanten ein Häuschen am Strand beziehen darf und ein Leben unter primitiven Bedingungen, aber im Einklang mit der Natur führt. Das Ende seiner Strafe verbüßte Cevat Şakir in Istanbul, danach kehrte er freiwillig nach Bodrum zurück, wo er Romane, Erzählungen und zahllose Zeitungsartikel schrieb, die sowohl ihn als auch die Ägäis mit ihren Inseln und blauen Buchten international bekannt machten.

Der Autor zog 1947 nach Izmir, wo er 1973 starb. Begraben ist er aber seinem Wunsch gemäß in Bodrum. Dort erinnert eine Platane an ihn, der in seinem Leben so viele Bäume gepflanzt hat. Wahrscheinlich wäre der »Fischer von Halikarnas« entsetzt über das heutige Treiben an dem einst idyllischen Ort. Doch es gibt Ausweichmöglichkeiten. In den umliegenden Dörfern ist es ruhiger, und so hat sich die in Cevat Şakirs Zeiten entstandene Künstlerkolonie dorthin verlagert. Es leben auch heute einzelne Schriftsteller, Maler und Musiker ganzjährig oder saisonal im Umkreis von Bodrum.

Auch Vedat Türkalis (geb. 1919) Roman *Mavi Karanlık* (1983, Blaue Finsternis), der im wesentlichen in diesem malerischen Umfeld spielt, ist hier entstanden. Eine der Hauptfiguren, ein Rechtsanwalt, der Muhtar (Gemeindevorsteher) genannt wird, kommentiert den Ausblick aus seinem Hotelzimmer am Hafen mit den Worten:

»Ach, wie ich diesen Ort liebe. Wo gibt es das schon sonst, daß einen die Natur derart von allen Seiten umarmt mit diesem sonnentrunkenen Blau und Grün, ohne daß der Mensch dabei klein und unwichtig würde? Wenn bloß diese Burg nicht wäre. Wie ein mittelalterlicher Kerkermeister steht sie da.«

Der Gegensatz zwischen der besonnten Natur und der dunklen Burg weist auf die beiden Hauptmotive des Romans hin. Das Ferienparadies, in dem sich einheimische Sommergäste – ein paar reiche Leute sowie Intellektuelle und Künstler aus Istanbul, Izmir und Ankara –, aber auch Touristen und ein französisches Filmteam an üppig gedeckten Tischen mit stets reichlich fließendem Alkohol laben, steht im Kontrast zu den immer bedrohlicher werdenden bürgerkriegsähnlichen Wirren am Vorabend des Militärputsches vom 12. September 1980.

Die Tochter von Muhtar, die Psychologiestudentin Nergis, hat ihren Freund Korhan, einen Doktoranden der Physik, nach Bodrum mitgebracht, um ihn zu verstecken, denn an der Universität in Ankara ist er mit dem Tod bedroht worden. Anfangs sieht es so aus, als könnte sich das lustige Völkchen in Bodrum völlig den Sommerfreuden hingeben und vom politischen Geschehen abschotten. Nur die Medien berichten zunehmend über Gewalt gegen linke Studenten, Rechtsanwälte und Abgeordnete, von Bombenattentaten und Verhaftungen. Dann aber wird vor einem Ausflug zu den benachbarten Inseln überraschend der Maler Özgür, der frühere Geliebte von Nergis, verhaftet. Dieser junge, lebensbejahende Mann gilt als völlig unpolitisch. Als er nach Wochen aus Ankara zurückkehrt, ist er durch die Folter körperlich und seelisch gebrochen.

Die anfangs innige Beziehung zwischen Nergis und Korhan leidet darunter, daß die beiden kaum miteinander sprechen können. Korhan ist das Gegenteil von Özgür, er ist wortkarg, altmodisch treu und möchte Nergis heiraten, die sich wiederum nicht binden, sondern wie alle anderen in ihrem Umkreis die freie Liebe leben will. Als Nergis sich intensiv um die Genesung Özgürs kümmert, reist Korhan nach Ankara ab, aber nicht aus Eifersucht, sondern weil er es nicht aushält ohne seine Arbeit, die ihm über alles geht. Als Nergis endlich begreift, daß sie ohne ihn nicht leben will, wird er in der Hauptstadt erschossen. Schließlich sind alle Sommergäste der Runde in Bodrum in irgendwelche Machenschaften verstrickt oder davon betroffen, entweder als Opfer oder als Mittäter. Manche werden ungewollt schuldig, wie etwa Muhtar, der aus Sorge um seine Tochter eine von der Polizei gesuchte Studentin verrät und sich von der Grundstücksmafia anheuern läßt, um sein Boot zu finanzieren. Gerissene Aufkäufer versuchen nämlich, sich die Grundstücke entlang der Küste zu sichern, um sie mit Feriensiedlungen zu bepflastern.

In den Gesprächen und inneren Monologen wird immer wieder die Verantwortung des Einzelnen beziehungsweise die Unmöglichkeit, sich in schwierigen Zeiten vor einer Stellungnahme zu drücken, diskutiert. Dabei nimmt der Autor, wie viele seiner Schriftstellerkollegen, eindeutig Partei für die intellektuelle Linke, die auf friedlichem Weg für mehr Demokratie und Gerechtigkeit kämpfen will. Gewalt und Terror sind für ihn Irrwege.

Dardanellen

Die Dardanellen, also die Meerenge zwischen der Halbinsel Gallipoli (türkisch Gelibolu) und dem asiatischen Ufer (Lapseki, Çanakkale), die das Mittelmeer mit dem Marmarameer verbindet, waren in Zeiten ohne Flugzeuge und Raketen von größter strategischer Bedeutung und wurden seit der Antike umkämpft. Diese Schlachten haben sich auch vielfältig in der Literatur niedergeschlagen.

Troja

Auf unserer literarischen Reise durch die Türkei ist Troja (türkisch Truva), ca. 30 km von Çanakkale entfernt, vielleicht der bekannteste Ort. Hier spielt die *Ilias*, die älteste uns erhaltene europäische Dichtung, aufgeschrieben zwischen 750 und 700 v. Chr. von Homer, der möglicherweise aus dem ionischen Izmir stammt (siehe dazu S. 43). Erzählt wird eine Geschichte vom Kampf der Griechen um Troja, der zu Lebzeiten Homers längst Vergangenheit war. Doch die Zuhörer kennen den Stoff. Generationen von Sängern haben ihn in mündlicher Form in Hexametern weitergegeben, bis die Griechen um die Mitte des 8. Jahrhunderts die Buchstabenschrift einführten und damit in der Lage waren, längere komplexe Texte aufzuschreiben.

Beim Anblick der Ruinenstätte erinnert sich der gebildete Reisende womöglich an die prophetischen Worte des Trojaners Hektor, der sich von seiner Frau Andromache verabschiedet:

»Einst wird kommen der Tag, wo das heilige Ilion hinsinkt,
Priamos selbst und das Volk des lanzenkundigen Königs.
Doch nicht der Schmerz um die Troer wird mich hernach
                                                    so bekümmern,
Weder um Priamos, den Gebieter, noch Hekabe selber,
Noch um die leiblichen Brüder, die da, so viele und edle,
In den Staub werden fallen unter den feindlichen Männern,
So wie um dich, wenn einer der erzgeschirmten Achäer
Dir den Tag der Freiheit raubt und die Weinende wegführt.
Wenn du in Argos am Webstuhl webst für eine andre,
Wasser holst vom Quell Hypereia oder Messeis
Wider den eigenen Willen, doch starker Zwang lastet
                                                    auf dir.
Und dann sagt wohl einer, der sieht, wie du Tränen
                                                    vergießest:
›Hektors war dies Weib, der der beste war von den Kämpen
Rossetummelnder Troer, als sie um Ilion kämpften.‹«

                                                    (Il. 6, 448 ff.)

Sollte Homer jemals den Schauplatz der Ereignisse aufgesucht haben, dann hat er allenfalls unbewohnte Ruinen
vorgefunden. Der Trojanische Krieg, sofern er nicht bloß
eine literarische Erfindung ist, könnte um 1200 v. Chr. statt-
gefunden haben. Die Ausgrabungen ergeben, daß die um
jene Zeit zuerst durch ein Erdbeben und danach durch
einen Großbrand zerstörte Stadt etwa 950 v. Chr. verlassen worden ist.

   Wie der heutige Tourist hätte der Dichter von der Burg-
mauer nach Norden hin auf die Dardanellen bzw. bei kla-
rem Wetter nach Südwesten aufs ägäische Meer blicken
und sich die Schiffe der Belagerer weit hinten in der Bucht
vorstellen können. Vielleicht hat Homer ja noch die Trümmer der Unterstadt und Reste einzelner Tore, etwa des Skäi-

schen Tores, das in der *Ilias* so oft erwähnt wird, ausmachen können. Ganz sicher hat er Troja nicht so gesehen wie der Besucher des 21. Jahrhunderts, dem anhand der Grabungsschnitte der historische Ablauf von der untersten Siedlungsschicht bis zu den Resten der hellenistischen und römischen Stadt, die das alte Troja weithin zudecken, verdeutlicht wird.

Einige der »Landmarken«, die der Dichter in der *Ilias* setzt, können wir heute noch erkennen, etwa die bewaldeten Ausläufer des Ida-Gebirges (türkisch Kaz Dağı), wo sowohl Belagerer als auch Belagerte in tagelangen Aktionen Holz schlugen, um die riesigen Scheiterhaufen für ihre toten Helden zu errichten. Die zwei mehrfach genannten Flüsse, Skamander und Simoeis, führen heute die türkischen Namen Menderes und Dümrek. Bei der Verfolgungsjagd zwischen Achill und Hektor, die dreimal in voller Rüstung die Stadtmauer umrunden, werden weitere »Landmarken« genannt:

»Also flog er begierig heran, und es flüchtete Hektor
Unter der Mauer der Troer und regte die hurtigen Knie.
Und an der windbewegten Feige vorbei und der Warte
Jagten sie immer seitab von der Mauer dahin auf
        dem Fahrweg,
Und sie erreichten die beiden schön hin fließenden
        Brunnen,
Wo die Quellen entspringen des wirbelreichen Skamandros.
Eine nämlich entfließt mit lauwarmem Wasser,
        und ringsum
Dampft aus ihr es auf wie Rauch aus loderndem Feuer.
Aber die andere fließt im Sommer so kalt wie der Hagel
Oder wie kühler Schnee oder Eis, gefroren aus Wasser.
Dort bei ihnen sind auch die breiten Becken zum Waschen

Nahe, die schönen, steinernen, wo ihre schimmernden
Kleider
Pflegten zu waschen die Frauen der Troer und lieblichen
Töchter
Früher im Frieden, bevor die Söhne Achaias gekommen.«
(Il. 22, 143 ff.)

Klingt das nicht, als wäre Homer dabeigewesen? Aber genau darin besteht ja die Kunst der Aöden (Sänger), den Text so zu gestalten, daß die Zuhörer meinen, einem Augenzeugen zu lauschen. In der *Odyssee* etwa rührt der Sänger Demodokos mit seiner Schilderung der Eroberung Trojas den zuhörenden Odysseus zu Tränen. Das höchste Lob wird dem Sänger dafür zuteil, daß er das Geschehen anschaulich besingt:

»Weit vor den Sterblichen, Demodokos, muß ich
dich preisen.
Dich hat die Muse gelehrt, Zeus' Tochter, oder Apollon;
Denn gar schön nach der Ordnung besingst du das Los
der Achäer,
Was sie taten und litten und wie die Achäer sich mühten,
So wie selber Erlebtes oder von Zeugen Gehörtes.«
(Od. 8, 487)

Hier wird freilich klar, daß der Text ein literarisches Kunstwerk ist und eben keine Geschichtsquelle. Und den besten Beweis dafür erbringt der Sänger bzw. der Verfasser der *Odyssee* mit der Mär vom hölzernen Pferd, die in ihrer eingängigen Bildlichkeit bis heute wirkt, wie das Geschäft mit den Andenken vor den Toren der Grabungsstätte zeigt.

So wenig »wissenschaftlich« das naive Wörtlichnehmen von Literatur sein mag – wir verdanken ihm die Wiederentdeckung Trojas durch Heinrich Schliemann. Dieser deutsche Kaufmann und Hobbyarchäologe begann quasi mit der *Ilias* in der Hand 1780 auf dem Hügel des türkischen Hısarlık zu graben. Tatsächlich stieß er auf sehr alte Mauern, die er für das von Homer besungene Troja hielt, und er fand einen Schatz mit herrlichem Schmuck, der als der »Schatz des Priamos« berühmt wurde. Kurz vor seinem Tod erkannte Schliemann, daß er in Schichten vorgedrungen war, die weit älter als das Troja der *Ilias* waren. Die heutige Wissenschaft unterscheidet über zehn verschiedene Schichten, wobei sich wahrscheinlich an der Grenze von Troja VI zu Troja VII die Reste dessen befinden, was von der in der *Ilias* besungenen »homerischen« Burg und Stadt Troja – oder mit anderem Namen Ilion – übrig ist.

Im Archäologischen Museum in Çanakkale sind einige wertvolle Grabungsfunde aus verschiedenen Jahrtausenden zu sehen. Da erst etwa fünf Prozent des homerischen Troja ausgegraben sind, fehlen bisher schriftliche Beweise vor Ort, daß es sich bei der Ruinenstätte um Troja oder Ilion handelt. Indirekte Beweise lieferten ab 1995 jedoch ein Siegelfund mit (luvischer) Keilschrift und die Entschlüsselung hethitischer Briefe und Verträge, die von »Taruisa« und »Wilusa« sprechen, womit eine Stadt bzw. eine Landschaft am westlichen Rand des hethischen Großreiches gemeint ist (Genaueres in *Troia und Homer* von J. Latacz).

Dank der seit 1988 nach Jahrzehnten wieder aufgenommenen Grabungen unter der Leitung des Tübinger Archäologen Manfred Korfmann (verstorben 2006) kann man heute mit ziemlicher Sicherheit behaupten, daß das von den Hethitern bezeichnete Handelszentrum an der Stelle lag, wo wir seit Schliemann das Troja Homers vermuten.

Was kann Menschen heute noch faszinieren an diesem Werk, das vor bald 3000 Jahren unter ganz anderen gesellschaftlichen und politischen Voraussetzungen entstanden ist für adelige Zuhörer an den Höfen kleiner Könige in Griechenland und an der Ägäisküste?

In der *Ilias* geht es im Grunde gar nicht um die zehnjährige Belagerung von Troja. Die Vorgeschichte, nämlich das Parisurteil und die Entführung der Helena, die ganzen neun vergeblichen Jahre im Heerlager am Strand, das alles wird nur kurz angedeutet. Auch das Ende, die Einnahme von Troja, kommt nicht in der *Ilias* vor, sondern in der *Odyssee*. Das spezielle Thema der *Ilias* wird vielmehr gleich in den allerersten Versen genannt:

»Göttin, singe mir nun des Peleussohnes Achilleus
Unheilbringenden Zorn, der tausend Leid den Achäern
Schuf und viele stattliche Seelen zum Hades hinabstieß . . .«

Homer will seinen Zuhörern, bei denen er die Kenntnis der Troja-Geschichte voraussetzt, zeigen, wie der »unheilbringende Zorn« eines Einzelnen, der sich der gemeinsamen Sache nicht unterordnet, das gesamte Unternehmen in Gefahr bringt und »tausend Leid den Achäern«, also den eigenen Leuten, schafft. Dieses Thema war für die griechische Oberschicht des 8. vorchristlichen Jahrhunderts hoch aktuell. Mit der sogenannten griechischen Kolonisation hatte nach jahrhundertelangem Stillstand eine neue Zeit des Aufbruchs und Aufschwungs begonnen. Jetzt wurden an allen Küsten des Mittelmeers griechische Städte gegründet, und ein ausgedehnter Schiffsverkehr mit dem Austausch von Waren und Informationen setzte ein. Wollte der Adel die Führung behalten, mußte er zusammenstehen.

Es gibt viele uns heute noch anrührende Szenen in der *Ilias*, etwa wenn der alte König Priamos nächtlich ins Lager der Achäer kommt, um die Leiche seines Sohnes Hek-

*»Einst wird kommen der Tag, wo das heilige Ilion hinsinkt.«
Es gibt bisher keinen Beweis, daß dieses ›Troja‹ der Ort ist,
an dem die Ilias des Homer spielt.*

tor zu erbitten, oder die Klage der Thetis um den gefallenen Patroklos, den Freund ihres Sohnes Achill, der ja ebenfalls bald sterben wird. Nein, die Belagerer werden keineswegs als dumpfe Kriegsmaschinen geschildert, sondern als Opfer ihrer falschen Vorstellungen – und als Opfer der Götter, denn der Glaube an das unberechenbare Walten der Unsterblichen ist bei Homer noch ungebrochen.

Die *Ilias* ist ein Epos aus Männersicht. Frauen kommen bei den belagernden Griechen nur als Streitobjekt (Helena, Briseis) vor, als Kriegsbeute oder als Kampfpreis beim Wagenrennen oder beim Ringkampf:

»Einen großen Dreifuß, aufs Feuer zu stellen, dem Sieger,
Den auf ein Dutzend Rinder die Danaer unter sich
                                              schätzten.
Für den Besiegten stellt' er als Preis eine Frau in die Mitte,
Die viel Werke verstand und die auf vier Rinder
                                        sie schätzten.«
                                        (23, 702 ff.)

Das provoziert gerade heutige Autorinnen zu dichterischen Gegenentwürfen, in denen eine Frau die Hauptrolle spielt, zum Beispiel Kassandra, die Tochter des Trojanerkönigs Priamos und Schwester Hektors. Die Apollonpriesterin ist mit der Sehergabe geschlagen, denn kein Mensch glaubt ihr. Als sie den Untergang Trojas voraussagt und vor dem hölzernen Pferd warnt, wird sie für verrückt erklärt. Die Erzählung *Kassandra* von Christa Wolf besteht aus einem inneren Monolog dieser hellsichtigen Frau, die erkennt, welche Verhaltensweisen, vor allem auf der Seite ihrer eigenen Leute, unweigerlich zum Krieg führen.

Kassandra ist ein Beispiel für die sogenannte Mythenreprisenliteratur, wobei der Mythos, hier der Troja-Mythos, als Rahmen benutzt wird, um eine neue Geschichte zu erzählen. Wie wir gesehen haben, gehört schon Homers Epos in diese Kategorie. Da in der Zeit nach Homer die mündliche Tradition verblasste, drohte der Gesamtzusammenhang in Vergessenheit zu geraten. Eine schriftliche Aufzeichnung der gesamten Troja-Geschichte wurde als sogenannter *Epischer Kyklos* etwa hundert Jahre nach Homer zusammengestellt (nur fragmentarisch erhalten). Daraus schöpften dann spätere Jahrhunderte, z. B. die griechische klassische Tragödie des 5. Jahrhunderts mit ihren Vertretern Aischylos, Sophokles und Euripides.

In dem umfangreichen historischen Roman *Die Feuer von Troia* von Marion Zimmer Bradley geht es um die Ablösung der alten frauenbestimmten Ordnung durch die neue männerbestimmte. Im Prolog erfahren wir wieder eine neue Version, daß nämlich Kassandra nicht in Mykenä zusammen mit Agamemnon den Tod erlitten hat, sondern sich hat retten können. Für die Kassandra in diesem Roman sind die Lieder der Sänger über Könige und Helden von Troja »verlogener Unsinn« und »dumme Lügen«. Sie bietet eine ganz andere, nämlich eine feministische Sicht als die richtige an, aber »kein Mensch will die Wahrheit glauben«.

Der Troja-Mythos hat die abendländische Literatur nachhaltig geprägt. Man denke nur an Kleists *Penthesilea* und Goethes *Faust II*. Hier die Titel all der Dramen, Romane und Gedichte zu nennen, die den Stoff variieren, ist nicht möglich.

Die Ruinen von Troja, die wenigen Mauerreste in der weiten abfallenden Ebene geben kaum einen Eindruck von der einstigen Größe und Bedeutung der alten Stadt. Besucher sind nicht selten enttäuscht, daß nichts Spektakuläres zu sehen ist und daß wissenschaftliche Ergebnisse auf Hinweistafeln und in einer Videoinstallation den Augenschein ersetzen müssen.

Çanakkale, Gelibolu

Wer die Dardanellen beherrscht, kontrolliert den Handelsweg, der das Mittelmeer mit dem Schwarzen Meer verbindet. Nicht nur in der Antike ist deshalb um die Kontrolle über diese Meerenge gekämpft worden, sondern auch im Ersten Weltkrieg, als die Alliierten zwischen April 1915 und Januar 1916 versuchten, den Zugang zum Marmarameer und damit zur damaligen Hauptstadt Istanbul zu erlangen. Çanakkale ist ein hübsches Städtchen, das, vom Hafen und der Marine geprägt, an der engsten Stelle der Durchfahrt auf der asiatischen Seite liegt. In der alten Festung informiert eine Ausstellung über die verlustreiche Schlacht. Der Schwerpunkt der Kämpfe lag jedoch auf dem in Sichtweite gelegenen europäischen Ufer, auf der Halbinsel »Gallipoli«; diese griechische Bezeichnung ist heute noch im Namen der Kleinstadt Gelibolu erhalten. Zahlreiche Gedenkstätten und Soldatenfriedhöfe auf der Halbinsel bewahren die Erinnerung an die rund 500 000 (nach anderen Quellen 250 000) Soldaten aus sieben Nationen, die in dem blutigen Stellungskrieg ihr Leben verloren. Den Oberbefehl über die osmanischen Truppen hatte damals ein deutscher General, Otto Liman von Sanders. Unter seiner Führung zeichnete sich der türkische Offizier Mustafa Kemal, der spätere Atatürk, dadurch aus, daß er in dem fast aussichtslosen Kampf zum Standhalten aufrief. Er forderte von seinen Soldaten, mehr als nur zu kämpfen, sie sollten ihr Leben hingeben.

Als Staatspräsident Atatürk 1934 den internationalen Soldatenfriedhof einweihte, bewies er gegenüber den ehemaligen Feinden wahre Größe mit den Worten:

»Ihr Helden, die ihr auf diesem Boden euer Blut vergossen habt, ihr liegt hier in Freundesland. Ruht in Frieden und Sicherheit! Seite an Seite mit unseren Soldaten, eng umschlungen. Mögen die Mütter, die von fernen Landen her ihre Söhne in den Krieg geschickt haben, ihre Tränen trocknen. Ihre Söhne sind bei uns geborgen, sind sicher und mögen in Frieden ruhen. Dadurch daß sie auf diesem Boden ihr Leben gelassen haben, sind sie unsere Kinder geworden.«

Den Gefallenen von Çanakkale wurden viele literarische Denkmäler errichtet, schon sehr früh von Mehmet Akif Ersoy (1873-1936), dem Verfasser des Textes der türkischen Nationalhymne. Aus seinem Gedicht *Çanakkale Şehitlerine* (Den Gefallenen von Çanakkale) wird häufig zitiert, etwa die folgenden Verse:

»Durchschossen seine reine Stirn, liegt der Soldat,
Gefallen für dies Land. Er wär' es wert,
daß Ahnen hoch vom Himmel kämen ihn zu küssen.
Für einen Halbmond, Gott, da sinken Sonnen ...«

Dieses nicht leicht zu übersetzende Heldenlob wirkt pathetisch, es relativiert sich jedoch, wenn der Dichter den Krieg als solchen beschreibt. Dieser wird keineswegs verherrlicht, im Gegenteil:

»Sie starben fürs Vaterland.
Das war weder *süß* noch *ehrenvoll*.
Sie marschierten im Glauben an die Lügen
Der Alten direkt in die Hölle.

Und als sie nach Hause kamen,
hatten sie allen Glauben verloren
Denn zu Hause waren Lüge und Betrug
                              an der Tagesordnung
(. . . .)
Da sind Zehntausende gefallen
Die Besten blieben auf dem Schlachtfeld
Für eine zahnlose alte Hündin,
Eine verrottete Gesellschaft . . .«

So wie Mehmet Akif Ersoy sehen heute die meisten türkischen Schriftsteller in der Schlacht von Çanakkale ein sinn-
loses Sterben unschuldiger, überwiegend junger Menschen,
die von den Befehlshabern der Großmächte rücksichtslos
geopfert wurden. In neuester Zeit findet die Aufarbeitung
des historischen Materials für breite Leserschichten statt,
entweder mehr dokumentarisch wie in *Çanakkale Destanı*
(2004, Das Epos von Çanakkale) von Ismail Bilgin und
Siper mektupları (2001, Schützengrabenbriefe) von Necati
İnceoğlu oder in fiktionaler Verarbeitung des Stoffes, wie
z. B. in dem Roman *Gazi Paşa* (2006) von Attila Ilhan oder
in dem 2001 erschienenen Roman *Uzun Beyaz Bulut, Gelibolu* (Lange Weiße Wolke, Gallipoli) von Buket Uzuner.
Die Autorin (geb. 1955 in Ankara), die auch diverse Reise-
bücher verfaßt hat, schreibt in einem frischen, leicht ver-
ständlichen Stil; ihre Romane haben hohe Auflagen erreicht. Daß Buket Uzuner sich als Frau an das Thema Krieg
gewagt hat, verspricht eine friedliche Botschaft im Sinne
des obigen Atatürk-Zitats: Die Völker, die einst auf dem
Schlachtfeld Feinde waren, sollten zu Freunden werden,
weil das Menschliche sie eint.
    Der Inhalt ist schnell zusammengefaßt. Die Psychologin
Vicky aus Neuseeland sucht das Grab ihres Urgroßvaters

John Alistair Taylor, der unter britischer Fahne an der Schlacht von Çanakkale hat teilnehmen müssen und angesichts des sinnlosen Blutvergießens beschloß, sich nicht für die »imperialistischen« Interessen der englischen Krone abschlachten zu lassen. Tatsächlich findet sie in einem der Dörfer auf der Halbinsel seine Spur. Der neuseeländische Soldat ist durch glückliche (für den Leser recht wundersame) Zufälle und mit Hilfe des türkischen Offiziers Ali Osman zum türkischen Veteranen Ali Can Taylar (Gleichklang der Namen) geworden. Den vom Krieg schwer verstörten Mann rettet die eigenwillige Dorfschöne Meryem, die sehr wohl merkt, daß dieser Fremde, in den sie sich sogleich verliebt, kein Türke sein kann. Fest entschlossen, ihn zu heiraten, erfindet Meryem eine heldenhafte Biografie für ihn. Aus ihrer Ehe gehen drei Kinder hervor: Uzun, Beyaz und Bulut. Die Namen bedeuten »Lange Weiße Wolke« und sind die türkische Entsprechung für den Namen Neuseelands in Maori-Sprache: Aotearoa. Sein Leben lang bewahrt »Ali« die Erinnerung an seine Heimat, wo er vor dem Krieg mit einem Maori-Mädchen den Großvater Vickys gezeugt hat.

Beyaz, die nach dem Tod der Mutter die Vertraute ihres Vaters war, hat alle Erinnerungen getreulich bewahrt und teilt diese der jungen Touristin mit. Kaum bekommt die Öffentlichkeit Wind von der Sache, versuchen die Medien eine Skandalgeschichte daraus zu machen. Damit stünde der verehrte »türkische Kriegsheld« als Fahnenflüchtiger und Lügner da. Die beiden Frauen beschließen, vor der Öffentlichkeit das Geheimnis des Verstorbenen zu schützen, denn noch sind die Menschen in ihrem Umfeld nicht reif für die Wahrheit. Doch im privaten Bereich haben sich die Verwandten gefunden. Es gibt sogar ein Happy End, als die neuseeländische Vicky sich in ihren türkischen Cousin dritten Grades, den Rechtsanwalt Ali Osman Taylar aus Istanbul, verliebt.

Für türkische Leser ist die Auseinandersetzung mit einem falsch verstandenen Nationalstolz und einem Geschichtsbild, das Kriege in Form von Heldenlegenden weitergibt, neu und aufregend. Auf dem Totenbett hat der Vater Beyaz folgende Erkenntnis hinterlassen:

»Schau, meine Tochter, ich habe viel erlitten. Doch ich habe auch gelernt, daß menschliches Blut keine Nationalität hat. Menschenblut ist rot und überall auf der Welt gleich wichtig. Der Mensch ist immer ein Mensch, meine Tochter. Gott hat mir geholfen und mir durch zwei Engel die Chance eines zweiten Lebens geschickt. Ein Engel war deine Mutter Meryem, der andere erschien mir in der Gestalt von Ali Osman Bey. So eine Chance hat nicht leicht jemand in dieser Welt.«

Der Roman von Buket Uzuner wird vor allem die Nachkommen der sogenannten ANZAC (Australian and New Zealand Army Corps) interessieren, die jedes Jahr am 25. April in Çanakkale anreisen, um der blutigen Niederlage zu gedenken.

In dem Roman *Traum aus Stein und Federn* setzt Louis de Bernières auch seinem bei Gallipoli schwer verwundeten Großvater mütterlicherseits und zugleich den »Millionen ziviler Opfer auf allen Seiten« ein Denkmal. Mit großer Anschaulichkeit wird nicht nur der Nahkampf mit Bajonetten geschildert, sondern auch die winterliche Kälte und die Ruhr, die viele Soldaten dahinrafft. Der Autor beschreibt präzise das Gelände, das für eine Schlacht denkbar ungeeignet ist.

»Es gab dichte Dornbüsche, zwischen denen die Soldaten nur auf schmalen Trampelpfaden hintereinander vorankamen und nicht auf breiter Front vorrücken konnten, und es war leicht, diese Pfade mit einem Maschinengewehr unter Feuer zu nehmen und die Männer einen nach dem anderen abzuschießen. Außerdem verirrte man sich zwischen diesen Büschen und verlor binnen kurzem den Kontakt zu den Kameraden und die Einheiten verloren den Kontakt zueinander, und jeder Angriff mußte im Chaos enden.«

Louis de Bernières ergreift keineswegs die Partei der Engländer, sein Mitgefühl gilt einerseits den einfachen Soldaten, andererseits fasziniert ihn die Gestalt Atatürks, dessen Entwicklung er in knappen referierenden Einschüben darstellt.

Die Dardanellenschlacht ist nur ein Erzählstrang des umfangreichen Romans. Hauptthema ist die Umsiedlung der Griechen nach dem Friedensvertrag von Lausanne 1923. Mehr als 1,3 Millionen Griechen aus der Türkei wurden zwangsweise nach Griechenland umgesiedelt, im Gegenzug wurden aber auch über 400 000 Türken, die seit langem in Griechenland ansässig waren, gegen ihren Willen in die Türkei geschickt. Dies war von den Politikern Venizelos und Atatürk beschlossen worden, um die immer wieder aufflammenden Konflikte zwischen beiden Bevölkerungsgruppen radikal zu beenden (siehe S. 46).

Während Louis de Bernières die historischen Zusammenhänge ausreichend erklärt, geht Yaşar Kemal in seinem Roman *Die Ameiseninsel* (1998, *Fırat Suyu Kan Akıyor Baksana*, wörtlich: »Das Wasser des Euphrat ist fließendes Blut, schau her«) wohl davon aus, daß die türkischen Leser seines Buches die historischen Zusammenhänge kennen, denn er schenkt sich jegliche Aufklärung der Hintergründe.

Die sogenannte Ameiseninsel muß unweit des Schlachtfeldes von Gallipoli vor der nördlichen Ägäisküste liegen (evtl. die heutigen Inseln Gökçeada oder Bozcaada); während des Krieges dienen Schule und orthodoxe Kirche als Lazarett. Nach dem Krieg werden die griechischen Bewohner plötzlich deportiert. Der Leser erfährt genausowenig vom Warum und Wieso wie die fiktionalen Personen. Wir erleben die Fassungslosigkeit der deportierten Griechen und ebenso das Mitleid der Türken auf dem Festland, von denen einige gleichwohl die Gelegenheit nutzen, sich am Besitz der Vertriebenen zu bereichern.

Auf der verlassenen Insel kauft zuerst nur der hochdekorierte Veteran Musa, mit Beinamen »der Nordwind«, ein schön möbliertes Haus und eine Mühle. Doch ein Gespenst geht um auf der Insel: Der griechische Fischer Vassili ist heimlich dort geblieben und hat sich geschworen, den ersten Menschen, der die Insel betritt, zu erschießen, was er dann jedoch nicht übers Herz bringt. Die beiden Männer, die sich wochenlang umschleichen, vereint ein Kriegstrauma. Der Grieche hat in der osmanischen Armee in der Dardanellenschlacht mitgekämpft und danach im Osten in einem Arbeitsbataillon verfaulte Leichen geborgen. Diese Bilder verfolgen ihn Tag und Nacht. Der Offizier Musa, der beim Kampf im Osten gegen Kurden, Jesiden und arabische Beduinen zum Marodeur geworden ist, muß die Rache seiner Feinde fürchten. Auch ihm steht ständig das blutige Wasser des Euphrat mit den vielen Toten vor Augen, und er leidet unter seiner Schuld. Auf der paradiesischen Insel finden die beiden Gezeichneten schließlich zusammen. Vassili rettet den ertrinkenden Musa, und beide erkennen, daß es einen neuen Anfang gibt.

»Der Mensch kann, so er will, mit jedem Morgenrot neu geboren werden, kann sich von all dem Schmutz, den Leiden und Verletzungen reinigen«, davon ist Musa überzeugt, nachdem er erlebt hat, wie Vassili seinen Haß gegen ihn überwunden hat. Die Botschaft des Romans ist eindeu-

tig: Krieg bedeutet Grauen und unendliches Leid, Helden-
mythen verschleiern diese Wahrheit. Mit dieser Haltung
zeigt sich der Autor noch mutiger als Buket Uzuner, denn
in der Türkei ist der Nationale Befreiungskrieg tabuisiert.

Ein Inselroman ganz anderer Art ist *Wein und Gold*
(2008, *Yere Düşen Dualar*) von Sema Kaygusuz. Dieser Ro-
manerstling der 1972 in Samsun geborenen Autorin spielt
auf Bozcaada (griechisch Tenedos), wo seit der Antike Wein-
bau betrieben wird. Erzählt wird die Geschichte eines Trin-
kers, den seine Tochter Leylan durch einen besonderen
Wein zu therapieren versucht. Der Wein soll ihm endlich
die Zunge lösen, damit er die schrecklichen Familiengeheim-
nisse, die ihn jede Nacht albtraumhaft heimsuchen, endlich
erzählen und loswerden kann. Mehr als Andeutungen erfährt Leylan jedoch nicht von dem langsam im Koma Ver-
sinkenden. So erfindet sie eine Geschichte, in der sie die Fa-
milienmitglieder auf endlose Wanderungen durch eisige
Berg- und Schneewüsten schickt, sie Kämpfe mit wilden
Tieren und riesenhaften Gegnern bestehen läßt. Am Ende
aller Prüfungen und Irrtümer erfahren sie aber schließlich
doch das Geliebt- und Angenommenwerden, das ihnen
im Leben versagt geblieben ist. Das Erzählen wird so zum
Heilmittel für die moderne Şehrazade am Sterbebett ihres
Vaters.

An den Dardanellen zu Hause, nämlich 1944 in Çanakkale geboren, ist der Schriftsteller Güney Dal, der seit
1972 in Berlin lebt. Neben Werken, die in Deutschland spielen, z. B. *Der enthaarte Affe, Wenn Ali die Glocken läuten
hört ...*, hat er einen sehr lesenswerten Roman mit Schauplatz Gelibolu geschrieben, dessen deutscher Titel den Namen der Stadt in seiner historischen Form wiedergibt: *Eine
kurze Reise nach Gallipoli.*

Was harmlos als Verwandtenbesuch anläßlich eines religiösen Festes beginnt, endet mit dem Tod des zuckerkranken Protagonisten Burak. Der beruflich erfolgreiche, aber persönlich unglückliche Bankangestellte und Hobbymaler versucht in der Begegnung mit den Stätten und Menschen seiner Kindheit Bilanz zu ziehen und sein Leben neu zu ordnen. Der Klassenkamerad Kerim verführt ihn zu einer Sauforgie, in deren Folge Burak ins Koma fällt, aus dem er nach einer quälenden Traumsequenz, die den gesamten zweiten Hauptteil einnimmt, schließlich in einen seligen Schwebezustand eingeht.

Diese knappe Zusammenfassung des Inhalts wird der Raffinesse des Romans freilich nicht gerecht. Der Gegenspieler von Burak, vielleicht auch sein Alter Ego, ist ein Mann, dem er nur kurz und zufällig begegnet ist. Inan Ince möchte seine Begabung, an allen Katastrophen der Welt träumend teilzuhaben, beruflich nutzen. Die Bewerbungsunterlagen mit dem Lebenslauf dieses zeitgleich tödlich Verunglückten bilden den Inhalt der Träume Buraks. Schließlich ist auch Freund Kerim im Rausch mit dem Unfallwagen an einer engen Kurve ins Meer hinausgeschleudert worden. Danach treffen sich die drei im oder auf dem Meer, wo sie, von grenzenloser Leichtigkeit erfüllt, mit ihren Geschichten und Träumen ineinander übergehen. Die Kleinschreibung und der weitgehende Verzicht auf Satzzeichen im zweiten Teil des Romans deuten diesen Ausnahmezustand an:

»na schön sagte ich zum malerbankier aber sind sie nun in meinem traum? träume ich von ihnen oder sie von mir? das ist nicht klar sagte er mit einem lächeln das ausdruck eines sanften schmerzes war vielleicht sind wir alle der traum eines anderen oder werden von jemandem geträumt der über uns steht. er könnte diesen traum nicht träumen wenn wir nicht da wären. das alles ist auch nicht so wichtig wenn wir das bewußtsein von unserem leben zu tragen verstehen.«

Der kurze Roman greift über die trivialen Schicksale der drei früh Verstorbenen hinaus, einerseits in den geträumten Katastrophenszenarien, etwa von einer Flugzeugexplosion über England, vom Hungertod vieler Menschen in Äthiopien und vom Reaktorbrand bei Tschernobyl. Andererseits wird die historische Bedeutung des Ortes Gallipoli angeprochen, und zwar so, daß der heutige Besucher sie an Sichtbarem festmachen kann:

»In seiner kleinen natürlichen Bucht besaß der Hafen mit den zwei, drei alten Gebäuden, die bisher nicht zusammengefallen und abgerissen worden waren, immer noch eine sympathische Atmosphäre voller Erinnerungen an früher.« Dann nennt der Autor die Eroberer, die diesen wichtigen Militärstützpunkt seit der Antike umkämpft haben:

»Erst Krösus, König von Lydien, bekannt für seine Schätze, dann Kaiser Dareios, Philipp II., nach ihnen Alexander der Große, alle standen in die Schlange eingereiht und haben sich gesagt, dann wollen auch wir mal diese schöne Stadt einnehmen, unten am Hafen unsere Tafel aufschlagen und uns ordentlich einen genehmigen.«

Heute ist es selbst gewöhnlichen Menschen möglich, unten am Meer zu tafeln, dafür sorgen die zahlreichen Fischrestaurants. Wer sich für Historisches interessiert, kann die Reste der alten Festung, d. h. einen imposanten Turm direkt am Hafen, besichtigen, in dem ein Museum eingerichtet ist. Wie ein guter Fremdenführer weist Güney Dal auch auf den berühmtesten Sohn von Gallipoli, den Seefahrer Piri Reis, hin, der das Buch *Über die Seefahrt* geschrieben hat und dessen Weltkarte von 1513 in einer Kopie ebenfalls im Museum zu sehen ist. Für Literaturfreunde interessanter ist ein anderer Hinweis Dals: »Es war allgemein bekannt, daß auch Namık Kemal, der große vaterländische Dichter, lange Zeit in dieser Festung in Haft gewesen war, nachdem er den Zorn des Padischahs auf sich gezogen hatte.«

Namık Kemal (1840-1888) hatte mit seinem Theaterstück *Vatan yahut Silistre* (1873, Das Vaterland oder Silistria), in dem es um den opfermutigen Einsatz bei der Verteidigung des Vaterlandes geht, Sultan Abdul Hamid I. gegen sich aufgebracht. Der Inhalt erinnert freilich an ein Opernlibretto. Islam Bey ruft Freiwillige zusammen, um die Festung Silistria am Schwarzen Meer gegen die Russen zu verteidigen. Ihm schließt sich die schöne Zekiye an, ein tapferes Mädchen in Männerkleidern. Zufällig findet sie in Oberst Sıtkı Bey, dem Festungskommandanten, ihren Vater wieder. Nachdem die Russen geschlagen sind, kommt alles an den Tag, und der glückliche Vater verheiratet seine Tochter mit dem Helden Islam Bey.

Was konnte den Sultan an einem derartigen Stück erzürnen? Nun, immerhin sind die regulären Truppen nicht in der Lage, die Festung zu verteidigen, das schaffen Freiwillige, die aus Liebe zum »Vaterland« ihr Leben einsetzen. Der Autor hatte vor der Uraufführung in der Zeitschrift *Ibret* (Beispiel/Lehre) den Begriff *vatan* erläutert und ihm eine neue Bedeutung gegeben. Verstand man darunter bisher nur die engere Heimat, den Ort, wo man geboren und aufgewachsen war, so erhielt das Wort durch Namık Kemal die Bedeutung »Vaterland«. Bedenkt man, daß im Namen des Vaterlandes oder der Nation im 19. Jahrhundert Aufstände stattfanden und Befreiungskriege geführt wurden, die sich auch gegen das Osmanische Reich richteten, so ist der Zorn des Sultans erklärlich. Namık Kemal war überdies schon verdächtig, denn er hatte einmal der inzwischen zerschlagenen Geheimorganisation »Yeni Osmanlılar« angehört und mehrere Jahre im französischen Exil verbracht – wo er genau das kennengelernt hatte, was er jetzt umsetzte: ein Thesen- und Ideenstück zu schreiben, das aufrüttelte und mehr war als bloße Unterhaltung.

Die Inhaftierung in der Festung von Gallipoli war nur eine Station, die meiste Zeit verbrachte der Autor in der Festung Famagusta auf Zypern, ziemlich weit entfernt von den Städten Istanbul, Izmir und Saloniki, wo ein begeistertes Publikum das Stück des Verbannten in fast 600 Aufführungen feierte. Nicht wegen seiner (geringen) literarischen Qualität ist das Drama noch erwähnenswert – es wird heute nicht mehr gespielt –, sondern weil Namık Kemal erstmals in der Türkei das Theater als Mittel der Aufklärung und politischen Erziehung einsetzte. Der Autor starb in Freiheit, aber fern der Hauptstadt 1888 auf Chios. Er war erst 48 Jahre alt.

Istanbul
Zu groß für ein Kapitel

Istanbul, die ehemalige Hauptstadt, ist nach wie vor der kulturelle Mittelpunkt des Landes. Hier sind die meisten Verlage zu Hause, und hier findet alljährlich im Herbst die Buchmesse statt. Es gibt – zumindest im Winter – so etwas wie eine Künstlerszene, wo man bekannte und weniger bekannte Gesichter in Cafés, Kneipen, Buchhandlungen, Theatern und Kinos antreffen kann. Einige verstorbene Dichter werden durch überlebensgroße Bronzestatuen in den sogenannten Dichterparks geehrt, aber nur selten werden wie in Deutschland frühere Wohnhäuser von Schriftstellern mit Informationstafeln versehen, geschweige denn in eine Gedenkstätte umgewandelt. Das weitgehende Fehlen äußerer Hinweise auf Istanbul als Literaturmetropole steht in Kontrast zu dem reichen Leben, das diese Stadt in den Werken ihrer Autoren entfaltet.

Moscheen, Kirchen und Paläste, Bäder und Basare, die verwinkelten Altstadtgassen, Friedhöfe und Derwischklöster, die Sommerresidenzen am Bosporus und auf den Prinzeninseln, alles was den Touristen fasziniert, ist in zahlreichen literarischen Reisebeschreibungen, in Romanen, Erzählungen und Gedichten präsent. Aber auch die weniger spektakulären Plätze der Millionenstadt – Hinterhofviertel, Fabriken, Bahnhöfe, Ruinen, Kneipen und Bordelle – haben ebenso wie die *gecekondu* genannten Hüttensiedlungen der Armen in moderne Texte Eingang gefunden.

Daß Agatha Christie ihren *Mord im Orientexpress* in dem plüschig luxuriösen Pera Palas Hotel niederschrieb und Pierre Loti beim Friedhofshügel von Eyüp das Liebesnest für seine schöne Aziyadeh ansiedelt, ist in fast jedem Reiseführer nachzulesen. Für alle jene, die ausführlicher den Spuren europäischer und amerikanischer Autoren wie Graham Greene, Mark Twain, Umberto Eco, Barbara Frischmuth usw. oder türkischer Schriftsteller, etwa Aziz Nesin, Sait Faik, Halide Edip Adıvar, Orhan Veli Kanik, Nazim Hikmet, Vedat Türkali, Latife Tekin, Füruzan, Yaşar Kemal, Orhan Pamuk und vieler anderer, durch Istanbul folgen wollen, bieten die acht literarischen Spaziergänge in meinem Buch *Istanbul. Ein Reisebegleiter* reichlich Anregungen. Hier möchte ich neue Akzente setzen.

Auf den Spuren des Nobelpreisträgers Orhan Pamuk

Eine Möglichkeit wäre, sich von den Werken des Nobelpreisträgers für Literatur 2006, Orhan Pamuk (geb. 1952), leiten zu lassen. Er hat seine Heimatstadt bis in ihre entlegensten Winkel zu Fuß erkundet, anfangs oft nach einem Streit mit seiner Mutter, die ihn als jungen Mann von einer aus ihrer Sicht materiell erfolglosen und gesellschaftlich nicht geschätzten Karriere als Maler abbringen wollte.

»Die Straßen von Beyoğlu mit ihren dunklen Ecken blinkten in meinem von Fluchtwünschen und Schuldgefühlen verwirrten Kopf wie Neonreklamen. Wenn ich besonders wütend oder ergriffen war, dann merkte ich, daß diese halb dunklen, halb betörenden, schmutzigen und heimtückischen Straßen, die ich so liebte, schon lange an die Stelle der zweiten Welt, meines Zufluchtsortes, getreten waren. Ich wußte nun, daß wir an diesem Abend nicht streiten würden und daß ich bald auf die tröstenden Straßen hinaustreten und nach einem langen Gang um Mitternacht nach Hause kommen und mich an meinen Tisch setzen würde, um aus der Atmosphäre dieser Straßen heraus etwas zu produzieren.

›Ich werde nicht Maler‹, sagte ich. ›Ich werde Schriftsteller.‹«

Wie diese letzten Sätze aus *Istanbul. Erinnerungen an eine Stadt* zeigen, findet der junge Mann seine Berufung in der unmittelbaren Begegnung mit seinem Umfeld. Schon in *Cevdet Bey Ve Oğulları* (1979, Cevdet Bey und seine Söhne), dem Erstlingsroman, der den Aufstieg und Verfall einer reichen Kaufmannsfamilie vor dem Hintergrund der Geschichte des untergehenden Osmanischen Reiches und der Anfänge des türkischen Nationalstaates schildert, wird das alte Pera, das heute Beyoğlu heißt, mit den angrenzenden damals neuen Wohngebieten sehr lebendig.

In *Die weiße Festung* (*Beyaz Kale*, 1985) geht der Autor bis ins 17. Jahrhundert zurück. Dieser kleine Roman hat das Entstehen des Ich-Bewußtseins, die Individualisierung zum Thema, und zwar in der Auseinandersetzung mit der europäischen Geistesgeschichte. Die Protagonisten, ein türkischer Wissenschaftler und sein venezianischer Sklave, die sich äußerlich wie Zwillinge gleichen und in einer Art Haßliebe aneinander gekettet sind, wohnen am östlichen Ufer des Haliç, wie das Goldene Horn türkisch heißt. Zu jener Zeit lagen dort Kriegs- und Handelshäfen sowie Werften und Gefängnisse. Von den Ufern dieses breiten Flußtals beobachteten die Zuschauer an besonderen Festtagen, etwa der Hochzeit eines Prinzen, wie die siegreichen Seeschlachten der Osmanen auf dem Wasser nachgespielt wurden, wobei Feuerwerk zum Einsatz kam.

Auf der dem Haliç zugewandten Seite der Altstadt liegt in *Rot ist mein Name* (*Benim Adım Kırmızı*, 1998) das Haus des berühmten Miniaturmalers, der der Oheim und zugleich Schwiegervater der Hauptfigur Kara ist. Obwohl seit der Zeit von Sultan Murat III. (1574-95), in der die blutige Geschichte spielt, Jahrhunderte vergangen sind, erinnert die Atmosphäre der Altstadtviertel immer noch an eine vergangene Zeit. Die oft steilen engen Gassen bilden mit einzelnen verfallenen Holzhäusern, modernden Gärten, alten Brunnen, kleinen Marktplätzen und auch wohl einer Moschee dazwischen ein Labyrinth. Orhan Pamuk läßt den jungen Miniaturmaler Kara nach der Rückkehr von einer langen Reise das Viertel auf der Suche nach seiner Jugendliebe Şeküre durchstreifen:

»Ich verließ das Haus, irrte lange durch die Straßen, als sei es nicht Istanbul, sondern eine der Städte Arabiens am anderen Ende der Welt, ein vorübergehender Aufenthaltsort, den ich erkunden wollte. Waren die Straßen enger geworden, oder schien es nur so? An manchen Stellen, wo sie zwischen langen Häuserreihen von hüben und drüben eingeklemmt waren, mußte ich mich dicht an Türen und Wänden vorbeidrängen, um den Lastpferden auszuweichen. (...) Bei Çemberlitaş, der Verbrannten Säule, sah ich in Lumpen gehüllte, dreiste Bettler, die sich unter dem üblen Geruch, der vom Hühnermarkt herüberwehte, aneinanderdrängten. Einer war blind, er lächelte und starrte in den fallenden Schnee.«

Der spannendste Teil der Handlung spielt allerdings im Topkapı Sarayı in der Schatzkammer im dritten Hof. *Rot ist mein Name* ist als Kriminalfall konzipiert und erinnert nicht nur im Titel an *Der Name der Rose* von Umberto Eco. Orhan Pamuk, der den Dialog mit der europäischen Literatur sucht, hat als Thema die Auseinandersetzung der osmanischen Hofmaler des 16. Jahrhunderts mit der Malerei des Abendlandes gewählt, deren wirklichkeitsnahe Wiedergabe von Körpern und Gesichtern, wie sie seit der Renaissance üblich ist, nach islamischer Auffassung sündig ist. Auch die Perspektive, die auf den Bildern der »Franken« eine realistische räumliche Darstellung ermöglicht, gilt den gläubigen Türken als Lästerung, weil in Konkurrenz zu Gottes Schöpfung tretend. Gleichwohl erteilt der Sultan den Auftrag, die modernen Techniken zu erforschen und anzuwenden, denn er möchte, so die Fiktion, dem Dogen von Venedig mit einem Geschenk von zehn kunstvoll gestalteten Blättern imponieren, welche die Macht und Herrlichkeit des Osmanischen Reiches zeigen.

In Pamuks Gegenwartsroman *Das Schwarze Buch* (*Kara Kitap*, 1991) ist die Topografie Istanbuls Strukturprinzip. Der Protagonist Galip wandert auf den Spuren seiner verschwundenen Frau Rüya und seines Onkels, eines Journalisten, durch die weit verzweigte Stadt bis hinaus ans Ende des Bosporus. Zeitweise ist er geradezu besessen von der Vorstellung, der Stadtplan enthalte geheime Zeichen. So wie er in seinen eigenen Gesichtszügen arabische Buchstaben zu erkennen glaubt, von denen jeder eine heimliche Bedeutung hat, sucht er auch in der Anordnung der Gassen, Gärten, Häuser und Wasserstraßen nach verborgenen Botschaften. Doch diese Vorstellung quält ihn zugleich:

»Während er über den Atatürk-Boulevard eilte, kam er nochmals zu dem Schluß, daß er all die sichtbaren Zeichen der Stadt, die Bilder und Buchstaben nicht als Mosaiksteine eines Geheimnisses, sondern so, wie sie waren, sehen könnte, wenn er nur schneller und immer schneller liefe. Er sah billige Reihenhäuser mit rostigen Balkongittern, Wand an Wand zwischen alte Holzbauten geklemmt, langnasige Lieferwagen, Modell 1950, Autoreifen als Kinderspielzeug, verbogene Elektromasten, aufgerissen zurückgelassene Gehsteige, Mülltonnen durchwühlende Katzen, alte Frauen mit Kopftuch, die rauchend aus den Fenstern schauten, Yoghurt verkaufende Straßenhändler, Kanalisationsarbeiter und Steppdeckenmacher.«

Leser, die sich auf den Spuren des *Schwarzen Buchs* durch Istanbul bewegen, erfahren sicher eine völlig andere Stadt als jene, die sich sonst den Touristen zeigt: eine Stadt der Einheimischen, die gleichwohl durch die Verdichtung im Romantext eine neue Qualität gewonnen hat und ein – zumindest poetisches – Geheimnis birgt. Da das *Schwarze Buch* voller Anspielungen auf die gesellschaftlichen und politischen Zustände der Türkei in den achtziger Jahren steckt, erschließt sich der Text für deutsche Leser nicht leicht. Dies trifft in ähnlicher Weise auf den Roman *Schnee (Kar,* 2002) zu, der in Kars (siehe S. 191 ff.) spielt, sowie auf *Das neue Leben (Yeni Hayat,* 1994), wo Istanbul Ausgangs- und Endstation einer langen Reise durch Anatolien markiert.

Man kann sich Istanbul auch über das anfangs erwähnte, zwar persönlich gehaltene, aber sehr informative »Städtebuch« Pamuks *Istanbul. Erinnerung an eine Stadt* nähern. Orhan Pamuk erzählt darin nicht nur aus seinem Leben bis zu dem Entschluß, Schriftsteller zu werden, sondern er erinnert auch an das heute zum Teil verschwundene, weil abgerissene, überbaute Istanbul der fünfziger bis siebziger Jahre, das durch viele alte Schwarzweißfotos dokumentiert wird. Die alten Fotos korrespondieren mit dem kollektiven Lebensgefühl der alteingesessenen Istanbuler, das der Autor unter dem türkischen Begriff *hüzün* faßt. Er läßt sich mit Melancholie oder Depression nur unzureichend übersetzen, weil diese Wörter sich auf persönliche Befindlichkeiten eines Einzelnen beziehen, während Pamuk die Trauer einer ganzen Gruppe von Menschen meint, die etwas Wertvolles unwiederbringlich verloren haben und sich vom Leben ausgeschlossen fühlen.

»Seit ich denken kann, ist die Stadt von Armut gekennzeichnet, von Untröstlichkeit über den Verfall des Reiches, von der Melancholie, die von den Überresten einer großen Zeit ausgeht. So bin ich seit jeher damit beschäftigt, diese Melancholie zu bekämpfen oder mich dann doch, wie alle Istanbuler, ihr endlich hinzugeben.«

Hüzün hat in der türkisch-islamischen Kultur indes auch eine positive Konnotation, die aus der Trauer des Sufi, Gott nicht nahe sein zu können, herrührt; später hat sich *hüzün* zu einem Grundelement von Poesie und Musik gewandelt. Orhan Pamuk setzt sich mit den verschiedenen Aspekten dieses Zustands oder Gefühls auseinander und bringt ausführliche Beispiele für Momente und Orte, an denen sich *hüzün* für ihn manifestiert:

»... kaputte Wippen in verödeten Parks, durch den Nebel tönende Dampfschiffsirenen, zerfallende byzantinische Stadtmauern, sich abends leerende Marktplätze, in Trümmern liegende Derwischklöster, unzählige, unter einer Ruß- und Staubschicht gesichtslos gewordene Häuserfassaden, Möwen, die im Regen auf muschel- und moosüberzogenen Pontons verharren, riesige hundertjährige Holzpaläste, bei denen am kältesten Tag des Jahres aus einem einzigen Kamin eine kaum wahrnehmbare Rauchsäule aufsteigt, Männer, die von der Galatabrücke aus angeln, kalte Bibliotheksräume, Straßenfotografen, muffige Pornokinos, die früher einmal ehrenwerte Lichtspielhäuser mit vergoldeter Decke waren ...«

Der Autor bezweifelt, daß europäische Reisende, die das derart Pittoreske ja gerne beschreiben oder fotografieren, in gleicher Weise *hüzün* empfinden. Sie haben ja nicht den Verlust einer alten Kultur erlitten. Gut beobachtet ist auch, daß die aus Anatolien neu zugewanderten Türken, die sich in der Großstadt eine bessere Zukunft erhoffen, keineswegs

»Ich stell mich auf die Brücke / Und sehe euch vergnügt zu. / Manch einer von euch zieht langsam die Ruder; / Manch einer holt Muscheln von den Pontons.« Istanbul, Galatabrücke

wie die alteingesessenen Istanbuler Bürger von *hüzün* befallen sind. Orhan Pamuk sieht sich in der Anwendung des Begriffs *hüzün* in der Tradition anderer Schriftsteller und Journalisten, etwa Abdülhak Şinasi Hisar und Reşat Ekrem Koçu, sowie zweier Dichter, die er besonders verehrt, Yahya Kemal Beyatlı (1885-1958) und Ahmet Hamdi Tanpınar (1901-1962). Letzterer hat berückend schöne Erzählungen und Romane geschrieben, die leider schon in seiner Heimat kaum bekannt sind, noch viel weniger in Deutschland. Die Erzählungen, die deutsch unter dem Titel *Sommerregen* erschienen sind, zeigen ihn als einen der letzten Vertreter einer vergehenden Welt. Von den französischen Symbolisten und modernen Erzählern wie Marcel Proust und James Joyce beeinflußt, setzte er sich als Autor und als Politiker (er war Abgeordneter der CHP von 1942 bis 1944) für eine Synthese von Ost und West ein. Orhan Pamuk nennt Tanpınars *Huzur* (1949, Ruhe) »den bedeutendsten je über Istanbul geschriebenen Roman«. Die Hauptfiguren seien »wegen ihres ›Hüzün‹-Gefühls antriebslos und zum Scheitern verurteilt«.

Das Interessante ist, daß diese melancholischen türkischen Dichter geprägt sind von der Begegnung mit der europäischen, meist französischen Literatur. So verbrachte Yahya Kemal Beyatlı als junger Mann neun Jahre in Paris, wo er Verlaine und Mallarmé kennenlernte. Beyatlı und Tanpınar stecken in einem Dilemma, ebenso wie Orhan Pamuk selbst, der das so formuliert:

»Sie wollten schreiben wie die Franzosen, da konnte es für sie keinen Zweifel geben. Insgeheim aber wußten sie, daß es für sie nicht zu vereinbaren war, einerseits zu schreiben wie die Europäer, andererseits aber so unverwechselbar zu sein wie sie. Dabei hatte die französische Geisteshaltung sie doch gelehrt, daß in der modernen Literatur der

Gedanke der Echtheit und Unverwechselbarkeit schlecht-hin unverzichtbar sei. Dieser Widerspruch machte ihnen gerade in den ersten Jahren ihrer literarischen Produktion nicht wenig zu schaffen.«

In der zum Teil kritischen Auseinandersetzung mit den französischen Autoren Gérard de Nerval (*Orientreise*, 1843) und Théophile Gautier (*Constantinople*, 1852) schufen Be-yatlı und Tanpınar denn auch ein Bild und eine Literatur der Stadt Istanbul, mit der sich die Istanbuler identifizieren können. Bis zum Anfang des 20. Jahrhunderts stammen Be-schreibungen der Stadt nämlich ausschließlich aus der Feder fremder Reisender. Und diese ausländischen Autoren len-ken ihren Blick einerseits auf das für sie Sehenswürdige oder Pittoreske, andererseits sparen sie nicht mit von Vorurteilen geprägter Kritik oder Verklärung. Dabei kann Pamuk Kritik leichter akzeptieren als »Pierre Loti und Konsorten, die ge-betsmühlenhaft wiederholen, wie schön Istanbul doch sei, wie wunderlich und wunderbar und ganz für sie geschaffen. Die Frage ist ja meistens gar nicht, wie malerisch das Stadt-bild und wie freundlich die Menschen zu den Touristen sind, sondern was der Autor von der Stadt und was der Leser von einem Text über die Stadt erwartet.« Und zumeist spiegelt der Text die eigenen »Träume, Grenzen und Wünsche«. Die-se nicht zuletzt selbstkritische Erkenntnis vermittelt Orhan Pamuk in seinem Buch sehr deutlich. Da er so sehr um »sein« Bild von seiner Stadt gerungen hat, ist seine ironische Anmer-kung: »Wenn westliche Reisende ihre Hirngespinste und Orientphantasien auf Istanbul projiziert haben, schadet das den Istanbulern nicht, da die Stadt nie eine westliche Kolonie war«, kaum verletzend.

Orhan Pamuks *Istanbul* ist viel mehr als ein persönliches Erinnerungsbuch. Es enthält amüsante und inspirierende Ausflüge in die Literatur- und Geistesgeschichte, ebenso wie Kapitel über Tankerunfälle auf dem Bosporus, über Brände und Hochzeiten, über die Familie des Autors und seine erste Liebe. Es bleibt zu hoffen, daß die versprochene Fortsetzung der Erinnerungen, die im Jahr 1973 – mit der Entscheidung zur Schriftstellerei – enden, bald erscheint.

Lyrik

Ganz anders als die erzählende Literatur hat die Lyrik seit dem 16. Jahrhundert den authentisch einheimischen Blick auf die Stadt kultiviert. Es gibt eine Anthologie mit Istanbul-Gedichten (*Bizans'tan Günümüze Istanbul Şiirleri*, Istanbul-Gedichte von Byzanz bis heute), die man in der Spezialbuchhandlung für Istanbul-Literatur der Istanbuler Stadtverwaltung (*Istanbul Belediyesi*) auf der Istiklâl Caddesi kaufen kann. Die meisten Gedichte darin stammen aus dem 20. Jahrhundert. Mit vier Gedichten ist auch der von Orhan Pamuk als Vorbild erwähnte Yahya Kemal Beyatlı vertreten, der für die Entwicklung der türkischen modernen Lyrik sehr wichtig ist, weil er einerseits die traditionellen Formen beherrscht, andererseits in der Wortwahl einfach, ungekünstelt ist, so daß ihn heutige Leser, auch junge, verstehen. Die Anfangszeilen aus *Bir Başka Tepeden* (Von einem anderen Hügel aus) sind in den Denkmalsockel eingraviert, auf dem der Dichter in Überlebensgröße in Beşiktaş in einem kleinen Park, nahe der Yıldız-Universität, sitzt, den Blick zum Bosporus gewendet. Das Gedicht lautet in freier Übersetzung:

»Von einem anderen Hügel aus

Von einem Hügel schaut' ich gestern, teures Istanbul,
auf dich!
Kein Ort, den ich nicht liebend schon erwandert hätte.
Errichte dir zur Freude deinen Thron in meinem Herzen!
Ein Leben wär es wert, nur eine deiner Gegenden zu lieben.

So viele Städte gibt es traumhaft auf der Welt.
Doch du allein schaffst legendäre Schönheit.
Dabei, ich schwör, träumt der den schönsten,
längsten Traum,
Der jahrelang in dir gelebt, in dir gestorben
und begraben ist.«

Istanbul-Gedichte müssen die Stadt jedoch keineswegs nur verherrlichen. Ein gutes Gegenbeispiel ist die »Istanbul-Ballade« (*Istanbul Destanı*) von Bedri Rahmi Eyüboğlu (1913-1975), die zwar mit einem romantischen Bild beginnt, doch dieser witzige Dichter, der auch Maler war, verfügt über viele sprachliche Nuancen. Die erste Strophe lautet:

> »Bei Istanbul fällt mir die Möwe ein
> Halb Silber halb Schaum
> Halb Fisch halb Vogel.
> Bei Istanbul fällt mir ein Märchen ein
> Es war einmal und war auch wieder nicht.«

Das umfangreiche Gedicht zeigt beileibe kein märchenhaftes Istanbul, aber es faßt das Leben der kleinen Leute, der Fischer und Lastträger, der Straßenkehrer und Arbeitslosen, in lyrische Bilder, es ehrt das tragische Los der jungen Fabrikarbeiterin Gülsüm und der bettelnden Zigeunerin Sabiye mit ihren Kindern. Ironisch kommentiert der Dichter ebenso amerikanische Matrosen auf Landgang und ältere ausländische Damen mit Liebesgelüsten wie die eigene Fußballbegeisterung, wenn er sich im Stadion zusammen mit der Menge die Seele aus dem Hals schreit. Die Künstlerszene von Istanbul wird beschworen und ein Glas auf die Dichterkollegen Sait Faik und Orhan Veli, die früh verstorbenen Poeten des einfachen Volkes, geleert. Auch einzelne Sehenswürdigkeiten der Stadt preist das Gedicht, doch auf etwas respektlose Weise. Bei aller Bewunderung für die überall aufragenden Moscheen des berühmten Architekten Sinan verweist der Dichter im selben Atemzug auf die *gecekondu*-Siedlungen, das »dreckige Waisenkind«, das ebenso an der »großen Mutterbrust« hängt. Der ständige Wechsel der Stimmung macht den Reiz der sich über viele Strophen erstreckenden »Istanbul-Ballade« aus. Frech und spielerisch klingt auch diese Versgruppe:

>»Bei Istanbul fallen mir die Türme ein
>Immer wenn ich einen male, ist ein anderer eifersüchtig.
>Ach wenn doch *Kızkulesi* nur ein bißchen Grips hätte,
>Sie würde den Galataturm heiraten.
>Die beiden bekämen dann eine ganze Kinderschar.«

(*Kızkulesi*, wörtlich »Mädchenturm«, ist der Leuchtturm vor der Küste von Üsküdar auf der asiatischen Seite, der von Ausländern meist Leanderturm genannt wird.)

Von Orhan Veli Kanik (1914-1950) stammt das wohl bekannteste Preislied *Istanbul'u Dinliyorum* (*Ich höre Istanbul*), das mehrfach ins Deutsche übertragen worden ist und immer wieder zitiert wird. Er hat ebenfalls das Istanbul »von unten« besungen, etwa in seiner *Bebek Suite*, wo die Arbeiter und Arbeiterinnen aus den *gecekondu* mit der Straßenbahn zur Tabakfabrik im damals keineswegs noblen Vorort Bebek fahren. Auch die Menschen an der Galatabrücke sind alle »in Sorge ums tägliche Brot«, und der Dichter hungert sogar noch mehr als sie. In der Version von Yüksel Pazarkaya – in dessen zweisprachiger Ausgabe der Gedichte von Orhan Veli Kanik man auch die vorher erwähnten nachlesen kann – lauten die Verse so:

»*Galatabrücke*

Ich stell mich auf die Brücke
Und sehe euch vergnügt zu.
Manch einer von euch zieht langsam die Ruder;
Manch einer holt Muscheln von den Pontons;
Manch einer steht am Steuerruder des Schleppkahns;
Manch einer ist Matrose am Tau;
Manch einer ist Vogel, fliegt poetisch;
Manch einer ist Fisch glitzernd;
Manch einer Schiff, manch einer Boje;
Manch einer Wolke am Himmel;
Manch einer ist Dampfschiff, das den Schornstein
                                        umknickt
Und im Nu unter der Brücke hindurch passiert;
Manch einer ist Schiffssirene und tönt;
Manch einer ist Schiffsrauch und stöhnt;
Aber alle, alle . . .
Seid ihr in Sorge ums tägliche Brot.
Fröne ich allein der Muße unter euch allen?
Und wenn schon, einmal kommt vielleicht der Tag
Und ich mache ein Gedicht über euch,
Bekomme ein paar Pfennige,
Werde dann auch satt.«

Orhan Veli Kanik gehört zu den Dichtern, die 1941 die Geburt einer neuen türkischen Lyrik verkündeten, die sich durch Volksnähe in Thematik und Stil auszeichnen und endgültig mit der osmanischen Tradition brechen sollte. Inzwischen gehört die Generation der »Neuen« schon wieder zu den »Klassikern«, während die jetzt lebenden Lyriker eine noch tabulosere und zugleich verschlüsseltere Sprache sprechen. *Ansicht einer Stadt von unten* (*Bir Kentin Aşağıdan Görünüş*) des 1958 geborenen Lyrikers Enver Ercan gibt auch türkischen Lesern Rätsel auf. Fast alle Aussagen sind so knapp wie doppeldeutig, die Anklänge an die gesprochene Alltagssprache sind nur schwer adäquat wiederzugeben. Meine Übersetzung kann hier lediglich der Versuch einer freien Nachdichtung sein.

»Ansicht einer Stadt von unten

1 Meinem Meer
   ein Grenzmeer

2 Verschwenderische Bläue

3 Heiß mit Bordellen
   wo gemeine Leute
   rein- und rausgehen

4 Mit nicht streng verheirateten Frauen
   schön

5 Den Embryos ein Fallschirm
   wegen der Stehpisser

6 Mit Hotels
   in der Disziplin
   sich lümmelnder
   Mirdochwurscht-Schnurrbärte

7 Mit den Menschen
  die ihre Bruchbuden
  nach außen abschotten
  den Menschen
  die ihr Schicksal mit Schnulzen bejammern
  diesen Menschen

8 Mit dem Strick mit dem Gürtel unsere Leute
  alles weitere Gott befohlen

9 Allen Messern
  die verkehrt rum geschliffen sind

10 Dem großspurigsten
  Rowdy gegen sich selbst

11 Mit Räumen unter dem Rauch
  je dünner desto feiner
  das Dunstreich überall

12 Von deinem Himmel
  ein Paar Würfel
  kaputt runtergefallen

13 Der Nabelname ist Yedikule
  auf der Gasse die Jungosmanen*

14 Berühmt für seine Scheinintellektuellen
  einzeln Nachtigall
  in der Gruppe Schellen und Klappern

15 Das senkrecht eingedrungene Gedicht

16 Der Dreck, der auf meiner Stimme klebt

* In der Festung Yedikule wurde 1622 der erst achtzehnjährige
Sultan Osman II., Jung-Osman genannt, als Opfer von Palastintri-
gen erwürgt.

17 Da muß man drauf gucken

18 Die Blume nawieheißtsiegleichistdochegal
   na! Und der Taksimplatz
   (jetzt Träume salzweiß)«

Der Verfasser dieses Gedichts, Enver Ercan, der zugleich
Herausgeber der oben genannten Istanbul-Anthologie ist,
schreibt im Vorwort, allein mit den Gedichten türkischer
Lyriker des 20. Jahrhunderts, die Istanbuls Stadtviertel,
Moscheen, Denkmäler, Brücken und Brunnen besingen,
ließe sich eine Sammlung von zweitausend Seiten zusam-
menstellen. Die meisten Namen der in die Sammlung aufgenommenen Dichter sagen deutschen Lesern kaum etwas.
Der berühmteste türkische Lyriker des 20. Jahrhunderts,
Fazil Hüsnü Dağlarca (geb. 1914), der mit seinen gesell-
schaftskritischen Gedichten im literarischen Leben Istanbuls eine große Rolle gespielt hat, kommt in der Sammlung
nicht zu Wort. Vielleicht hat er, der Anatolien und das Mittelmeer besungen hat, dieser Großstadt keine Verse gewidmet.

   Es ist bedauerlich, daß die in der Türkei sehr geschätzte
Lyrik – auch der Lyriker (şair) wird hochgeschätzt – hierzulande so gut wie unbekannt ist, abgesehen von Nazim
Hikmet (1902-1963), der eine Zeitlang bei den Linken
wegen seines edelkommunistischen Engagements und seiner tragischen Biografie geradezu die Stellung eines Heiligen innehatte. Sein gewaltiges Versepos *Menschenland-
schaften* liegt ebenso wie sein übriges lyrisches Werk fast
vollständig auf Deutsch vor. Er hat in seiner Jugend durchgehend in Istanbul gelebt, später in seinem von Gefängnis-
aufenthalten unterbrochenen Leben immer nur für kurze
Zeit, trotzdem hat er im Exil in mehreren Gedichten die
Sehnsucht nach Istanbul thematisiert, wo sein Sohn Meh-

met und seine Frau Münnever im Stadtteil Üsküdar zurückgeblieben waren. Das Heimweh hat ihn bis zu seinem Tod begleitet. In Leipzig entstand 1959 ein kleines Gedicht ohne Titel:

> »Mädchen wie Silberfäden
>   gehen in dieser europäischen Stadt
>   in unseren Sandalen spazieren.
>   In dem Istanbul in mir hellte sich der Himmel auf.
>   Eine Zypresse, ein Brunnen, Üsküdar.
>   Ich rannte, erreichte jedoch das Schiff nicht,
>   das eben am Kai abfuhr.«

Die Hügel Istanbuls, die Galatabrücke, der Mädchenturm, der Taksimplatz, Üsküdar – die Ortsnamen in den hier zitierten Gedichten sind Chiffren mit einer für den von außen kommenden Besucher unfaßbaren Bedeutungsfülle. Die Lyriker Ahmet Hamdi Tanpınar, Konstantinos Kavafis, Salah Birsel, Behçet Necatigil, Cahit Külebi, Ilhan Berk, Ataol Behramoğlu, James Lovett, Gert Heidenreich, Zehra Çırak seien stellvertretend für alle anderen hier noch genannt.

Dunkle Seiten

Die Altstadt und die Seitengassen der Istiklâl Caddesi mit ihren zum Teil verfallenen Holzhäusern, den Hinterhöfen, Dachgeschossen, kleinen Läden und eingezwängten Moscheen haben längst die Fantasie der Filmemacher angeregt. Unheimliche und tragische Geschichten spielen sich hier ab, warum nicht auch Verbrechen? Der Istanbul-Krimi entwickelte sich seit den neunziger Jahren des 20. Jahrhunderts als eigenes Genre und hat in letzter Zeit Konjunktur dank Autorinnen und Autoren wie Esmahan Aykol, der Engländerin Barbara Nadel, Osman Aysu, Celil Oker und vor allem Ahmet Ümit.

Dieser 1960 in Gaziantep geborene Autor, der in Istanbul studiert hat und dort u. a. als Kulturberater im Goethe-Institut tätig war, hat neben einigen Kriminalromanen auch Gedichte, Kurzgeschichten und Essays geschrieben. *Nacht und Nebel* (*Sis ve Gece*, 1996) basiert auf eigenen Erfahrungen in der linken Szene, anfangs auf der Seite der radikalen Türkischen Kommunistischen Partei, von der er sich jedoch distanzierte.

In dem Roman verkörpert der Ich-Erzähler interessanterweise die Gegenseite. Der Geheimdienstler Sedat hat die Aufgabe, Terroristen aufzuspüren und auszuschalten. Seine Methoden sind brutal und erfordern rasches Handeln. In Gefahrensituationen macht er unbedacht von der Schußwaffe Gebrauch. Und er erschießt, ohne es zu ahnen, seine Geliebte. Als er dies schließlich herausfindet, bricht seine Welt zusammen. Der Roman ist, auch wenn man den Ausgang kennt, spannend, denn das eigentliche Thema ist die Auseinandersetzung mit dem Vorgehen der Staatsgewalt. Der Autor prangert die in den achtziger Jahren verübten »außergerichtlichen Hinrichtungen« durch die Polizei nicht einfach an, sondern läßt einen Insider zum Kritiker werden.

In dem Roman *Katze, Mann und Tod* (*Bir Kedi, Bir Adam, Bir Ölü*, 2004) von Zülfü Livaneli geht es ebenfalls um Folter und Staatswillkür in den frühen achtziger Jahren. Die Studentin Filiz und ihr Verlobter Sami geraten mit dem Auto in eine Razzia. Weil sie übermütig zur Musik aus dem Autoradio singen, überhören sie den Haltebefehl eines Militärpostens, woraufhin Filiz erschossen und Sami verhaftet wird. Die jungen Leute haben sich nie politisch betätigt, doch die Medien berichten über den Vorgang so, wie es die staatlichen Stellen vorformulieren:

»Als ein militantes Mitglied einer verbotenen Organisation, eine junge Frau, mit dem Auto auf dem Weg zu einer Aktion war, fiel sie den Ordnungskräften als verdächtig auf. Sie reagierte nicht auf die Aufforderung anzuhalten. Darauf wurde sie von der Einheit verfolgt. Schließlich begann die Frau aus dem Wagen auf die Soldaten zu feuern. Nach der darauf folgenden Schießerei wurde sie tot geborgen.«

Als Sami die Verdrehung der Wahrheit nicht akzeptiert, wird er gefoltert, eines Tages aber doch freigelassen. Sein Leben ist zerbrochen. Nach zwanzig Jahren, inzwischen in Schweden im Exil, braucht er wegen diverser psychosomatischer Leiden immer noch Behandlung. Durch Zufall trifft er in Stockholm im Krankenhaus auf seinen Peiniger, der inzwischen unheilbar krebskrank und politisch ausgebootet ist. Obwohl Sami nun Rache nehmen könnte, tut er es doch nicht. Er bringt seinen Gegner vielmehr dazu, um Verzeihung zu bitten.

Livaneli hat wohl gespürt, daß diese positive Schlußwendung sich dem Kitsch nähert. Deshalb läßt er auf einer zweiten Ebene, auf der ein fiktionaler Autor die Erzählung des Sami in einen Roman zu fassen versucht, die Rache gelingen. Mit den Einwänden Samis gegen den Romantext des Autors verweist Livaneli auf das Problem der adäquaten Darstellung von politischem Stoff und wirklicher Lebensgeschichte. Allen türkischen Lesern sind vergleichbare Fälle aus den achtziger Jahren bekannt. Zülfü Livaneli (geb. 1946), als Sänger, Komponist und Filmregisseur durch viele Preise geehrt und durch seine internationale Bekanntheit geschützt, kann sich eine sehr deutliche Sprache leisten.

Er ist seit 1995 UNESCO-Botschafter, seit 2002 Mitglied im türkischen Parlament und im Europarat Repräsentant der Türkei.

Während in den Romanen von Ahmet Ümit und Zülfü Livaneli die Bewältigung der politischen Vergangenheit im Vordergrund steht und das typische Istanbuler Flair höchstens angedeutet wird, ist es in den Kriminalromanen der jungen Rechtsanwältin Esmahan Aykol, die 1970 in Edirne geboren wurde und in Berlin und Istanbul lebt, eher umgekehrt. Es entsteht, etwa in *Hotel Bosporus* oder in *Bakschisch*, ein plastisches Bild der Stadt, insbesondere der malerischen Stadtteile um Beyoğlu, während die eigentliche Krimihandlung wenig komplex ist. Liegt es an der Figur der »Hobbyermittlerin« Kati Hirschel, einer deutschen Jüdin, die in Galata einen Buchladen betreibt? Mit ihren Augen – einer in Istanbul heimisch gewordenen Fremden – betrachtet der Leser die Stadt und ihre Menschen und lernt dabei den Unterschied zwischen den türkischen und den deutschen Sitten.

Die englische Autorin Barbara Nadel ist da weniger pädagogisch, und das kann der Leser nur begrüßen. Ihr Kommissar Ikmen, in dem die Kritik einen Konkurrenten von Donna Leons Brunetti sieht, ist eine türkische Vollblutfigur; die Mordfälle sind verzwickt und dergestalt in das multikulturelle und historisch unterfütterte Leben von Istanbul eingebettet, daß man »lernt« ohne dauernd darauf gestoßen zu werden. In deutscher Sprache sind unter anderem erschienen *Im Gewand der Nacht*, *Der gläserne Käfig*, *Belsazars Tochter*. Mit diesen Krimis hat sich Nadel, die seit Jahrzehnten die Türkei bereist und Istanbul zur Wahlheimat erkoren hat, eine Lesergemeinde geschaffen, die nach weiteren Fällen verlangt.

Auch der deutsche Autor Christoph Peters (geb. 1966)

bietet mit *Das Tuch aus Nacht* einen literarisch anspruchs-vollen Kriminalroman. Ein deutscher Tourist, der stets alkoholisierte Bildhauer Albin Kranz, glaubt in einem Hotel einen Mord beobachtet zu haben. Seine Nachforschungen laufen ins Leere, niemand glaubt ihm, auch seine Freundin Livia nicht, die sich zunehmend von ihm distanziert. Auf der Suche nach der Wahrheit gerät Albin immer tiefer in die Unterwelt der traumhaft verfremdeten, abseits der Touristenpfade gefährlichen Stadt. Innen- und Außenwelt sind zu einer dichten Atmosphäre verwoben, in der das Verbrechen eine Facette des langsamen Verfalls des jungen Bildhauers darstellt, der am Ende selber den Tod findet. Ob er vom Bosporusdampfer gestoßen wird – ein weiteres Verbrechen? – oder das Gleichgewicht verliert, bleibt ebenfalls rätselhaft.

Der zweite Erzählstrang in *Tuch aus Nacht* handelt von einer Gruppe deutscher Kunststudenten, die mit ihrem Professor auf einer Studienreise in Istanbul sind – hier erfährt der Leser eine Menge Wissenswertes, und der Autor baut eine (manchmal witzige) Gegenwelt zu der des Protagonisten auf.

Natürlich sind in der Türkei westliche Krimiautoren bekannt: neben Agatha Christie auch Georges Simenon, Patricia Highsmith oder Henning Mankell. Arthur Conan Doyle, der die Gestalt des Sherlock Holmes geschaffen hat, war 1904 sogar Gast des Sultans Abdülhamit II. (reg. 1876-1909), der sich dessen Kriminalgeschichten ins Türkische übertragen ließ. Abdülhamit, dessen ständige Furcht vor einem Attentat ihn zu geradezu wahnhaft anmutenden Sicherheitsmaßnahmen greifen ließ – er verschanzte sich im hoch über dem Bosporus gelegenen Yıldız Sarayı –, galt als eifriger Leser englischer Kriminalromane.

Nicht immer trägt Literatur, die das Dunkle aufgreift,

zum Seelenfrieden der Herrschenden bei. Beispiele dafür, daß Bücher für Unruhe sorgen, kennt Christiane Schlötzer, die von 2001 bis 2006 für die *Süddeutsche Zeitung* und für den *Zürcher Tages-Anzeiger* als Korrespondentin in Istanbul war, zur Genüge. Ein Teil ihrer Reportagen ist als Sammelband erschienen. In der Titelgeschichte *Das Mädchen mit dem falschen Namen* geht es um das Buch *Anneannem* (2005, Meine Großmutter) der türkischen Rechtsanwältin Fethiye Çetin, die hier enthüllt, was ihre verstorbene Großmutter ihr anvertraut hat: daß sie 1915 als Kind in einem armenischen Dorf bei Diyarbakır das Massaker an ihrem Volk überlebt hat und von einem türkischen Offizier gerettet und in dessen Familie als Türkin aufgezogen wurde. Das scheint kein Einzelfall gewesen zu sein, und aus den Zuschriften an die Verfasserin und den hohen Verkaufszahlen kann man schließen, daß viele Türken jetzt bereit sind, sich mit dem Trauma zu befassen. Dies zeigte sich – tragischer Anlaß – in der starken Anteilnahme der Bevölkerung und der Medien an der Beerdigung des im Januar 2007 ermordeten armenischen Journalisten Hrant Dink, der sich stets für eine faire Aufarbeitung der Geschichte eingesetzt hatte.

Auch der Roman *Der Bastard von Istanbul* (2006) von Elif Shafak setzt sich mit dem Thema der Armeniermassaker auseinander. Er brachte der Autorin außer der Begeisterung ihrer Leserschaft eine Anzeige wegen »Verunglimpfung des Türkentums« ein. Das Verfahren wurde jedoch aus Mangel an Beweisen eingestellt. Die 1971 in Straßburg geborene, in Spanien aufgewachsene Türkin Elif Shafak lernte die Türkei erst während ihres Studiums kennen, inzwischen lehrt sie an der University of Arizona. In ihren Romanen thematisiert sie ohne Scheu vor Tabuverletzungen in oft sehr komischer Weise den Zusammenprall der

Kulturen. Die weiblichen Gestalten in *Der Bastard von Istanbul* sind zum Fürchten stark. Mit überbordender dichterischer Phantasie erfindet die Autorin groteske Szenarien, die den umstrittenen historischen Stoff und die sich daraus für die jetzt lebenden Türken und Armenier ergebenden Fragen einkleiden.

Christiane Schlötzer jedenfalls findet es ermutigend, daß in den letzten Jahren viele Tabus gefallen sind. »Das Land hat jüngst einen außerordentlichen Wandel durchlebt, eine Zeit, in der außergewöhnlich viele Menschen den Mut fanden, mit starren Gewohnheiten zu brechen und Freiräume zu öffnen. Das Ziel, die Türkei in die Europäische Union zu führen, war dabei ein Katalysator.«

Mut brauchten und brauchen auch alle, die die Erinnerung an die Nacht vom 6. auf den 7. September 1955, in der überall in Istanbul der Mob über die griechischen Geschäfte, Kirchen und Schulen herfiel, wachhalten. Fotos von dieser »türkischen Bartholomäusnacht«, wie sie der Autor Aziz Nesin nannte, waren 2005, also 50 Jahre danach, in einer Ausstellung in Istanbul zu sehen. Der Richter Fahri Çoker hatte die Bilder einst gesammelt, um die Schuldigen vor Gericht zu bringen, was ihm jedoch nicht gelang. Unabhängig davon haben türkische Schriftsteller – als Gewissen der Nation sozusagen – die Schrecken jener Nacht in literarischer Form bewahrt, etwa Vedat Türkali in seinem Roman *Yeşilçam Dedikleri Türkiye* (2001 Yeşilçam als Spiegel der Türkei), in dem die Beziehung des Apothekers Zühtü Bey zu seiner griechischen Geliebten Elena eine wichtige Rolle spielt.

Das Trauma jener Nacht und die Auswirkungen auf die in Istanbul lebenden ethnischen Minderheiten werden unter anderem auch in dem Roman *Istanbul war ein Märchen* (1999) von Mario Levi thematisiert. Dieser Autor (geb. 1957 in Istanbul) schildert, ausgehend von seiner Familie, die vielfältigen Schicksale der in Istanbul lebenden Juden, die seit 1492 unter Sultan Beyazid als Verfolgte der spanischen Inquisition und später vor allem in der Nazizeit Zuflucht fanden, aber auch anderer ›Außenseiter‹ wie Griechen, Armenier, die sozusagen ›durch ein anderes Fenster‹ auf die Metropole blicken. Die Grundhaltung des Autors und seiner Protagonisten ist wie bei Orhan Pamuk Trauer (*hüzün*), doch hat diese Grundstimmung hier andere Ursachen. Mario Levis Roman, der in der Türkei schnell zum Bestseller avancierte, fasziniert wegen der Bildhaftigkeit der mit feinem Humor geschilderten sich verschlingenden Lebensläufe. Er fängt die Geschichte Istanbuls im 20. Jahrhundert und das Atmosphärische der Stadtviertel zwischen Galataturm und Taksimplatz intensiv ein.

Schwarzmeerregion

Die türkische Schwarzmeerküste ist für Urlauber wenig einladend, denn das unbestimmte Wetter – auch im Sommer regnet es häufig – und die vielfach steinigen oder steilen Ufer locken ebensowenig wie eine kaum ausgebaute touristische Infrastruktur. Dennoch gibt es für den kulturell Interessierten manches zu entdecken, lag doch die Region noch lange nach der Eroberung durch die Osmanen (1461 wurde das alte Trapezunt, heute Trabzon, von Mehmet II. eingenommen, acht Jahre nach Konstantinopel) im Schatten der Macht, so daß sich hier die Überreste des Byzantinischen Reiches stellenweise erhalten konnten. Auch die Lasen, die wegen ihrer Bedächtigkeit und ihrer eigenartigen Aussprache des Türkischen oft liebevoll verspottet werden, bilden mit ihrer ganz eigenen Tanzmusik und ihren Liedern ein kreatives Reservoir. Die waldreichen Abhänge des Pontusgebirges erinnern mit ihren Holzhäusern an den Schwarzwald, und das reizvolle Kaçkargebiet südlich von Rize wurde von deutschen Alpinisten für unkonventionelle Wandertouren entdeckt. Die Schwarzmeerregion hat für die Türkei eine große wirtschaftliche und strategische Bedeutung, wohingegen das literarische Leben weniger stark ausgeprägt ist.

Daran konnte auch ein Autor wie Zeyyat Selimoğlu (1922-2003) mit seinen einfühlsamen Erzählungen aus dem Leben der Schwarzmeerschiffer nicht viel ändern. Eine Episode daraus findet sich in der Anthologie *Von Istanbul nach Hakkari*. In *Versammlung auf dem Achterdeck* vertreiben sich die Matrosen auf einem alten Frachtdampfer die Zeit mit Rivalisieren und Sticheleien.

»Sobald die Matrosen schweigen, beginnt der geheimnisvolle Riese im Meer wieder zu stöhnen. Brumm, brumm tönt es vom Meeresgrund. Das Achterdeck wird wie von der Malaria befallen geschüttelt, ein Beben geht durch das Deck. Allein Hurşit verharrt regungslos. Wie ein aus dem Boden ragender Felsbrocken liegt er bewegungslos da, die Augen noch immer auf den Himmel geheftet.«

Als die Hänseleien den Schweigsamen endlich aus der Reserve locken, bricht es aus ihm hervor:

»Nichts suche ich da oben. Wenn ich in den Himmel schaue, denke ich an die, die im Dorf geblieben sind. An die Kinder, an Mevlûde. Ich sehe die Gesichter jedes einzelnen genau vor mir. Ich denke an Ali, an Hüsnüye. Sie haben sich alle miteinander an Mevlûdes Rock geklammert, als sie hinunter zur Mühle gegangen sind. Ich kann mich hier satt essen. (...) Die Familie aber ist weit weg. Wie es ihr wohl geht? Ich bin hier wie festgenagelt, mit der Ruderkette als Fußfessel. Das Meer trennt uns vom Dorf. Wenn du im Dorf bleibst, hast du gar keine Arbeit. In unserem Dorf wird kein Tee gepflanzt. Und doch ...«

Der Autor, in Istanbul geboren und gestorben, machte die östliche Schwarzmeerküste zum ersten Mal in der türkischen Literatur zum literarischen Sujet.

Das Schwarze Meer mit seinen dunklen Tiefen, in denen seltsame Fische schwimmen und an dessen Küste durch die Jahrtausende hin viele Völker siedelten, weshalb die Hafenstädte ganz untürkische Namen haben, dieses Meer geistert durch die Fantasien des sterbenden Maschinisten Hasan in dem Roman *Eine seltsame Frau* von Leyla Erbil (geb. 1931). Der Todkranke hat in seinem langen Leben auch die Ozeane befahren, aber am Ende bedrängen ihn Erinnerungen an sein Heimatmeer. Insbesondere Ereignisse aus dem Befreiungskrieg scheinen auf, als Heldenmut verlangt wurde von dem damals jungen Schiffer, der für Atatürk und seine Armee Kohle und Munition an den alliierten Besatzern vorbeizuschmuggeln half. Einmal wurde sein Schiff gerammt und sank. Weil Hasan einen Passagier, der mit dem legendären Kommunistenführer Mustafa Suphi Ähnlichkeit hatte, nicht retten konnte, quält er sich sterbend mit der Frage: »Wer hat Suphi umgebracht?«

Im Nachwort nennt Erika Glassen, die Mitherausgeberin der »Türkischen Bibliothek« im Unionsverlag, Mustafa Suphi einen »Wiedergänger der Linken«. Geboren wurde er 1883 in Giresun; in Istanbul und Paris studierte er Jura, Ökonomie und Soziologie. Als Dozent und Journalist 1913 von den Jungtürken nach Sinop verbannt, floh er übers Meer nach Jalta und gründete in Baku eine »Neue Türkische Kommunistische Partei«, die sich der Bewegung Atatürks anschließen wollte. Die kleine Gruppe, mit der er bei Kars über die Grenze kam, wurde von der Bevölkerung feindselig empfangen und in Trabzon auf ein Boot gebracht, das sie außer Landes bringen sollte. Doch dann wurden sie auf offenem Meer ermordet, und bis heute ist nicht geklärt, wer dafür verantwortlich ist.

In Leyla Erbils Roman stellt Suphi das Leitmotiv dar. Mit ihm ist auch der sterbende Hasan mit seiner Tochter Nermin verbunden, die sich in den fünfziger Jahren als Studentin der linken Bewegung angeschlossen hat und ihren Vater stets gedrängt hat, ein Klassenbewußtsein zu entwickeln. Nermin ist die Hauptfigur des Romans, dessen erstes Kapitel »Die Tochter« aus dem Tagebuch der neunzehnjährigen Istanbuler Studentin besteht. Obwohl seit Atatürks Reformen Frauen das Recht haben, sich frei in der Öffentlichkeit zu bewegen, wird die junge Studentin und Lyrikerin in Künstlerkneipen, wo sie über Gedichte sprechen will, von den männlichen Intellektuellen nur als sexuelle Beute betrachtet. Sehr drastisch wehrt sie sich dagegen. Auch als reife Frau muß Nermin erfahren, daß ihr Einsatz für das »Volk« im *gecekondu* mißverstanden wird.

Das 4. Kapitel mit dem Titel »Die Frau« rechnet höchst ironisch mit den Linken ab. Als schöne Utopie wird entlarvt, daß die Intellektuellen, die in der Regel aus bürgerlichen Elternhäusern stammen, schwerlich die Lebensverhältnisse der Arbeiterklasse revolutionieren könnten. Nermins Klavier im Garten der Hütte im *gecekondu* ist dafür ein sinnfälliges Bild. Die »Liebe zum Volk« entpuppt sich als eine Phrase, denn Nermin ist unfähig dazu. Und die Schlußpassage, in der sie sich zu der phantasierten Umarmung mit Josef Stalin selbst befriedigt, bricht gleich mehrere Tabus.

Wenn die politische Thematik des Romans eher von historischem Interesse erscheint, so ist die Kühnheit, mit der Motive wie Masturbation, Menstruation und Inzest behandelt werden, ein Stück Frauenemanzipation. Allerdings serviert uns die Autorin mehr als weibliche Bekenntnisliteratur. Der Roman ist höchst literarisch, er verbindet verschiedene Erzählweisen wie Bewußtseinsstrom, personales Erzählen, Tagebuchnotizen, Rückblenden, Montagetechnik usw. Im türkischen Text sind auch Wortwahl und Grammatik innovativ. Die sorgfältige Übersetzung und das hervorragende Nachwort mit vielen Sacherklärungen helfen dem Leser, ein Beispiel moderner türkischer Literatur von hohem Rang zu genießen, in dem das Schwarze Meer Symbolcharakter hat.

Samsun

Die Industriestadt Samsun ist eine der wenigen Städte, die Orhan Pamuk in seinem Roman *Das neue Leben* ausdrücklich nennt. Die türkische Originalausgabe (*Yeni Hayat*) erschien 1994 und wurde rasch bei der lesenden Jugend zum Kultbuch. Daß dieses Werk auch außerhalb der Türkei von der Kritik als »meisterhaft geschliffenes Juwel eines märchenhaften Romans«, so Wolfram Schütte in der *Frankfurter Rundschau*, bezeichnet wird, verwundert ein wenig, denn ohne intensive Kenntnis der Landessitten und der gesellschaftlichen und politischen Entwicklung der Türkei nach dem Zweiten Weltkrieg läßt sich das Buch mit den vielen nebelhaften Anspielungen, den unaufgedeckten Geheimnissen und vielen Wortspielen kaum verstehen.

In diesem Reise- und Entwicklungsroman verändert die Lektüre eines Buches das Leben des Ich-Erzählers Osman vollständig. Um dem darin versprochenen »neuen Leben« auf die Spur zu kommen, fährt der Student von Istanbul aus mit dem Bus monatelang durch die gesamte Türkei. Er überlebt mehrere schreckliche Busunfälle mit vielen Toten und ist danach jedesmal wie in Ekstase, fasziniert von dem magischen Moment zwischen Leben und Tod, wobei er hofft, dem in dem Buch angekündigten Engel zu begegnen.

Nachdem Osman seine Freundin Canan wiedergefunden hat, übernehmen die beiden die Papiere eines tödlich verunglückten Paares. Mit neuer Identität beteiligen sie sich an einer Tagung der Geheimgesellschaft der »gebrochenen Herzen«, die ein Dr. Narin in einem Provinznest einberufen hat.

Dr. Narin hat aus Angst vor der Großen Verschwörung des »Westens« das ganze Land mit einem Netzwerk von

Spionen überzogen. Er bekehrt Osman zum Kämpfer gegen das »Buch«, nimmt ihn an Sohnes Statt an und gewährt ihm Einblick in die Dossiers, die seine Spione angelegt haben. Das ursprüngliche Ziel der Spionage war Dr. Narins eigener Sohn, Osmans einstiger Mitstudent an der TU in Istanbul, der sich aber den Verfolgern ebenfalls durch Identitätswechsel bei einem Busunfall entzogen hat.

Osman läßt Canan bei Narin zurück (er wird sie nie wiedersehen) und begibt sich auf die Suche nach den Lesern des »Buches«, immer in Versuchung, die ihm von Dr. Narin als Zeichen der Auserwählung geschenkte Pistole auszuprobieren. Endlich trifft er auf Narins Sohn, der sich unter dem Namen Osman in einer Kleinstadt niedergelassen hat, wo er seinen Frieden im stets erneuten Abschreiben des Buches gefunden hat. Doch den Glauben an ein »neues Leben« hat er längst verloren. Die beiden ehemaligen Kommilitonen wissen jetzt, daß das magische Buch nichts anderes ist als die Privatmythologie eines alten Nachbarn.

Nicht sehr plausibel, daß nach tagelangen tiefgründigen Gesprächen Osman den anderen mit der Pistole erschießt. Denn weder besteht Grund zur Eifersucht – der andere hat auf Canan, die auch er einst geliebt hat, längst verzichtet –, noch gibt es einen Auftrag von Dr. Narin, da dieser ja glaubt, sein Sohn wäre bei jenem Busunfall umgekommen.

Der durch den Mord »gereifte« – Originalton – Osman kehrt nach Istanbul zurück, beendet sein Studium, geht zum Militär, heiratet eine Nachbarin und hat ein Kind mit ihr. Doch dann hält er die Leere seiner bürgerlichen Existenz nicht aus, und er bricht ein weiteres Mal mit dem Bus auf, den Engel zu suchen, »weil ich sehnsüchtig an die Art und Weise zurückdachte, auf die Canan in den gemeinsamen Nächten von diesem Wesen gesprochen hatte«.

Wieder gibt es diverse Um- und Irrwege. Zunehmend verstärkt sich der ironische Ton, den Orhan Pamuk als Kontrast gegen die manchmal zuckersüß erscheinende romantische Komponente einsetzt. Der Ich-Erzähler wird endgültig »vernünftig« und entscheidet sich, ein Mensch wie alle anderen zu sein.

Ironie des Schicksals ist, daß unmittelbar nach dieser Einsicht der tödliche Unfall folgt. Der Bus fährt vor Sonnenaufgang durch die öde Steppe dahin, und Osman, der in der ersten Reihe sitzt, sieht »den Engel an der rechten Vorderscheibe des Omnibusses. Er war kurz vor mir und doch wie weit entfernt. Dennoch begriff ich: Dieses tiefe, einfache und starke Licht war meinetwegen dort.« Als das Licht stärker wird und näher kommt, erkennt der Erzähler:

»Zwei einander überholende Laster hatten, sechzig bis siebzig Meter entfernt, ihre Fernlichter auf uns gerichtet, kamen rasch näher und direkt auf und zu. (...) Ich begriff, dies war das Ende meines Lebens. Aber ich wollte doch nach Hause zurückkehren, ein neues Leben beginnen, sterben – das wollte ich auf keinen Fall!«

Samsun wird nicht von ungefähr genannt. Bei all diesen Busfahrten kreuz und quer durch die Türkei dienen die seltenen Ortsbezeichnungen als Mittel der Verknüpfung der Motive. In Samsun trifft Osman auf einen jungen Arzt, der »das Buch im Gegensatz zu Menschen wie mir, deren Leben dadurch auf die schiefe Bahn geglitten war, auf eine andere, gesunde und sinnvolle Weise seinem Verdauungssystem einverleibt hatte und in Frieden und Leidenschaft damit leben konnte«. (238)

Die Art, wie der junge Arzt das Buch als »Rezept zum

Glücklichsein« interpretiert, stößt Osman derart ab, daß er Samsun sofort wieder verläßt und sich schwört, »nie wieder an die Küste des Schwarzen Meeres zu fahren«. Dennoch kommt Samsun ein zweites Mal in dem Roman vor, und zwar als Osman, schon Familienvater, in Istanbul durch die Erzählung einer ehemaligen Kommilitonin erfährt, daß die ehemalige Geliebte Canan einen Arzt aus Samsun geheiratet habe und mit diesem nach Deutschland gegangen sei. »Es bedurfte keiner längeren Befragung, um zu erfahren, daß Canans Ehemann der breitschultrige, gutaussehende und fleißige Arzt aus der Sozialversicherungsklinik in Samsun war.« (285)

Bleibt die Frage, womit Samsun es verdient hat, bei Orhan Pamuk derart unsympathisch zu erscheinen? Die Stadt wird im übrigen als Ort der Handlung in keiner Weise sichtbar. In *Das neue Leben* ist die Türkei märchenhaft verfremdet. Man kann nicht »auf den Spuren« dieses Buches reisen. Das Hauptthema ist die unheimliche, lebensverändernde Macht der Lektüre. Provozierend ist, daß der lebensverändernde Anstoß sogar von einem literarisch nicht herausragenden Buch ausgehen kann, noch provozierender ist in einem vom Islam geprägten Kulturkreis die Behauptung, irgendein weltliches Buch wirke so lebensverändernd wie dies sonst nur einem *Heiligen* Buch, dem Koran oder der Bibel, zukommt. Im Koran werden Christen, Juden und Muslime stets als »Leute des Buches« oder »Volk der Schrift« bezeichnet. Diese Intertextualität hat ein türkischer Leser im Ohr.

Der in Deutschland gut bekannte Satiriker Şinasi Dikmen wurde 1945 ebenfalls in Samsun geboren, hat seinen Geburtsort jedoch bald darauf mit den Eltern verlassen. Seit 1972 lebt er in Deutschland. Viele Male ist er zusammen mit seinem deutschen Kollegen und Freund Dieter

Hildebrand im *Scheibenwischer* aufgetreten. Seine bissigen Attacken zielen auf die Widersprüche und Unzulänglichkeiten im Denken von Deutschen und Türken.

Ein anderer berühmter Sohn Samsuns, nämlich Vedat Türkali (geb. 1919), hat ebenfalls die Heimat verlassen, ist zuerst nach Istanbul und schließlich ins Ausland gezogen. In seinem Roman *Mavi Karanlık* (Blaue Finsternis), der in Bodrum zur Zeit der bürgerkriegsähnlichen Wirren vor dem Militärputsch vom 12. September 1980 spielt, ist eine der Hauptfiguren der vom Schwarzen Meer stammende Doktorand der Physik, Korhan. Mit liebevollem Humor zeichnet der Autor die Figur dieses ebenso wortkargen wie zuverlässigen und arbeitsamen Lasen als Rivalen des lebenslustigen Malers Özgür. Beide lieben dieselbe Frau, die Psychologiestudentin Nergis, die sich ein wenig zu spät für Korhan entscheidet. Ehe dieser nämlich nach Bodrum zurückkehren kann, wird er in Ankara von politischen Gegnern erschossen (siehe S. 71 ff.).

Das umfangreiche Werk des Autors und Filmemachers Vedat Türkali, der mit bürgerlichem Namen Abdülkadir Pirhasan heißt, ist in Deutschland unbekannt. In der Türkei wird er für seine Drehbücher und Filmregie genauso verehrt wie für seine politischen Romane, vor allem von der studierenden Jugend. Er macht in seinen Werken komplexe gesellschaftliche Zusammenhänge deutlich, die so kein Geschichtsunterricht behandelt. Gewalt, Terror lehnt der manchmal als »Kommunist« beschimpfte Autor ab.

Samsun als Heimat von Autoren, die nicht dort bleiben – auch die junge Schriftstellerin Sema Kaygusuz (geb. 1972), die inzwischen in Istanbul lebt, stammt von hier. Sie hat nach mehreren Erzählbänden ihren ersten Roman *Yere Düşen Dualar* (*Wein und Gold*) im Jahr 2006 veröffentlicht. Die Handlung spielt auf der Insel Bozcaada (siehe

S. 89). In den Sagen der Inselbewohner über ihren Kampf mit der Natur könnten sich Überlieferungen aus der Heimat der Erzählerin erhalten haben.

Kastamonu, Inebolu

Für Touristen aus Europa hat Samsun nicht viel zu bieten, und auch nach Sinop, Inebolu oder nach Süden landeinwärts verschlägt es kaum je einen Urlauber. Anders den britischen Journalisten Jeremy Seal, der »auf der Suche nach einem Hut« – so der Untertitel seines Buches *Der Fez* – auf mehreren Reisen (1993 und 1994) zu Recherchezwecken die entlegensten Ecken der Türkei, darunter die Provinzhauptstadt Kastamonu, aufgesucht hat. Deren Name leitet sich von Castra Comneni (Festung der Komnenen) ab. Die Komnenen waren eine byzantinische Kaiserdynastie des 12. Jahrhunderts. Auf einem Felsen über der Stadt sind noch Reste einer Kaiserburg zu besichtigen.

Bei seinem Besuch in Kastamonu am 30. August 1925 hielt Atatürk auf der Terrasse des damaligen Rathauses eine Rede, in der er das Verbot des Fez und die Einführung des Hutes für alle Türken proklamierte. Das alte Rathaus ist heute Museum und zeigt unter anderem die Fotos der »Modenschau«, die Atatürk als »Modeschöpfer und einziges Model zugleich« (Seal) vor der Bevölkerung abhielt, um zu zeigen, wie sich ein moderner Mensch kleidet. Jeremy Seal beschreibt seinen Gang durchs Museum: »Innen drängten sich alte bräunliche Photographien von Atatürks Besuch an den Wänden. Der Gazi durchschritt feztragende Menschenmengen in diversen exotischen Gewandungen. Hier trug er einen weißen Leinenanzug und einen Panama, hier hatte er volle Paradeuniform mit Mütze angelegt. Später erschien er in einem grauen Anzug und hatte einen Homburg auf.« Die »exotischen Gewandungen« beziehen sich auf die Kleidung des Staatsgründers, nicht etwa auf die Kleidung der Bevölkerung. Hier stoßen zwei Welten zusammen, die für das Auge heutiger Betrachter beide historisch sind. Derartige Fotos kennt in der Türkei jedes Schulkind, und Jeremy Seal hat durchaus unrecht mit seinem Blickwinkel: »An diesem Tag in Kastamonu standen Münder offen, die sich bis heute nicht geschlossen haben.«

Dementsprechend wehrt sich die Aufseherin im Museum auch gegen die Überlegungen des Besuchers mit den Worten: »Wir in Kastamonu sind bekannt für unsere Sympathie revolutionären und modernen Ideen gegenüber. Deswegen hat Atatürk Kastamonu ausgesucht.«

Das kommentiert der Engländer so: »Sie log nicht absichtlich, und doch blieben es Lügen. Wie langweilige Deutsche davon überzeugt sind, sie seien amüsant, wie konventionelle Briten an dem Glauben festhalten, sie seien exzentrisch, so sehen sich selbst die reaktionärsten Türken gerne als modern. Indem ich andeutete, Kastamonu sei altmodisch, hatte ich die Frau im Museum beleidigt.«

Warum hier ein Buch zitieren, dessen Autor offensichtlich mit europäischer Überheblichkeit seine Vorurteile zu bestätigen sucht? Ja, *Der Fez* von Jeremy Seal fordert in mancher Hinsicht zur Kritik heraus wegen seiner sehr subjektiven Interpretationen der türkischen Geschichte und Gegenwart. Es ist jedoch auch ein kurioses Reisetagebuch auf den Spuren der Kopfbedeckung, die unter Sultan Mahmut II. 1826 den Turban ablöste und ein Jahrhundert lang bis zu Atatürks Kleiderreform als typisch türkisch galt. Die vielen amüsanten, aber auch tragischen Geschichten, die sich um den Fez ranken, machen den Reiz des Buches aus.

Der Erzähler, der als Lehrer in Ankara gearbeitet hat und für englische Zeitungen Reisefeuilletons schreibt, kann ein wenig Türkisch, das er fatalerweise zur wörtlichen Übersetzung von Ortsnamen einsetzt, die – jedenfalls auf ihrem Weg in die deutsche Version des Buches, das englische Original habe ich nicht einsehen können – wirr werden. So wird die Stadt Gaziantep im Südosten mit »Kriegerpistazie« übersetzt.

Daß der junge Lehrer, der sich mit der Bevölkerung angeblich fließend unterhalten kann, die Wortbedeutung von *kurt* (Wolf) nicht kennt und hartnäckig nachfragt, ob sein türkischer Freund Jagd auf Kurden (!) mache, ist hingegen gar nicht mehr komisch.

Literarische Qualität erreicht das Buch immer wieder bei der Schilderung von Landschaften und Örtlichkeiten. Die Busfahrt von Kastamonu endet in Inebolu, und endlich einmal haben wir einen Text, der die von den Schriftstellern so arg vernachlässigte Schwarzmeerregion würdigt:

»Ein Wind blies bitterkalt vom Schwarzen Meer. Möwen kauerten wie festgefrorene Vagabunden auf den unruhigen Wellen, wo der Fluss dem Meer begegnete und seine aufgestaute Energie in der langen Dünung verströmte. Traktoren waren um die Hafentankstelle herum geparkt – an einem langen Betonkai flog die Gischt, und ein Sprühregen salziger, eiskalter Tropfen prickelte mir ins Gesicht. Aber das gab mir ein Gefühl von Lebendigkeit, und das Sonnenlicht, so schwach es war, ließ die Brecher jadegrün und leuchtendweiß funkeln und erfüllte den Himmel. Moderne Gebäude, grau und funktionell, beherrschten den Hafen, aber ich nahm vor allem die wenigen Überreste osmanischer Architektur unter ihnen wahr, einstmals wunderschöne Häuser mit nun salzzerbröckelten gelben Gipsfassaden, dunklen hölzernen Fensterrahmen und filigranen Eisenbalkonen unter verschnörkelten Balken und hohen schrägen Dächern.«

Inebolu mit seinem versteckt liegenden Hafen hat in der Geschichte des türkischen Befreiungskampfes eine wichtige Rolle gespielt, weil hier Waffen und Munition von den Sympathisanten in Konstantinopel und den russischen Bolschewiki unbemerkt an Land gebracht werden konnten. Die Bevölkerung, besonders Frauen und Kinder, schleppte den Nachschub anschließend mit Ochsenkarren oder auf ihren Schultern über die Berge an die Front. 1925, als der Kampf gewonnen und die neue Republik gerade zwei Jahre alt war, besuchte Atatürk die treuen Bewohner der Stadt, die ihn mit einem Fest begrüßten. Auch ihnen erklärte er, wie ein zivilisierter Mensch sich zu kleiden habe und daß die neue Kopfbedeckung der Hut sei. Seal schreibt:

»Die Männer von Inebolu gingen auf die Straßen hinaus und warfen ihre Feze weg. Die Frauen – die ersten außerhalb der großen Städte, von denen dies berichtet wird – gingen noch weiter, indem sie ihre Schleier zurückwarfen und ihre blassen, nie von der Sonne beschienenen Gesichter dem Blick Atatürks auf der Straße darboten.«

Interessant ist ja, daß Atatürk zwar den Fez unter Strafe stellte, den Schleier jedoch nie verbot. Erst später wurden Gesetze erlassen, die das Tragen von Schleiern an Schulen und Universitäten sowie im Staatsdienst untersagten.

Trabzon ist seit römischen Zeiten Hauptstadt der gleich-
namigen Provinz und mit seinem Hafen ein bedeutendes
Handelszentrum. Heute ist Trabzon der wichtigste Hafen
der östlichen Türkei.

Einen Besuch lohnt die Hagia Sophia (13. Jahrhundert)
mit ihren schön restaurierten Wand- und Deckengemäl-
den. Oder die Ortahisar Camii, eine Moschee, die ursprüng-
lich ebenfalls eine byzantinische Kirche war. Sehenswert
ist auch die Gülbahar Hatun Camii, die nach der Großmutter Sultan Süleymans des Prächtigen benannt ist, einer
komnenischen Prinzessin, die aus Trabzon stammte.

Ein ebenfalls höchst subjektives Reisebuch hat Christian
Schüle (geb. 1970) mit *Türkeireise* verfaßt. Der Autor rei-
ste 2005 auf der Suche nach dem berühmten Schwarzweiß-
fotografen Ara Güler, der unter anderem die meisten Fotos zu dem *Istanbul*-Buch von Orhan Pamuk geliefert hat,
einmal quer durch das Land und traf dabei auf erstaunliche
Menschen, meist Zufallsbekanntschaften, deren Sicht aufs
Leben ihm wichtiger schien als die Sehenswürdigkeiten
vor Ort. In Schüles Kapitel über Trabzon geht es demnach
nicht um die berühmten alten Kirchen und Moscheen, sondern um das eigenartige Verhältnis der türkischen Männer
zu den russischen Huren: Sie suchen angeblich außerhalb
der Ehe ein romantisches Liebesverhältnis, während Sex
nach Ansicht des Autors eher nebensächlich ist. »Sex war
den Männern egal.« Mit der Hure Ayna besucht Schüle
das nahe Sumela-Kloster, wohin diese – ebenso wie viele
Türken – regelmäßig wallfahrtet, »um das Schlechte zu
vergessen und das Gute zu erbitten«.

»Ayna zeigte sich als Klosterexpertin, wies auf die Tradition der Marienverehrung seit dem 5. Jahrhundert hin,

Auch viele Türken wallfahrten zum Kloster Sumela, »um das Schlechte zu vergessen und das Gute zu erbitten«. Byzantinische Wandmalerei in den Höhlen des Sumela-Klosters bei Trabzon

führte durch die Ruinen von Kirche, Kapelle, Bibliothek und Mönchszellen, gab Auskunft über Baustil und den Alltag der Mönche und referierte, wann die traumhaften, von Buntheit und Fröhlichkeit zeugenden byzantinischen Fresken der Heiligen Jungfrau Maria restauriert worden waren.«

Mit der Bezeichnung »Fresken« liegt der Autor falsch: Die Farbe wurde trocken auf den Untergrund aufgetragen.

Über die Männer von Trabzon sagte übrigens schon der türkische Reiseschriftsteller Evliya Çelebi (1611-1684?), sie seien »sorglose Liebestrunkene, umschmeichelt von süßem Wasser und süßer Luft«. In dem zehnbändigen Werk *Seyâhatnâme* (Reisebuch), das der Weltenbummler in osmanischen Diensten hinterlassen hat, findet sich auch der Rat, das Meer zu meiden, wenn es möglich ist. Evliya spricht aus bitterer Erfahrung: Fast wäre er bei einer Schiffsreise im Schwarzen Meer ertrunken.

Aus der Gegend von Trabzon stammt, nebenbei gesagt, auch ein Großvater von Bob Dylan, aber das war kein türkischer Vorfahr, sondern ein Angehöriger der jüdischen Bevölkerungsschicht, welche hier schon im Osmanischen Reich wohnte. Und der deutsch-türkische Filmemacher Fatih Akın hat über sein Heimatdorf an der Schwarzmeerküste einen Dokumentarfilm gedreht, der die Schönheit der Region ebenso wie die Zerstörung des Ortes durch eine überregionale Mülldeponie zeigt.

Am Ostufer des Schwarzen Meeres, wohl schon jenseits der türkischen Grenze, vermuten die Historiker das archaische Kolchis, wo nach der *Argonautensage* Jason mit seinen Gefährten das Goldene Vlies entwendete, und zwar mit Hilfe der Königstochter Medea, die ihm nach Korinth folgte. In der ersten dramatischen Gestaltung des Stoffes durch Euripides (*Medea*, aufgeführt 431 v. Ch.) wird Medea zum Ungeheuer, als Jason wegen der Thronfolge die korinthische Königstochter Kreusa heiratet. Aus Rache an Jason ermordet Medea die gemeinsamen Kinder und schickt der Kreusa ein weißes Hochzeitsgewand, das der Trägerin die Haut verbrennt.

Es gibt seit der Fassung des Euripides viele Varianten des Medea-Stoffes, sei es als Drama wie etwa bei Seneca, Corneille, Grillparzer, Anouilh und Hans Henny Jahnn, sei es als Roman wie beispielsweise bei Christa Wolf (*Medea, Stimmen*, 1996). Die Gestalt der rachsüchtigen Barbarin hat dabei mindestens ebensoviel Interesse gefunden wie die politischen und gesellschaftlichen Fragen, die jede Zeit anders in den Stoff hineininterpretiert.

Christa Wolf sieht Medea als eine außergewöhnliche Frau, die den Mächtigen wegen ihrer Hellsichtigkeit bedrohlich erscheint und deshalb zum Ungeheuer stilisiert wird. Zu gut weiß die Autorin, daß Mythen – barbarische Frau nimmt Rache am treulosen Mann, indem sie die eigenen Kinder opfert – dazu herhalten müssen, wirkliche Verbrechen zu verschleiern. In ihrer Version sind das die geheimen Menschenopfer, die den Herrschenden zur Aufrechterhaltung ihrer Macht notwendig erscheinen.

Als Medea entdeckt, daß auch in dem angeblich so zivilisierten Korinth wie in ihrer Heimat Kolchis heimlich Menschen umgebracht werden, damit das verknöcherte System männlicher Herrschaft erhalten bleibt, wird sie krank. Nein, bei Christa Wolf rächt sie sich nicht, sie wird vom Mob vertrieben, und ihre Kinder werden gesteinigt. Wie in dem Roman *Kassandra* kann man in *Medea* viele aktuelle Bezüge entdecken.

Inneranatolien

Anatolien (türkisch Anadolu) kommt vom griechischen Anatolikon und heißt »Land des Sonnenaufgangs«. Gemeint ist die Landmasse, die auch als Kleinasien (nach lat. Asia Minor) bezeichnet wird und den Hauptbestandteil der Türkei bildet. Inneranatolien hingegen ist die von den Meeren im Norden, Westen und Süden durch Gebirgszüge abgeschlossene Klimazone im Landesinneren, welche durch kalte Winter und spärliche Niederschläge gekennzeichnet ist. Wer eine baumlose staubige Steppe erwartet – die trifft man streckenweise auch an –, wird sicherlich überrascht sein von der landschaftlichen Vielfalt. Natürliche Seen, u. a. die »türkische Seenplatte« nördlich von Antalya und der große Salzsee nordwestlich von Aksaray, wechseln mit künstlichen Seen (Talsperren), jungen Wäldern – die Türkei bemüht sich seit Jahrzehnten, die verkarsteten Landstriche aufzuforsten – und seltsamen Gesteinsformationen, wie etwa in Kappadokien, das mit seinen Höhlenkirchen und Klöstern ein beliebtes Touristenziel ist. Überhaupt bietet Inneranatolien dem Reisenden eine Fülle von kulturellen Zeugnissen aus mehreren Jahrtausenden. Die Ausgrabungen steinzeitlicher Dörfer wie Çatal Hüyük, die Festungen der Hethiter (z. B. Hattuşa), Ruinenstätten aus hellenistisch-römischer Zeit, die Karawansereien, Medresen, Türben, die Moscheen und Burgen der Seldschuken und Osmanen – es ist im Verlauf einer Reise wohl kaum möglich, alle Aspekte der reichen Geschichte Inneranatoliens zu erfassen.

Nach dem Sieg der Seldschuken über die Byzantiner (1071) war
Konya eine Zeitlang die Hauptstadt des seldschukischen Reiches.
Ince Minare Medrese (1265), heute Museum

Das anatolische Dorf

Reist man im Bus oder mit dem Auto durch Anatolien, sieht man in der Landschaft überall Dörfer, mal mit ziegelroten Dächern und weißen Mauern zwischen grünen Pappeln, mal mit lehmfarbenen Hütten in staubtrockener Umgebung, freilich immer bestückt mit Fernsehantennen – Tribut an die Neuzeit. Oft gibt es eine kleine Moschee, oder man erkennt das korrekt gebaute Schulhaus nebst ummauertem Hof. Und nirgends fehlt das Atatürkdenkmal, und sei es nur eine Büste auf einem Sockel.

Die türkische Literatur des 20. Jahrhunderts hat das anatolische Dorf nicht erst mit der sogenannten Dorfprosa entdeckt, die seit etwa 1950 längere Zeit das literarische Leben dominierte und durch Autoren wie Yaşar Kemal und Fakir Baykurt auch international bekannt wurde. Zuvor schon hatte Yakup Kadri Karaosmanoğlu (1889-1974) mit seinem Roman *Der Fremdling* (*Yaban*), der 1932 in der Türkei und 1939 in Deutschland erschien, das Thema im Kontext der Nationwerdung der Türkei behandelt.

Der Autor gehörte der geistigen und politischen Elite seines Landes an. Er entstammte dem Adelsgeschlecht der Kara Osman und hatte sich durch die Lektüre westlicher Autoren gebildet. Nachdem er als Offizier am Ersten Weltkrieg teilgenommen hatte, wurde er Journalist bei der Zeitung *Ikdam*, die den Aufstand Mustafa Kemals unterstützte. Im neu gegründeten Staat war er viele Jahre lang Parlamentsabgeordneter. In dieser Zeit schrieb er weiterhin Romane und Essays und war Mitherausgeber von Zeitschriften. Zwischen 1934 und 1951 vertrat er die Türkei als Diplomat in Tirana, Prag, Den Haag, Bern und Teheran.

Der Fremdling bildet im Werk von Yakup Kadri eine

Ausnahme, da er nicht wie seine anderen Romane im städtischen Milieu spielt. Die Hauptfigur, ein junger adeliger Offizier, der im Ersten Weltkrieg einen Arm verloren hat, zieht sich aus der Verderbtheit des von Alliierten besetzten Istanbul mit seinem Burschen in dessen Heimatdorf zurück. Für den zweiunddreißigjährigen Weltflüchtling ist Anatolien das »eigentliche Vaterland, die eigentliche Nation«. Das Tagebuch offenbart, mit welch romantischen Ansichten der junge Mann in die Einsamkeit geht:

»Diese Erde war in meinen Augen ein ideales Land, geheiligt durch das Wirken von Lebensströmen, die in den echtesten Flammen des Leids geglüht worden waren. In diesem Land gab es reine, gefühlvolle und aufrichtige Menschen.«

Seine durch die Lektüre von Homer, Vergil und Dostojewski erworbene Sicht auf Land und Leute wird in der Realität schnell enttäuscht. Die Landschaft ist eintönig öde; der Porsuk, ein Nebenfluß des Sakarya, fließt träge dahin, und die Bauern belächeln den Städter wegen seiner täglichen Rasur und seiner Bücher, verdienen aber gerne an ihm, solange er noch Geld hat. Bald zweifelt er daran, daß man diese brutalen, egoistischen, grenzenlos dummen Bauern je wird erziehen können. Die Schuld an der Misere gibt der Tagebuchschreiber jedoch den türkischen Intellektuellen, zu denen er ja selbst gehört.

»Das türkische Volk hatte eine Seele: Du vermochtest sie nicht zu erschließen. Es hatte einen Kopf: Du vermochtest ihn nicht zu erleuchten. Es hatte einen Körper: Du vermochtest ihn nicht zu nähren. Es hatte einen Boden, auf dem es lebte: Du vermochtest ihn nicht zu bebauen. Du hast es der Tierhaftigkeit, der Unwissenheit und der Armut und der Not überantwortet. Zwischen harter Erde und sengendem Himmel ist es wie Unkraut emporgeschossen. Nun kommst du, in der Hand die Sense, zur Ernte hierher. Was hast du gesät, um ernten zu können? Diese Nesseln, diese dürren Dornen?«

Die Kluft zwischen Städter und Bauern scheint unüberwindbar. Selbstkritisch, sogar selbstironisch schreibt der Offizier: »Hier wollte ich über nichts nachgrübeln, der Metaphysik für immer entsagen und so leben, wie ein Bauer lebt. Mich restlos mit ihnen verschmelzen. Doch nun erkenne ich, daß ich noch immer bin wie ein Tropfen Öl in einer Schale Wasser: Weder vermenge ich mich, noch vermag ich zu Boden zu sinken. Wahrscheinlich nennt man uns darum die Crème der Gesellschaft.«

Prekär wird die Lage durch das Näherrücken des Feindes. Der Roman spielt nämlich in der Zeit des türkischen Befreiungskriegs vor der Schlacht am Sakarya, wo zwischen 21. August und 2. September 1921 die türkischen Truppen unter Atatürk den Vormarsch der Griechen auf Ankara zum Stehen brachten. Die Schlacht selbst wird in dem Roman lediglich im Vorspruch erwähnt. Das Tagebuch bricht nach der Einnahme des Dorfes durch die Griechen ab, als der Schreiber – ein zweites Mal in seinem Leben – schwer verwundet wird. Auch der Roman ist fragmentarisch, insofern als das Schicksal der Hauptpersonen im Ungewissen bleibt. Das eingerissene und angekohlte Heft wird vom »Ausschuß zur Untersuchung der Kriegsgreuel« später zwischen Trümmern und Leichenteilen gefunden.

Der Protagonist ist keine Idealfigur, denn desillusioniert erweist er sich weder als besser und edler als die Bauern, noch vollbringt er etwas Heldenhaftes für seine Nation, sondern versucht lediglich, zusammen mit der Bäuerin Emine, in die er sich verliebt hat, seine Haut zu retten. Seltsame Äußerungen über das dienende Wesen der Frauen sind für heutige Leserinnen befremdlich. Dennoch kann man das Buch mit Gewinn als historisches Dokument lesen, das das Ringen der türkischen Elite um die Entstehung des neuen Staates nach dem Zusammenbruch des Osmanischen Reiches aus einer ungewöhnlichen Perspektive zeigt.

Der Fremdling ist auch als Antwort auf den Roman *Das Flammenhemd* (1922) von Halide Edip Adıvar (1884-1964) zu verstehen, in dem ebenfalls die Schlacht am Sakarya den Höhepunkt bildet. Im Gegensatz zum kränklichen Yakup Kadri (er hatte Tbc) war Halide Edip als weiblicher Feldwebel in der Propagandaabteilung des Generalstabs mit an der Front gewesen. Sie hatte die Bäuerinnen in den Dörfern motiviert, Nachschub zu den Truppen zu bringen. So entstand die Legende von den heldenhaften anatolischen Frauen, die nicht unwesentlich zum Sieg beigetragen haben.

In dem Roman *Das Flammenhemd* ist der eigentliche Held das türkische Volk, dessen alte Führungsschicht körperlich und seelisch ausgeblutet erscheint. Diesem Hohelied auf die opferbereiten, tapferen, schönen anatolischen Bauern stellt Yakup Kadri in seinem Tagebuchroman eine Realität gegenüber, die ihm seine Inspektionsreisen nach dem Krieg vor Augen geführt hatten. Vehement vertrat er in den Medien und im Parlament das Anliegen, die Führungselite habe die Pflicht, sich um die seit Jahrhunderten Vernachlässigten und Ausgebeuteten zu kümmern.

Auf ganz andere Weise nähert sich der früh verstorbene Sabahattin Ali (1907-1948) der Thematik. Er erzählt nicht *über* die anatolischen Menschen, sondern aus ihrer Sicht. Sein engagierter Realismus, die schnörkellose, sachliche Art seines Erzählens wirkte stilbildend auf die Autoren der sogenannten Dorfprosa. Der Anfang der Erzählung *Der Ochsenkarren* illustriert diesen Lakonismus, der genau zur Wortkargheit der Bauern paßt.

»Wegen einer Grenzstreitigkeit bei den Äckern erschoß Hüseyin Savruk am Bewässerungskanal Mehmet, genannt ›Sarı‹.

Das Dorf von dreißig Haushalten geriet in große Aufregung. Alle warteten in Angst auf die Gendarmerie. Dabei lag die Station in sechs Stunden Entfernung, und wenn niemand aus dem Dorf die Mordnachricht überbrachte, kamen die Gendarmen wochenlang nicht vorbei. Daran dachten sie aber erst nach einer ganzen Weile; daraufhin versammelten sich die Dorfältesten im Kaffeehaus um den Mevlut Ağa, den Vater von Hüseyin. ›Sarı‹ Mehmet hatte keine Verwandten bis auf die alte Mutter, die nun geholt wurde.«

Die kurze Erzählung schildert, wie die alte Mutter des Erschlagenen von den Dorfältesten unter Druck gesetzt wird, keine Anklage zu erheben. Selbst als die Gendarmen schließlich doch kommen und die Leiche exhumieren lassen, schweigt sie aus Angst, dann im Dorf völlig isoliert zu sein.

»Sie schlug die Hände ratlos an die Seiten und klagte, daß man ihren lieben Sohn nicht einmal im Grab in Ruhe lassen könne, und weinte leise schluchzend und ohne zu jammern, wie eben die Frauen in Anatolien trauern. Sie hatte sich gehockt, schaukelte unaufhörlich und preßte die trockenen, zerfurchten Fäuste gegen die Augen und den Mund. Ein Gendarm stieß sie von hinten mit der Fußspitze an: ›Nun, los!‹«

Die alte Frau soll allein mit einem Ochsenkarren den Leichnam in die Kreisstadt zur Obduktion bringen. Vor Erschöpfung fällt sie zu Boden und stirbt schließlich, während der Wagen sich selbständig macht. Die Erzählung hat einen offenen Schluß:

»Im Mondlicht, in der Stille der Nacht fuhr der Karren

auf der mit Steinen übersäten Straße ruckelnd und den fest-gebundenen Leichnam auf der Ladefläche schaukelnd, mit abwechselnd hohem und tiefem Trauerknarren und einer feinen Staubwolke hinter sich in eine Richtung, die nur er kannte.«

Der lakonische Stil und die Zurückhaltung der Gefühle erinnert sehr an die Erzählweise Sait Faiks (1906-1954), der das Leben der kleinen Leute in Istanbul porträtierte.

Unter dem Titel *Kağnı* (Der Ochsenkarren) erschienen 1936 dreizehn Erzählungen von Sabahattin Ali, 1937 folg-ten weitere fünf in dem Erzählband *Ses* (Die Stimme). Die Titelgeschichte handelt von einem jungen Straßenbauar-beiter, der mit einer herrlichen Stimme zur *saz* singt und durch Zufall von einem Städter entdeckt wird, der ihm eine Chance zum Vorsingen im Konservatorium in Ankara vermittelt. Dort, in der fremden Umgebung, fühlt sich der junge Mann jedoch so gehemmt und unwohl, daß er seine Stimme »nicht findet«.

Um ein musikalisches Naturtalent dreht sich auch die Erzählung *Gramofon avrat* (Das Grammofonweib). Die Erzählung spielt bei Konya, wo in den Weinbergen von Me-ram (heute ein Ausflugsort am Stadtrand) liederliche Fe-ste gefeiert werden und sich die Männerrunden zur Un-terhaltung Sängerinnen und Nutten ordern. Um die Gunst der jungen hübschen Sängerin, deren Stimme es mit de-nen der Stars von der Schallplatte aufnehmen kann, ent-brennt regelmäßig Streit, und eines Tages wird sie ange-schossen. Der Kutscher Murat, der sie verteidigt und dabei einen Mann tötet, wandert ins Gefängnis. Von da an will sie nicht mehr singen, sondern geht anschaffen, um ihn zu unterstützen. Was der Autor nur andeutet, ist die zarte Liebe zwischen diesen beiden Randfiguren der Gesellschaft.

Sabahattin Ali hat auch drei Romane geschrieben, doch

berühmt wurde er mit seinen kurzen Geschichten, die in deutscher Übersetzung leider nur verstreut in Anthologien zu finden sind.

Auch der Lyriker Fazil Hüsnü Dağlarca (geb. 1914), der als Offizier bis etwa 1950 in ländlichen Regionen des Staates Dienst tat, fühlte sich in die elenden Lebensumstände der anatolischen Menschen ein. Sprachlich orientiert er sich an der gesprochenen Volkssprache, verwendet Dialektausdrücke oder verkürzte grammatikalische Formen. Wie im Volkslied haben die Strophen freie Reimformen und sind oft verbunden durch refrainartige Zeilen. Die Übersetzungen von Nevfel Cumart deuten das zwar an, können aber die Knappheit, das heißt die dem Sujet angemessene Kargheit des türkischen Originals, im Deutschen nicht vermitteln. Das folgende Gedicht stammt aus dem Gedichtband *Toprak Ana* (Mutter Erde, 1950), die deutsche Fassung aus der zweisprachigen Ausgabe *Steintaube/Taş güvercin:*

»*dorf ohne regen*

ich bin hungrig, schwarze erde, hungrig, erhöre mich doch,
mit dem schwarzen ochsen bin ich hungrig heute nacht.
er denkt, je mehr er denkt, umso satter wird er,
ich denke, je mehr ich denke umso hungriger werde ich.
ich bin hungrig, schwarze erde, hungrig, erhöre mich doch,
hunger kann man nicht verstecken.

in den unersättlichen Bergen schläft der nordostwind,
den leichten schlaf des wolfes.
sogar die prallen sterne gleiten davon,
so nährt sich die finsternis.
in den unersättlichen bergen schläft der nordostwind.
hunger kann man nicht wegschlafen.

Der hunger ist in unserem schwarzen gesicht,
                                    der hunger ist weiß.
hungrig sind tal und hügel.
der regen blieb aus, die ernte verdorrte,
was haben wir getan, daß die himmel so zürnen?
der hunger ist in unserem schwarzen gesicht,
                                    der hunger ist weiß,
hunger kann man nicht ertragen.«

Die Lage der Landbevölkerung mußte grundlegend verbessert werden, und zwar nicht nur durch agrarische Maßnahmen, sondern durch Hebung der Volksbildung. Atatürks Reformen sahen daher unter anderem die Neuordnung des Schulwesens vor.

Für alle Sechs- bis Elfjährigen wurde die Grundschulpflicht in staatlichen, unentgeltlichen, laizistischen Schulen festgeschrieben. 1928 wurde die lateinische Schrift anstelle der arabischen eingeführt, was nicht ohne Probleme ablief, denn Lehrer fehlten, und bei den Erwachsenen, die umlernen mußten, erhob sich Widerstand. Noch 1935 konnten nur 14 Prozent der Gesamtbevölkerung lesen und schreiben, und diese Minderheit lebte zumeist in der Stadt. Damit Atatürks Forderung »Jedem Dorf eine Schule« verwirklicht werden konnte, mußten erst einmal Schulgebäude errichtet und Lehrer ausgebildet werden. Um den Lehrerbedarf rasch decken zu können, wurden Ende der dreißiger Jahre »Dorfinstitute« gegründet, deren Kandidaten – zumeist junge Burschen und einige Mädchen vom Land – nicht nur auf die Alphabetisierung der Dorfkinder vorbereitet wurden, sondern auch Grundkenntnisse in Gesundheitslehre, im Obst- und Gemüsebau erhielten und handwerkliche Fertigkeiten erlernten. Die Dorfinstitute erwirtschafteten ihren Unterhalt weitgehend selbst und sollten mit ihren

Werkstätten und landwirtschaftlichen Musterbetrieben ein Vorbild für die Bauern sein. Aus parteipolitischen Gründen wurden diese »Agrarkommunen« jedoch 1951 geschlossen. Angeblich hatten sie »häßliches linkes Gedankengut« verbreitet. Noch Jahrzehnte später beklagten viele Linke die Abschaffung dieser praxisnahen Form der Grundschullehrerbildung.

Bei der Umsetzung des Gelernten stießen die jungen reformfreudigen Lehrer anfangs auf erhebliche Schwierigkeiten. Dies ist nachzulesen in den Aufzeichnungen von Mahmut Makal (geb. 1933 in Demirci bei Aksaray), der im Alter von nur vierzehn Jahren als Lehrer in ein kleines armes Dorf nahe seiner Heimat beordert wurde. Die Veröffentlichung von Makals Bericht *Bizim Köy* (*Unser Dorf in Anatolien*) löste 1950 einen Skandal aus, und der Verfasser wurde verhaftet.

Der junge Lehrer, selbst Bauernsohn, ist erschüttert über die elenden Zustände in »seinem« Dorf:

»Bozkır – die graue Steppe, wie man das Innere Anatoliens nennt – dehnt sich grau vor unseren Augen. Zwischen den abgemähten Feldern ziehen die Herden hungrig zum Dorf, um gemolken zu werden. Sie werden gemolken, falls in ihren Eutern überhaupt Milch ist. (...) Das Mühlrad des Schicksals dreht und dreht sich und zermalmt unsere Leben wie schon vor tausend Jahren.«

Das karge Land gibt nicht viel her, oft reicht die Ernte nicht, um Mensch und Vieh den Winter hindurch zu ernähren, geschweige denn Saatgut zu bevorraten. Das Vieh geht ein, die Menschen sind ausgezehrt, und besonders die Kinder fallen leicht Krankheiten zum Opfer. Mahmut Makal beklagt mehrfach die hohe Kindersterblichkeit und belegt mit Zahlenmaterial, daß zwischen 30 und 40 Prozent der Neugeborenen das erste Lebensjahr nicht überstehen. Ursache sind mangelnde Hygiene, Krankheiten, Hunger und Kälte. Auch die größeren Kinder sind mangelernährt, kränkeln häufig und haben Läuse. Die Bemühungen des Lehrers, wenigstens das zu ändern, was ohne großen Aufwand möglich wäre, werden belächelt. Für sauberes Trinkwasser haben die Dörfler kein Verständnis.

»Sprich du nur von Mikroben und Krankheiten und versuche den Leuten gute Ratschläge zu geben! Sie antworten: ›Wasser mit welkem Laub, das gibt Kraft und Gesundheit – so viel, daß man es gar nicht erklären kann.‹«

Unter diesen Umständen Schulunterricht zu halten, ist fast absurd. Makal muß erst einmal die Bauern dazu bringen, ein primitives Schulhaus zu errichten, dessen Schilfdach und Lehmmauern jedoch im darauffolgenden Winter nach tagelangem Dauerregen einbrechen. So wird der Unterricht schließlich im – ebenfalls primitiven – Lehrerhaus abgehalten.

»Sie werden fragen: ›Sind wenigstens Hilfsmittel für den Unterricht vorhanden?‹ Keine Spur! Wir kauern auf Schaffellen und lernen. Schulbänke? Schwarze Tafel? Man kennt nicht einmal die Wörter. Aber man soll doch ja nicht glauben, daß mit der Eröffnung der Schule alles getan ist. Danach muß man die Väter überreden, ihre Kinder zur Schule zu schicken. Wenn sie keine Lust haben, pfeifen sie auf das Gesetz Nr. 4274.«

Die Bauern sehen nicht ein, wozu die Kinder mehr lernen sollen als die Eltern, was kann ihnen das bei der Feldarbeit nützen? Lediglich die Angst, beim Militär nicht schreiben oder lesen zu können, treibt die Buben in die Schule. Der Lehrer wird für »verrückt« gehalten, weil er die Bücher liebt. »›Bei Gott, er ist verrückt! Die Bücher, die er liest, nützen weder der Religion noch dem Glauben.‹«

Ihre Religion ist das Einzige, was die Bauern in allem

Elend aufrechterhält, freilich auch fatalistisch macht. Deshalb erwarten sie keine Verbesserung ihrer Lage von den Vorschlägen des Lehrers, doch für einen guten Platz im Himmel opfern sie wandernden Sektenpredigern ihr letztes Hab und Gut. Diese Scheichs sind dem Lehrer feindlich gesinnt, da er sie durchschaut und das Spendensammeln zu verhindern versucht. Im Laufe der Jahre gewinnt der Lehrer im Dorf aber wegen seiner Geduld und seiner Zurückhaltung den Frauen und Mädchen gegenüber bei den Männern insoweit Akzeptanz, daß sie ihn im Teehaus aus Zeitschriften und Büchern vorlesen lassen. Schließlich bekennt einer der Zuhörer: »Zuerst hatten wir keinen Gefallen an der Schule. Wir kannten nicht ihren Wert. Aber jetzt hast du es erklärt, und es leuchtet uns nun allen ein. Wir sind nicht imstande, sie zu bauen. Soll die Regierung sie doch bauen, und wir wollen uns dafür opfern.«

Daß der Lehrer jedoch in Zeitschriften Artikel über sein Dorf veröffentlicht, paßt den Bauern ganz und gar nicht. Sie fühlen sich bloßgestellt: »Hüseyin Aǧa begehrte auf: ›Was will er von der Laus an meinem Hosenbein? Wir plagen uns hier, um uns, so gut es geht, kümmerlich durchzuschlagen, und er geht und bringt vor aller Welt Schande über uns.‹«

Makal hat keineswegs die Absicht, die armen Bauern lächerlich zu machen, geschweige denn auf ihre Kosten als Autor berühmt zu werden. Er will lediglich die Aufmerksamkeit der Öffentlichkeit und der Behörden auf die Mißstände lenken, wobei er auch die Verantwortung der Literatur betont:

»Als Yakup Kadri im *Yaban* (*Der Fremdling*) nur ein wenig auf die Realitäten des Dorflebens anspielte, war schon der Teufel los. Man behauptete, er verleumde das türkische Dorf. Jeder, der sich das Dorfleben so wie in dem Vers ›Der

Schäfer bläst die Schalmei, sein Leben ist poetisch‹ aus-
malt, der kennt dieses Land nicht. Solange wir uns nicht
ernsthaft und gründlich mit der Wirklichkeit auseinandersetzen, dürfen wir auch nicht behaupten, die Probleme
des Dorfes zu kennen, dürfen uns nicht als dessen Anwälte
aufspielen.«

In den Jahren nach der Veröffentlichung des Buches
schenkte der Staat den Problemen der Landbevölkerung
mehr Aufmerksamkeit, und die Lebensverhältnisse verbesserten sich. Makals Buch erschien 1975 mit einem zusätz-
lichen Kapitel über die mittlerweile eingetretenen Veränderungen in diesem Dorf: Nun gab es Elektrizität und damit
Fernsehen und Radio, und im Café lagen Zeitungen aus.
Aufgrund verbesserter Anbaumethoden hatten die Bauern
Geld übrig, um nach Mekka zu wallfahrten. Nach Mahmut Makals Ansicht hätten sie es sinnvoller investieren
können.

Jahrelang prägte Yaşar Kemal mit seinen Memed-Ro-
manen das Bild von der türkischen Literatur, paßten diese
gewaltigen Dorfepen doch zum Türkeibild derer, die, den
einfachen Gastarbeiter vor Augen, sich dessen Heimat als
unterentwickeltes Agrarland vorstellen mochten.

Auf die Romane von Yaşar Kemal wird an anderer Stelle
(Südküste) eingegangen, hier soll als ein weiteres Beispiel
für Dorfliteratur die eindrucksvolle Romantrilogie von Fakir Baykurt, *Die Rache der Schlangen* (1959), *Mutter Irazca und ihre Kinder* (1961) und *Das Epos von Kara Ahmet*
(1977) vorgestellt werden. Auch Baykurt (1929-1999) arbeitete zunächst in Inneranatolien als Lehrer, bis er 1979
nach Deutschland emigrierte, wo er sich neben seiner Leh-
rertätigkeit stark für die türkischen Migranten einsetzte.
Insofern ähnelt sein Schicksal dem von Mahmut Makal,
der 1980 als Lehrer nach Berlin kam.

Die Trilogie Baykurts ist wesentlich unterhaltsamer zu lesen als Makals karger Bericht. Im Mittelpunkt steht die Familie des Bayram Kara und seiner Mutter, der Witwe Irazca, die sich gegen die mächtige Dorfhierarchie zu behaupten versucht. Der Konflikt beginnt in *Die Rache der Schlangen* damit, daß der Dorfvorsteher das der Gemeinde gehörige Grundstück vor Bayrams Haus an Haceli verkauft, der sofort eine Baugrube aushebt, um sich ein Haus zu bauen. Dies löst einen jahrelangen Schlagabtausch zwischen den Konkurrenten aus, der für die Leser spannend, für Bayram jedoch so ruinös ist, daß er das Dorf schließlich verlassen muß und in die Stadt zieht. Die treibende Kraft in diesem Konflikt ist Bayrams Mutter Irazca, eine kraftvolle Frauengestalt, die für ihr Recht kämpft und sich dabei mit den Männern anlegt. In der zweiten türkischen Verfilmung des Romans von 1986 (Regie S. Gören) wird diese »anatolische Mutter Courage« von der berühmten Schauspielerin (und Kommunalpolitikerin) Fatma Girik verkörpert. Irazca lehnt den faulen Kompromiß mit den Intriganten ab und besteht darauf, den Streit vor Gericht zu bringen. Während der Ortsvorsteher (*muhtar*) die Mehrheit der Dorfbewohner, dazu den Gendarmeriekorporal und den Parteivorsitzenden, auf seine Seite zu bringen sucht, wendet sich Irazca vertrauensvoll an den jungen Landrat (*kaymakam*), die einzige Lichtgestalt unter all den korrupten und intriganten Honoratioren. Als er das Dorf zum ersten Mal besucht, heißt es:

»Er war von heller Gesichtsfarbe; seine Haut war frisch und zart. Wenn er einen aus seinen klaren blauen Augen anblickte, schien es, als dringe dieser Blick bis ins Innerste ...«

Diese kleine Bemerkung ist für türkische Leser ein unmissverständlicher Hinweis auf den Staatsgründer Atatürk, dessen blaue Augen die gleiche Wirkung gehabt haben sollen. Der Autor drückt damit indirekt die Hoffnung aus, die an den neuen Schulen ausgebildete junge Generation möge die Ideale Atatürks hochhalten, die von den herrschenden Demokraten (die Demokratische Partei DP unter der Führung von Celal Bayar und Adnan Menderes stellte die Regierungen zwischen 1950 und 1960) mit Füßen getreten wurden. Eine sehr komische Szene schildert, wie der Ortsvorsteher den Bauern die Demokratie erklärt:

»Wir haben Demokratie. Ich habe euch neulich zu erklären versucht, was Demokratie ist. Demokratie heißt, daß man da ist, wo alle anderen sind. Da gibt es kein Dagegensein, keine Zwietracht. Das ist alles verboten! Wenn alle sagen ›Es geht uns gut‹, dann hat man das Gleiche zu sagen. Könnten wir etwa Demokratie haben, wenn es uns nicht gut ginge? Wir haben so viel Demokratie, daß der Kaymakam bis zu uns hinauskommt. Also geht es uns auch gut, das ist doch sonnenklar.«

Diese grotesken Erklärungen weisen nicht allein den *muhtar* als einen Mann schlichten Gemüts aus, sie zielen generell auf die »demokratische« Regierung, die zunehmend jede Opposition unterdrückte. Die beiden ersten Teile der Romantrilogie konzentrieren sich auf das Dorfleben mit seinen Mühen und Nöten, wobei die Charaktere der Hauptfiguren anschaulich herausgearbeitet werden. Mutter Irazca ist keineswegs ideal gezeichnet, sie hat unberechenbare Wutanfälle, ist starrköpfig und auch ein bißchen verlogen. Bayram, ihr Sohn, erscheint manchmal zögerlich und unklug, behält aber als Opfer der bösen Gegenpartei seine Würde. Baykurt vermeidet Typisierungen, er entwirft lebendige Figuren. Besonders mit dem kleinen (später großen) Ahmet, Bayrams Sohn, entwickelt er liebevoll den Charakter eines außerordentlichen Menschen. Was in dem Kind vorgeht, als Bayrams Feinde in niederträchtiger Weise den Zehnjährigen zu vergewaltigen versuchen, gehört zu den eindrucksvollsten Stellen in *Mutter Irazca und ihre Kinder*.

Ahmet ist die Hauptfigur im dritten Teil der Trilogie, *Das Epos von Kara Ahmet*. Dieser nach einem längeren Zeitabstand (1977) veröffentlichte Band ist kein Dorfroman mehr, sondern spielt anfangs in der Kleinstadt Burdur, wo Ahmets Eltern Arbeit gefunden haben. Dort darf der begabte Junge endlich zur Schule gehen. Er interessiert sich für Literatur und schreibt selber Geschichten, zum Beispiel gegen die Großgrundbesitzer. Als Student auf der Universität in Ankara betätigt er sich politisch und demonstriert gegen den Abriß eines illegal errichteten *gecekondu*. Dabei wird er festgenommen und wandert ins Gefängnis. Der Autor selbst war 1971 verhaftet worden und saß – wegen der angeblich »kommunistischen« Tendenz seiner Romane – neun Monate im Gefängnis.

So wie die Familie des Bayram Kara wanderten in der zweiten Hälfte des 20. Jahrhunderts viele Millionen Menschen vom Dorf in die Stadt. Lebten 1950 noch gut 80 Prozent der Bevölkerung auf dem Land, so sind es heute noch etwa 30 Prozent. Die kargen Lebensverhältnisse auf dem Land waren nicht der einzige Grund, denn auch als diese sich im Zuge der Elektrifizierung der Dörfer, der Erschließung von Wasserreserven und des Anschlusses ans Verkehrsnetz verbesserten, wanderten die Menschen weiterhin ab. Mit dem Einsatz von Maschinen fielen auf großen Gütern Arbeitsplätze weg; in den durch traditionelle Erbteilung entstandenen Kleinbetrieben rentierten sich Traktoren, Düngemittel und künstliche Bewässerung nicht. Viele Kleinbauern verkauften deshalb ihren Boden und zogen in die Städte, vorwiegend in die Wachstumsregionen am Mittelmeer und in die Großstädte Istanbul, Ankara und

Izmir. Man unterscheidet drei Wanderbewegungen: vom Land in die Stadt, von Osten nach Westen und von der Türkei ins Ausland. Die Migration hat vorwiegend wirtschaftliche, zu einem kleineren Teil auch politische Gründe.

Geburtenkontrolle, die aufgrund staatlicher Propaganda sich auf dem Land durchzusetzen beginnt und die neuerdings achtjährige Schulpflicht werden weitere Veränderungen nach sich ziehen.

Derwische, Narren, Sänger

Man kann Anatolien auch unter einem ganz anderen Aspekt bereisen, nämlich auf den Spuren der Mystiker, der weisen Narren oder der Verliebten, die seit dem Mittelalter bis heute von ihrer göttlichen oder irdischen Liebe oder von der Empörung über die politischen und sozialen Zustände zu lyrischen, didaktischen oder satirischen Texten inspiriert worden sind. Beginnen wir in Konya, der auf die Hethiter zurückgehenden Metropole Kleinasiens, in römischer Zeit Ikonium, welches unter anderem der Apostel Paulus bei seinen Missionsreisen besucht hat.

Nach dem Sieg der Seldschuken über die Byzantiner bei Malazgırt (1071) war Konya eine Zeit lang die Hauptstadt des seldschukischen Reiches, das unter Sultan Alaeddin Keykubat (1219-1236) seine Blüte kurz vor dem Einfall der Mongolen erlebte. Der kunstsinnige Herrscher baute Moscheen und Paläste und schenkte dem Mevlana-Orden die Klosteranlage. Die meisten Besucher kommen heute, um die Grabstätte des am 17. Dezember 1273 verstorbenen Celaleddin Rumi zu besuchen, des Begründers des Derwisch-Ordens der Mevleviyye. Atatürk hat zwar die religiösen Orden verboten, doch das Kloster überdauerte als

Museum, und seit Jahrzehnten schon findet hier immer im Dezember das Konya-Festival mit Vorträgen und Symposien zur Philosophie und Dichtung des »Meisters« und vor allem mit den berühmten Derwisch-Tänzen statt. Diese kann man auch zu anderen Zeiten und an anderen Orten erleben, z. B. in Istanbul, doch in Konya steht nun mal die Türbe, also das Grabmal, von weitem zu erkennen an der türkisfarbenen Kuppel. Mevlana, »der Meister«, hatte seinen Todestag als »Hochzeitstag«, als Tag der Vermählung der Seele mit Gott, vorhergesagt und ersehnt.

Celaleddin Rumi war 1207 in Balkh in Afghanistan geboren worden und als Kind zusammen mit seiner Familie (sein Vater war Theologe) vor den Mongolen nach Anatolien geflohen. Nach dem Tod seines Vaters und nach jahrelangem Studium der mystischen Theologie fing er in Konya zu lehren an. Der Wanderprediger Şemseddin aus Täbris beeindruckte ihn sehr; die geistig-erotische Beziehung der beiden Männer war für die Umwelt unbegreiflich; Şemseddin wurde schließlich von den Anhängern Rumis getötet. Der *Diwan des Schems*, eine Lyriksammlung, die Celaleddin im Namen des Freundes veröffentlicht, enthält über 35 000 Verse mystischer Liebe.

Das bekannte Hauptwerk des Mevlana jedoch ist das Lehrgedicht *Mesnevi* (Schreibung auch *Mathnawi*, bezeichnet die literarische Gattung des mystischen Epos) mit über 26 000 Doppelversen, eine Enzyklopädie der Mystik in Form von Parabeln, Anekdoten, Geschichten und Sinnsprüchen. Es ist viele Male kommentiert worden und wird auch der »persische Koran« genannt. Zentrale Lehre ist die mystische Vereinigung mit der allumfassenden Liebe Gottes und der Weltseele. So ist ja auch der Tanz der Derwische eine Meditationsform, die den Lauf der Gestirne imitiert. Der sich drehende Tänzer weist mit einer Hand zum Himmel und mit der anderen zur Erde. Auf diese Weise die beiden Sphären verbindend, bringt er die göttliche Liebe zu den Menschen. Interessanterweise haben Vertreter dieser mystischen Richtung genauso wie die Konkurrenz aus dem Bektaşi-Orden (s. u.) bis zum Ende des Osmanischen Reiches versucht, jeweils Einfluß auf den Sultan und die Politik zu nehmen. Die Mevlevi-Scheichs etwa hatten das Privileg, den Sultan bei der Thronbesteigung durch die Übergabe des Schwertes des Kalifen Osman zu legitimieren.

Uns interessiert hier Celaleddin Rumi als Dichter. Seine Werke sind in persischer Sprache geschrieben, neben Arabisch damals die Sprache der Wissenschaft und der Poesie. Leider kann auch die gelungenste Übersetzung (hier von Annemarie Schimmel) nicht die Feinheiten der Sprache, den Reichtum der Bilder, die Anspielungen und Nebenbedeutungen vermitteln:

»ICH SAH den Freund, er schritt ums Haus im Kreise,
Auf seiner Laute schlug er eine Weise.
Mit feuergleichem Schlag ein süßes Lied
Spielt' er, vom Wein der Nacht berauscht, durchglüht.
Er rief mit seinem Lied den Schenken fein.
Der Schenk war Vorwand ihm: er wollte Wein.
Der holde Schenke trug auf seine Bitte
Den Weinkrug aus dem Winkel in die Mitte.
Er füllt' das erste Glas mit Wein, der glühte.
Sahst je du, daß ins Wasser Feuer sprühte?
Der Freunde wegen reicht' von Hand zu Hand
Den Wein er, kniete, küßt' des Freunds Gewand.
Der nahm das Glas und trank des Weines Licht:
Die Flammen liefen über sein Gesicht.
Er sprach, als seinen eignen Glanz er sah:

Mir gleich wird keiner sein, noch war je da!
Ich Weltensonn', der Liebenden Geliebter:
Vor mir ist unruhvoll das Herz Verliebter!«

Seit Goethes West-östlichem Divan wissen wir, daß der
»Wein« symbolisch zu nehmen ist und den Rausch der
Liebe oder der Inspiration meint. Jedoch für islamische Zuhörer ist das Spiel mit diesem Bild provokant. Ob die Ver-
ehrung, die der Mevlana bis heute in der Türkei genießt,
auch damit zu tun hat, daß er Tabus berührt? In allen Religionen sind Mystiker der Orthodoxie suspekt, während
das Volk sie liebt. Dennoch ist das dichterische Werk Celaleddin Rumis in der Türkei keineswegs so populär geworden wie das des etwas jüngeren Derwischs Yunus
Emre.

Dieser soll nahe Sivrihisar geboren und in einem Dorf
bei Eskişehir, das heute seinen Namen trägt, gestorben
sein. Jedenfalls wurde für seine Gebeine in Yunusemre eine
neue Türbe errichtet, nachdem zuvor etwa zehn Dörfer
darum gewetteifert hatten. Nun ist jedoch Yunus Emre
die meiste Zeit seines Lebens gewandert, so daß seine Ver-
ehrer sich überall in Anatolien auf seinen Spuren bewegen können. Über sein Leben ist wenig bekannt. Er wurde
wohl Mitte des 13. Jahrhunderts als Bauernsohn geboren,
trat in einen Orden ein und wurde von seinem Scheich Tap-
tuk Emre auf eine vierzigjährige Wanderschaft geschickt.
Das ist nicht wörtlich zu verstehen: In der Mystik heißt
es, daß vierzig Stufen den Menschen von Gott trennen.
Nachdem er die Erleuchtung erreicht hatte, starb er, wahrscheinlich 1321. Daß er nicht lesen und schreiben konnte,
wie die Volksüberlieferung sagt, ist nicht glaubwürdig,
denn zum einen hat er ein didaktisches Werk, *Das Buch
der Ratschläge* (1307/08), verfaßt und zum anderen in sei-

»Fehlt dir der Fuß zur Reise, so wähle den Weg in dich selbst«, sagte Celaleddin Rumi, genannt Mevlana (gest. 1273). Grabstätte des Dichters und Mystikers in Konya

nen Gedichten Sprach- und Versformen verwendet, wie sie in der damals gängigen persischen und arabischen Literatur vorkommen. Auch der Inhalt der Gedichte zeigt, daß er das weltliche und religiöse Wissen seiner Zeit beherrscht, doch dichtet er so, wie die Menschen damals außerhalb der Bildungsschicht der Städte sprachen, nämlich türkisch.

Das ist das Besondere, denn das Türkische galt nicht als Literatursprache. Die seit dem 11. Jahrhundert aus dem Kaukasus und aus Zentralasien eingewanderten turkmenischen Stämme waren Halbnomaden, Bauern und Handwerker. Der Mystiker, der sich nach Gottes Liebe verzehrt, spricht gleichzeitig dem Volk aus der Seele, indem er Toleranz, Brüderlichkeit und Herzensfrömmigkeit predigt, und das in einem schlichten, ungekünstelten Ton. Aus seinen Gedichten spricht auch eine große Naturverbundenheit. Er preist Gott mit allen Geschöpfen, wie folgender Gedichtanfang zeigt:

>>Mit Bergen und mit Steinen auch
Will ich dich rufen, Herr, o Herr!
Mit Vögeln früh im Morgenhauch
Will ich dich rufen Herr, o Herr!<<

Die Toleranz des Mystikers anderen Religionen gegenüber wird immer wieder deutlich, so auch in der Strophe desselben Gedichts:

>>Mit Jesus hoch im Himmelsland
Mit Moses an des Berges Rand,
Mit diesem Stab in meiner Hand
Will ich dich rufen Herr, o Herr!<<

Berühmt ist das Gedicht vom Schöpfrad, gemeint ist ein Wasserrad, das sich ächzend dreht und damit zum Sinnbild der sich mühenden und von Gott getrennten Kreatur wird. Die zweisprachige Gedichtsammlung, die der junge, seit seiner Kindheit in Deutschland lebende türkische Autor Zafer Şenocak (geb. 1961 in Ankara) herausgegeben hat, trägt denn auch den Titel *Das Kummerrad/Dertli Dolap*. Dennoch möchte ich hier nicht seine Übersetzung, sondern die von Annemarie Schimmel zitieren, denn Reim und Rhythmus des Originals werden bei ihr deutlicher.

> »Ach Schöpfrad, warum klagest du?
>   Ich leide, darum klage ich.
> Denn sieh, ich liebe meinen Herrn,
>   Und eben darum klage ich.

> Mein Name ist das Schmerzensrad,
> Mein Wasser fließt so glatt, so glatt,
> Wie es der Herr befohlen hat –
>   Und eben darum klage ich.

> Sie fanden mich auf Bergeswächt,
> Sie brachen Arm und Bein mir schlecht,
> Zum Schöpfrad schien ich ihnen recht,
>   Und eben darum klage ich.«

Die Dramatikerin Nezihe Araz (geb. 1922 in Konya) hat den »Weg« des Yunus Emre zu einem Schauspiel, ebenfalls mit dem Titel *Dertli Dolap* (1961), verarbeitet; berühmter noch wurde das Yunus-Emre-Oratorium des Komponisten Adnan Saygun aus dem Jahr 1946.

Yunus Emre gilt als der Urvater aller *aşık* (wörtlich »der Verliebte«), wie die wandernden Sänger in Anatolien heißen. Seine Verse sind noch heute lebendig und wurden häufig vertont: »*Dosta gidelim gönül*«, wörtlich: »Laß uns zum Freund gehen, Herz!«, gehört wohl zu den bekanntesten.

In der Übersetzung von Zafer Şenocak lautet der Gedichtanfang:

»Komm Herz halt mich nicht auf laß uns zum Freund
                                 gehen
Sterben wir nicht in Trennung laß uns zum Freund gehen
Komm laß uns jetzt gehen bevor das Leben still steht
Bevor der Feind uns trennt laß uns zum Freund gehen.«

Daß hier eine Herzensfreundschaft zu einem Menschen mit hineinspielen könnte, auch wenn die tiefere Bedeutung eine mystische ist, läßt sich nicht ausschließen, ebenso wie das folgende Gedicht die Liebe zu einer Frau, zu den Dingen, zu einem »Freund« und zu Gott meinen kann. Die schönste Übersetzung ins Deutsche, die ich kenne, stammt von Aleksej Moir, auch wenn sie die Reime des Originals nicht nachbildet.

»*Die Farben der Liebe*

Ich wandere und brenne ständig
Die Liebe hat mich blutig gefärbt
Ich bin nicht gescheit nicht besessen
Komm und sieh, was die Liebe aus mir gemacht

Manchmal wehe ich wie der Wind
Oder ich schleppe mich hin wie der Weg
Manchmal fließe ich wie der Bach
Komm und sieh, was die Liebe aus mir gemacht

Ich wandere von Land zu Land
Ich frage die Weisen von Zunge zu Zunge
Wer kennt in der Fremde mein Sehnen
Komm und sieh, was die Liebe aus mir gemacht

Ich bin Yunus erbärmlich und arm
Von Kopf bis Fuß bin ich eine Wunde
Ich streune umher fern von Freundeshand
Komm und sieh, was die Liebe aus mir gemacht.«

Ob Yunus Emre den in Konya lehrenden Celaeddin Rumi gekannt hat, ist fraglich. Seine Beziehung zum Bektaşi-Orden ist dagegen gesichert. Der Orden wurde von Hacı Bektaş Veli (gestorben 1337, begraben in Hacıbektaş bei Kırşehir) gegründet. Die Bektaşi verbreiteten die Lieder von Yunus Emre anfangs mündlich. Dabei wurden auch kreative Veränderungen und Ergänzungen vorgenommen, weshalb es heute nicht leicht festzustellen ist, welche der 360 Yunus Emre zugeschriebenen Gedichte authentisch sind.

Die Bektaşi-Derwische waren im Osmanischen Reich außerordentlich populär. Das beweisen auch die unzähligen Bektaşi-Witze, in denen die Derwische erst dumm dastehen und dann doch weiser oder zumindest schlauer sind als das anmaßende Gegenüber. Sie lebten mit den Armen und Entrechteten und unterstützten Volksaufstände. Das *Epos von Scheich Bedreddin* (1936) von Nazim Hikmet etwa besingt in freien Versen den heute noch im Volksgedächtnis lebenden Aufstand am Beginn des 15. Jahrhunderts.

Allerdings versuchten die Bektaşi auch Einfluß auf den jeweiligen Sultan zu nehmen, indem sie die Janitscharen religiös erzogen. Als sich die Janitscharen 1826 gegen eine Heeresreform Mahmuts II. wehrten, wurde dieser Aufstand

Der Tanz der Derwische ist eine Meditationsform, die den Lauf der Gestirne imitiert.

von den neuen Truppen blutig niedergeschlagen. Das Janitscharenkorps wurde aufgehoben, und die Bektaşi verloren ihre Konvente.

Gleichfalls auf den legendären Meister Hacı Bektaş beruft sich die Glaubensgemeinschaft der Aleviten (in der heutigen Türkei zwischen 20 und 30 Prozent der Bevölkerung). Ihre unkonventionellen Lehren verlangen keine formale Einhaltung der islamischen Verpflichtungen wie etwa Fasten, Wallfahrt, Moscheebesuch, vielmehr Herzensreinheit und Brüderlichkeit. Die Alevi erkennen so wie die Schiiten Ali, den Schwiegersohn des Propheten, als ihren rechtmäßigen Kalifen an. Die Gemeinden werden von einem *dede* (wörtlich Großvater) geleitet. Während der *cem* genannten Versammlungen bekennen Brüder und Schwestern (die Frauen sind gleichberechtigt und verschleiern sich nicht) sich gegenseitig die Sünden und bitten einander um Verzeihung. Gesang zur *saz* und Tanz gehören ebenso zu diesen Gottesdiensten, wie gemeinsames Essen und Trinken, auch von Alkohol. In diesem Umfeld hat sich die Dichtung der wandernden Sänger, der *aşık*, entwickelt. Der Turkologe Aleksej Moir schreibt:

»Seit Jahrhunderten zieht der *aşık* (...) durch die Dörfer und kleinen Städte Anatoliens und trägt die eigenen Texte vor. Er begleitet seinen Gesang auf einer meist dreisaitigen Langhalslaute, der *saz*. Die anatolischen Troubadoure kommen aus allen sozialen Schichten. (...) Während der gesamten Dauer des Osmanischen Reiches führte die *aşık*-Dichtung neben der eigentlichen Volksliteratur und der höfischen Divan-Dichtung ein Eigenleben.«

Bis heute hat sich die Tradition der *aşık* erhalten, davon zeugen Namen wie Aşık (!) Veysel, Arif Sağ, Yavuz Top, Rahmi Saltuk usw. Abweichend von der Namensbedeutung beschränkt sich der *aşık* nicht auf Liebeslieder, sondern er kann in seinen Versen auch politische Ereignisse kommentieren und Sozialkritik üben. Erzählende Versdichtung (*destan*) sowie Spottgedichte (*taşlama*) gehören nach Moir ebenso zum Repertoire der *aşık* -Dichtung.

Jedem Kind bekannt ist der schelmische Weise Nasreddin Hoca, der angeblich 1208 nahe Sivrihisar in einem Dorf, das heute seinen Namen trägt, geboren wurde und in Akşehir gelebt hat und begraben ist. Seine Ausbildung erhielt er in der damaligen Seldschuken-Hauptstadt Konya, danach lehrte er bis zu seinem Tod 1285 an einer Koranschule in Akşehir. Er soll sogar dem Mongolenherrscher Timur Lenk entgegengetreten sein, dem seine paradoxen Antworten und Rätselfragen so gefielen, daß er die Heimatstadt Nasreddins verschonte. Die Mongolen hatten 1243 die Seldschuken östlich von Sivas geschlagen, seitdem waren die besiegten Seldschukenherrscher Vasallen der mongolischen Ilchane. In einer Zeit politischer Instabilität stellte die Figur des gewitzten Hoca für das Volk womöglich ein Symbol des klugen Widerstands bzw. Überlebenswillens dar.

Etwa 300 der umlaufenden Anekdoten werden dem Hoca zugeschrieben; ungefähr ebenso viele Nasreddin-Erzählungen stammen aus anderen Quellen beispielsweise aus dem Balkan und aus Rußland, aus Süditalien, Nordafrika und Vorderasien. Typische Attribute des Weisen sind sein Esel und eine Ehefrau, die entweder ähnlich gewitzt oder fürchterlich dumm ist und mal widerspenstig reagiert, mal mit dem Hoca an einem Strang zieht. Die Vorfälle sind aus dem alltäglichen Leben genommen, häufig auch aus der Gerichtspraxis, wo es dann um die wahre Gerechtigkeit anstelle der formalen geht. In diesen Fällen versieht der Hoca, der eigentlich zum Prediger oder Koranlehrer ausgebildet ist, das Richteramt und stellt die bestallten Richter bloß. Nasreddin nimmt für die Armen und Schwachen Partei, wie in dem Beispiel, wo ein armer Mann ein Stück Brot erbettelt hat, sich aber die Zuspeise nicht leisten kann und deshalb das Brot über einen Fleischkessel hält, damit der ausströmende köstliche Dampf es beduftet. Als der Koch dafür Bezahlung verlangt, verweigert sich der Arme natürlich diesem Ansinnen, denn er hat vom Fleisch nichts gegessen. Die beiden bringen den Fall vor den Hoca. Der hört sich die Argumente schweigend an, dann »holte er zwei Silbergroschen aus der Tasche und winkte den Koch zu sich heran.

›Tritt näher und spitz die Ohren!‹ sagte er und ließ die beiden Geldstücke klimpern. ›Nimm den Klang des Geldes und scher dich fort!‹«

Als der Koch protestiert, antwortet ihm der Hoca:

»Doch! Mit diesem Urteil wird der Gerechtigkeit Genüge getan. Wer den Duft des Essens verkauft, hat lediglich Anspruch auf das Klimpern des Geldes.«

Wer den Duft des Essens verkauft ist denn auch der Titel einer von Herbert Melzig übersetzten Sammlung von Schwänken und Anekdoten des »türkischen Eulenspiegel«. Melzig weist in seinem Vorwort darauf hin, daß die erste deutsche Ausgabe von 1855 in Österreich eine Zeitlang auf dem Index der verbotenen Bücher stand, weil viele Geschichten die Grenzen des Anstandes überschritten. Vielleicht gehört folgender Text dazu:

»Unser Hodscha wurde gefragt, ob ein hundertjähriger Mann noch mit Kindersegen rechnen könne.

›Wenn er kräftige junge Männer zwischen zwanzig und dreißig zu Nachbarn hat, ist das durchaus möglich‹, entgegnete der Hodscha.«

Die Türken lieben Spott und Satire, was nicht nur die Vielfalt satirischer Zeitschriften belegt, sondern sich gleichermaßen in den hohen Auflagen von Autoren wie Muzaffer Izgü, Rıfat Ilgaz und Aziz Nesin zeigt, welch letzteren man auch den Nasreddin Hoca der Gegenwart nennt. Doch während man über den historischen Hoca heute schmunzelt, weil der Zeitbezug seiner Satire verblaßt ist und sie niemandem mehr wehtut, forderte Aziz Nesin (1915-1995) im 20. Jahrhundert die Autoritäten derart heraus, daß er immer wieder angeklagt und inhaftiert wurde und seine Bücher zeitweilig verboten waren. Dies hielt ihn nicht davon ab, weiterhin für die Presse- und Meinungsfreiheit zu kämpfen, u. a. dadurch, daß er Passagen aus den *Satanischen Versen* von Salman Rushdie ins Türkische übersetzte und veröffentlichte.

Dies wurde als Provokation verstanden und forderte den Zorn der Muslime heraus. Als Aziz Nesin an einem Kongress liberaler Schriftsteller und Publizisten im Juli 1993 in Sivas teilnahm, marschierten die aufgebrachten Gläubigen nach dem Freitagsgebet, den Koran rezitierend, zu seinem Hotel. Dort zündeten sie einige geparkte Autos und die Hotelhalle an. In dem Brand kamen 36 Menschen ums Leben, an einigen Leichen wurden später Schußwunden entdeckt. Aziz Nesin konnte sich gerade noch retten. Die Zeitungen brachten wochenlang Berichte und Analysen. In der Öffentlichkeit war der Autor auch als tätiger Menschenfreund populär, denn mit dem Erlös aus seinen Büchern unterhielt er, der selbst in ärmlichen Verhältnissen aufgewachsen war, eine Stiftung für Waisenkinder. Bei seinem Tod 1995 trauerten um ihn viele, selbst die, die nie etwas von ihm gelesen hatten.

Damit Sivas als literarischer Ort nicht rein negativ wahrgenommen wird, sei daran erinnert, daß der schon erwähnte sehr volkstümliche blinde Sänger Aşık Veysel (gest. 1973) in dieser Gegend zu Hause war, ebenso wie sich das Andenken an den Sufi Pir Sultan Abdal erhalten hat. Seine

Lieder werden heute noch gesungen, wobei vielleicht vergessen wird, daß dieser Bektaşi-Mönch einst als Verräter (er unterhielt Beziehungen zum schiitischen Safawidenreich, dem Erzfeind der osmanischen Türken) galt und 1560 hingerichtet wurde. Pir Sultan Abdal dichtete schlicht und zu Herzen gehend, wie in dem Dialog mit der gelben Blume. Das Motiv kehrt in ähnlicher Form auch in anderen anatolischen Liedern bis heute wieder.

>»Ich fragt' die gelbe Blume:
>Wo bleibst du über Winter?
>Sie sagte: Derwisch Baba,
>Will untern Staub mich legen.
>
>Ich fragt' die gelbe Blume:
>Was ißt du denn dort unten?
>Sie sagte: Derwisch Baba,
>Des mächt'gen Gottes Segen.
>
>(...)
>
>Ich fragt' die gelbe Blume:
>Warum ist krumm dein Nacken?
>Sie sagte: Derwisch Baba,
>Ich wandle Gott entgegen ...«

Annemarie Schimmel imitiert in ihrer Übersetzung die volksliedhafte Form des Gedichts. Die symbolische gelbe Blume, die demütig und auf Gott vertrauend die schweren Zeiten übersteht, wurde und wird von den unterdrückten einfachen Menschen sehr wohl verstanden.

Was den Besucher nach Sivas führt, wird kaum die Literatur sein, sondern die unvergleichlich schönen Bauwerke aus der Seldschukenzeit, wie Gök Medrese und Çifte Minare Medresesi, die vor allem durch ihre funktionale bauliche Gliederung und die Fassadengestaltung berühmt sind – Inschriften, Schmuckbänder, Rosetten aus Stein, jedoch keine figürlichen Darstellungen wie in der europäischen Gotik. Medrese bedeutet Hochschule oder Lehrstuhl. Hier wurden neben Buch-Wissen, also der Auslegung des Korans, auch Naturwissenschaften, Medizin, Mathematik gelehrt. Auf die Bedeutung von Sivas als Zentrum der Gelehrsamkeit im 13. Jahrhundert kann hier nicht eingegangen werden.

Im September 1919 berief Atatürk in Sivas den Nationalkongress ein. Diese für die Geschichte der Türkischen Republik bedeutungsvollen Tage, in denen Mustafa Kemal der unter alliierter Kontrolle stehenden alten Regierung in Istanbul den Gehorsam aufkündigte und sich anschickte, zusammen mit anderen Idealisten über die Grundlagen für einen neuen Staat zu diskutieren, sind öfter in zumeist türkischen Romanen geschildert, in Gedichten besungen und in Filmen nachgespielt worden. Doch dies ist ein anderes Thema. Deutsche Leser könnten sich darüber in den mehrfach erwähnten Romanen *Traum aus Stein und Federn* von Louis de Bernières und *Sieger nach Punkten* von Thorsten Becker informieren.

Migrationsliteratur

In Deutschland kennt man seit Jahrzehnten die sogenannte Gastarbeiterliteratur, die unter anderem die Erlebnisse und Befindlichkeiten der Exilanten und ihrer Nachkommen zum Thema hat. Inzwischen ist die »Literatur von Autoren mit Migrationshintergrund« Teil der deutschen Literatur geworden. Diese Romane, Erzählungen, Gedichte und Theaterstücke müssen wir aus unserer Untersuchung ausklammern, sofern sie schwerpunktmäßig in Deutschland verortet sind. Unser Thema sind literarisch gestaltete Migrantenschicksale, die – wenigstens überwiegend – in der Türkei spielen. Die Heimat der Auswanderer kann weit im Osten liegen, zum Beispiel in Kars oder Malatya, oder westlicher – in Sivrihisar, Bursa oder Istanbul. Eine regionale Unterteilung ist in diesem Fall wenig sinnvoll.

Welche anatolische Stadt in dem Roman *Die Tochter des Schmieds* (2005) von Selim Özdoğan gemeint ist, muß man freilich erraten. Wo hat die Hauptfigur Gül gelebt, bis sie ihrem Mann als Gastarbeiterin nach Deutschland folgt? Die Stadt könnte vielleicht Niğde sein, denn in den Sommermonaten, so heißt es, kommen die reichen Leute aus Adana herauf, um der Hitze zu entfliehen. Auch das geniale – seit der Antike erprobte – Bewässerungssystem ist typisch für die Gegend:

»Vom Frühling bis zum Spätsommer kommt mehrere Male das große Wasser, wie man sagt, und nie ist es Gül eingefallen, zu fragen, woher es denn genau kommt. Es wird aus Quellen der Hochebene zu den Gärten bei den Sommerhäusern geleitet. Man bewässert die Apfelbäume, das Gemüse, die Beete, man läßt die Erde satt werden und leitet dann das Wasser durch Gräben weiter in den nächsten

Garten. Oder man leitet es durch ein Loch in der Mauer, das eigens dafür ausgespart wurde, über die Straße zu den gegenüberliegenden Gärten.«

Gül, die schwerkrank in einem deutschen Krankenhaus liegt, erzählt dem Verfasser des Romans, einem jungen deutsch schreibenden Türken, ihre Erinnerungen. Der Roman setzt nach dem Zweiten Weltkrieg ein, als der Schmied Timur die schöne Fatma heiratet. Nach der Geburt von drei Töchtern, die Älteste ist Gül, stirbt Fatma an Typhus und der Schmied verheiratet sich wieder. Die Stiefmutter Arzu ist nicht böse, bloß nicht zärtlich; sie lobt nie und lässt das Kind Gül hart arbeiten. Gül wird mehrmals zu Unrecht beschuldigt, kann sich aber nicht verteidigen und nichts aufklären, doch eines Tages rächt sie sich. Es werden Stiefgeschwister geboren, und auch für sie ist Gül verantwortlich wie für die eigenen Schwestern. Einmal sagt eine Lehrerin zu ihr: »Das Mädchen, dessen Mutter stirbt, hält sich für eine Mutter, sagt man. Weißt du das?«

Gül nimmt die Verantwortung für die Geschwister so ernst, daß sie darüber die Schule vernachlässigt. Sie liest aber manchmal Zeitungen und Bücher und holt später im Fernstudium den Schulabschluß nach. Ihre Schwestern Melike und Sibel dürfen aufs Internat und werden Lehrerinnen. Sie gestalten ihr Leben selbst, während Gül fast nie wählen darf. Sie lernt schneidern bei einer jungen Frau, die ein uneheliches Kind hat, in damaliger Zeit eine Seltenheit. Schneiderin wird Güls Beruf, später arbeitet sie in Deutschland in einer Textilfabrik im Akkord.

Sie heiratet nicht den in sie verliebten Recep, sondern den Friseur Fuat – eine von den Familien arrangierte Ehe. Nun wird sie zur Magd ihrer Schwiegermutter. Fuat muß noch seinen Militärdienst leisten. Er läßt seine Frau schwanger zurück; sie bekommt insgesamt zwei Töchter. Durch

Nähen verdient Gül dazu, aber die großen Pläne Fuats von einem Haus und einem schönen Friseursalon erfüllen sich nicht. Er trinkt und spielt. Und als die ersten Gastarbeiter nach Deutschland gehen, sieht auch Fuat seine Chance. Später holt er Gül und die Töchter nach. Sie bleiben in Deutschland, selbst als sie das Ziel, in der Türkei ein eigenes Haus nach europäischem Standard zu besitzen, erreicht haben:

»... und wenn er schließlich ein eigenes Haus hat bauen lassen, eins mit europäischen Toiletten, mit Wannenbad und Heizung, mitten in der Stadt, in der er aufgewachsen ist, werden sie fast vergessen haben, daß sie zurückkehren wollten in die Türkei. (...) Sie werden ihre Rückkehr immer wieder so lange in eine unbestimmte Zukunft verschoben haben, bis sie selbst nicht mehr daran glauben, bis sie sich schließlich eingestehen, daß sie wahrscheinlich für immer in Deutschland bleiben werden, bei ihren Kindern und Enkeln.«

Schließlich endet das Leben des »Mütterchens« Gül, das selbstlose Leben einer »Gastarbeiterin«, deren Erinnerungen für die in Deutschland aufgewachsenen Kinder und Enkel fast märchenhaft klingen, in einem deutschen Krankenhaus. Der junge Autor, der die Erinnerungen dokumentarisch, ohne zu werten, festhält, ist wahrscheinlich nicht vor Ort gewesen. Anatolien ist für ihn ein fremdes Land. Angedeutet wird die geschichtliche Entwicklung (Hinrichtung von Adnan Menderes, Elektrifizierung, Ermordung Kennedys, Kino und Radio, Gastarbeiterwelle), in deren Verlauf sich auch für Frauen die Möglichkeit eröffnet, ihr Leben selbst zu gestalten. Paradox ist, daß nicht Gül sich durch die Berührung mit dem Westen emanzipiert, sondern die im Land gebliebenen Schwestern sich dort »europäisieren«.

Seltsamerweise spielt in Özdoğans Roman die Religion fast keine Rolle. Viele Männer trinken regelmäßig, keiner scheint zum Gebet in die Moschee zu gehen, jedenfalls wird das nicht erwähnt. Die Sitten und Bräuche, die dem einzelnen wenig Spielraum lassen, werden kaum diskutiert, verlieren aber langsam an Kraft. Im allgemeinen bestimmen die Älteren über die Jüngeren, der Mann über die Frau. Viele Dinge sind tabu. Heiraten werden arrangiert, das Mädchen kann höchstens Nein dazu sagen. Stehlen und Lügen sind verpönt; um nicht zu lügen, muß man schweigen. Was die Erzählerin nicht reflektiert, hinterfragt auch der Autor nicht. Insofern bleibt es dem Leser überlassen, sich ein Urteil zu bilden.

Selim Özdoğan (geb. 1971 in Köln) schreibt in deutscher Sprache; er erhielt 1999 den Chamisso-Förderpreis. Seine Romane und Erzählungen spielen selten in der Türkei, vielmehr irgendwo in der Welt, wie die erotische Urlaubsgeschichte *Ein Spiel, das die Götter sich leisten* (2002). In *Die Tochter des Schmieds* bemüht sich Özdoğan um Verständnis für die Vorfahren und versucht, die eigenen Wurzeln zu erfassen.

Nicht nur die Auswanderung ist ein Romanthema, sondern auch die Rückkehr. In *Zarte Rose meiner Sehnsucht* (*Fikrimin Ince Gülü*, 1976) beschreibt Adalet Ağaoğlu so eine Heimreise. Nach jahrelanger einsamer Schufterei bei BMW in München will der Gastarbeiter Bayram triumphal in sein Heimatdorf einziehen, und zwar in seinem honigfarbenen Mercedes, den er sich buchstäblich vom Mund abgespart hat. Denn nachdem er als Waisenkind im Dorf wegen seines Traums von einem Auto gehänselt worden ist, hat er sich vorgenommen, mit dem Erwerb dieses Statussymbols, das ihn zum Mann macht und berechtigt, die Jugendfreundin Kezban zu heiraten, die Spötter zu beschämen.

Der Roman ist als Roadmovie angelegt. Vom Grenzübergang bei Edirne bis zu Bayrams Dorf nahe dem anatolischen Sivrihisar vergeht nur ein Tag, doch vor dem inneren Auge des immer erschöpfteren Fahrers läuft fragmentarisch sein ganzes bisheriges Leben ab, angefangen von der elenden Kindheit auf dem Dorf über die Lehrzeit in einer Autowerkstatt, bis hin zum Militärdienst an der Ostgrenze und zu den Gastarbeiterjahren in Deutschland. Der Leser erlebt eine kunstvolle Verknüpfung der Erinnerungen mit dem Ablauf der Fahrt, die anschaulich spannend geschildert wird. Langsam wird deutlich, daß der zielstrebige Träumer Bayram eigentlich ein egoistischer Feigling ist, der Freunde und Verwandte ausgenutzt und die Liebste hingehalten hat.

Der Protagonist wirkt einerseits lächerlich, andererseits tragisch, weil er sich trotz seines verbissenen Eifers immer weiter vom Ziel entfernt. Denn auf dem langen Weg nach Hause verliert auch sein geliebtes Auto immer mehr an Glanz. Zuerst wird der Stern auf der Kühlerhaube gestohlen, dann ein Rücklicht beschädigt, Kratzer und Schmutz verschandeln den einst makellosen Lack, der Schalldämpfer reißt ab, Steinschlag zerschmettert die Windschutzscheibe, und schließlich gibt nach einem Unfall noch der Recorder seinen Geist auf, der Bayrams Lieblingslied, den Schlager »Du, die zarte Rose meiner Sehnsucht / Heitere Nachtigall meines Herzens du« gespielt hat. Hat sich Bayram anfangs noch über jede kleine Schramme an seinem »Honigmädchen«, wie er den Wagen nennt, aufgeregt, so wird ihm die Zerstörung zunehmend gleichgültig.

»Plötzlich kam ihm der Mercedes, der da vor ihm stand, ganz fremd vor. Der Zauber seiner Reinheit, seiner Unberührtheit war zerstört; ihm schien der Mercedes nun wie eine untreue Geliebte, ein verlorener Schatz. Es war unmöglich, sich ihr wieder verbunden zu fühlen, die gleiche unbefleckte Liebe zu empfinden, die er empfunden hatte, jetzt mit den Beißspuren Fremder, den blauen Flecken, die andere auf ihrem honigfarbenen Körper hinterlassen hatten, den Kratzern und Rissen, die von anderen stammten.«

Dieser Bayram, der sein Auto allen menschlichen Beziehungen vorgezogen hat, verliert im Verlauf der Handlung beides: die Freude an seinem Gefährt und die Hoffnung, die frühere Geliebte doch noch für sich zu gewinnen. Und auch aus einem anderen Grund zerschlägt sich die triumphale Heimkehr: Aus Bayrams Dorf sind die meisten Bewohner weggezogen, statt dessen werden jetzt hier die griechisch-römischen Ruinen von Pessinus ausgegraben. Bayram hat keine Heimat mehr, ihm bleibt nur, ins ungeliebte Deutschland zurückzukehren.

»Er erschrak plötzlich vor der Fremdheit hier tausendmal mehr als vor der Angst, dort fremd zu sein. (...) Am Rande seines Dorfes war er allein und fremd. Er konnte sich keinen einzigen Menschen vorstellen, der freudig auf Bayram in seinem Mercedes blicken würde. In welche Richtung soll ich jetzt fahren?«

Zarte Rose meiner Sehnsucht ist einer der wenigen bisher auf deutsch erschienenen Texte der in der Türkei hoch geachteten und mit vielen Preisen ausgezeichneten Autorin Adalet Ağaoğlu (siehe S. 228 ff.).

Pessinus bei Sivrihisar war in alter Zeit ein Wallfahrtsort der phrygischen Göttin Kybele. Die Tempelanlage, von der noch Überreste erhalten sind, stammt jedoch aus der römischen Zeit und wurde 31. n. Chr. unter Kaiser Tiberius erbaut, der den Kybelekult aufwertete, um als Liebling der Göttin in der Provinz akzeptiert zu werden. Die gesamte Gegend südwestlich von Ankara, das phrygische Hochland, ist wegen der Altertümer interessant. Hier befinden sich u. a. Gordion mit dem Grab des Phrygerkönigs Midas und nahe Kütahya der Zeustempel von Aizanoi.

Aus Malatya stammt die Heldin des Romans *Leyla* (2005) von Feridun Zaimoğlu (geb. 1964 in Bolu). Als Kind nimmt sie ihren jähzornigen Vater, der die ganze Familie tyrannisiert, wie eine höhere Macht wahr. Aufkeimende Kritik an seiner geschäftlichen Unfähigkeit, seiner Trunksucht und dem blutschänderischen Verhältnis zur ältesten Tochter unterdrückt er brutal. Seine »Hausgesetze« entsprechen der patriarchalischen Tradition, die dem Mann die Macht über Leib und Leben seiner Familie einräumt, doch wird diese Allmacht von den heranwachsenden Söhnen immer weniger akzeptiert, und auch die Mutter und die Töchter emanzipieren sich mit der Zeit wenigstens in Gedanken. Als der Tyrann eine Zeit lang im Gefängnis sitzt, atmen alle auf.

Um seine schwindende Autorität zu untermauern, muß der Koran herhalten, den der ungebildete Schreihals freilich gar nicht lesen kann; vielmehr gibt er seine Machtphantasien als Allahs Wille aus. Hoffentlich erkennen die Leser die Ironie des Autors, der hier Koranzitate erfindet, die dem im Westen verbreiteten Angstbild des Islam als einer patriarchalischen und gewalttätigen Religion entsprechen:

»Hier steht es, schreit er, ihr seid meine Untergebenen. Der Schlüssel zum Paradies ist in meinen Händen, ihr Hundebrut! Nicht ich habe die Regeln aufgestellt, sondern der Erhabene, dessen Namen ihr nicht in den Mund nehmen dürft, so schmutzig seid ihr ... Der Prügel treibt die Gläubigen ins Paradies, hier steht es geschrieben, der Bolschewist ist ein Feind Gottes und lehrt daher lockere Sitten. Hier, an dieser Stelle lese ich: Ihr Frauen tut den Feinden Gottes einen großen Gefallen, wenn ihr eure Vorderseiten von fremden Männern aufreißen laßt. Der Vater ist der Herr des Weibes und der Kinder ... Der Vater ist euer Fürst. Der Vater ist euer Bollwerk gegen die Bolschewisten! Der Vater wartet im anderen Leben an der Paradiesespforte, und nur wenn er es zuläßt, werdet ihr hineingehen können. Das alles steht im Koran, ihr Dämonenbrut.«

Die erwähnten Bolschewisten waren in Leylas Kindheit die Nordkoreaner, denn die Türkei hatte sich als NATO-Partner am Koreakrieg beteiligt. Leyla hat Schulfreundinnen, die freier aufwachsen dürfen, etwa die Kurdin Manolya, die eines Tages ihre Klasse auf das elterliche Landgut am Euphrat einlädt. Leylas Vater erlaubt ihr die Teilnahme an diesem Ausflug erst nach massiver Intervention des Schuldirektors. Für die städtisch geprägten Mädchen ist der Ausflug das Erlebnis einer fremden Welt. In Wahrheit erweisen sich die »Wilden«, so werden sie tatsächlich genannt, als überaus gastfreundlich und besorgt, vor allem wegen der blassen Hautfarbe der Gäste, die auf sie »krank« wirkt. Solcherart thematisiert der Autor ironisch die abgrundtiefe Fremdheit, die zwischen Türken und Kurden herrscht. Als Vermittlerin versteht sich die selbstbewußte Manolya, die nicht vor hat, sich nach dem Ende der Schulzeit dem Los aller Frauen zu fügen. Vielmehr vertreibt sie einen stürmischen Liebhaber mit dem Gewehr. Höhepunkt des Ausflugs ist ein Bad im Euphrat.

»Manolya führt uns hangabwärts einen Schleichpfad herunter zum Fluß, und kaum daß wir ihn sehen, stürzen wir uns mit den Kleidern am Körper ins Wasser. Wir stoßen uns an großen Steinen ab, schwimmen hinaus und auf Manolyas Kommando wieder zurück. Im hüfthohen Wasser läßt sich besser stehen, wir halten uns an den Händen fest, schreien so laut wir können, ein Schwindel hat uns erfaßt. Ich habe Angst, daß mich die Strömung erfaßt, die kleinen Strudel in der Mitte des Flusses saugen Blätter und Zweige auf der Oberfläche herunter auf den Grund, ich werde allein vom Anblick der Wirbel schwindlig.«

Das Landgut des Kurdenfürsten wird von Leyla als paradiesischer Ort erlebt, wo es Früchte in Überfülle gibt und wo die Menschen, auch Frauen, selbstbestimmt leben können. Für Leyla dagegen ist eine Heirat die einzige Möglichkeit, der Allmacht des »Nährvaters« zu entkommen. Eines Tages lernt sie bei Verwandten einen jungen Mann kennen, der um sie anhält. Freilich stellt sich heraus, daß der Bewerber, obwohl in Istanbul lebend, materiell ebenso bescheiden dran ist wie die Braut. Die Heirat und die Geburt eines Sohnes bringen Leyla kein Glück. Ihr Mann geht aus wirtschaftlichen Gründen nach Deutschland und betrügt sie dort mit deutschen Frauen. Der Roman endet damit, daß Leyla mit dem Kind ebenfalls nach Deutschland auswandert, begleitet von ihrer Mutter, die nach dem Tod des Patriarchen endlich frei ist.

Der Roman erzählt – ebenso wie *Die Tochter des Schmieds* – von den anatolischen Wurzeln der ersten türkischen Gastarbeitergeneration, die am Ende der sechziger Jahre nach Deutschland kam und deren Kinder in Deutschland eine eigene Subkultur geschaffen haben. Dies thematisiert Feridun Zaimoğlu auch in seinen frühen Büchern, etwa *Abschaum*, *Kanak Sprach*, *German Amok*. *Leyla* spielt zwar zur Hälfte in Anatolien (und in der zweiten Hälfte in Istanbul), doch eindeutig richtet sich dieses in deutscher Sprache verfaßte Werk an deutsche Leser. Für Türken wären viele Themen, etwa Beschneidung der Jungen, Frauenbadetag im Hamam, die Totenwaschung nach islamischem Ritus, der Aufklärungsunterricht in der Schule oder die Mandeloperation in einem primitiven Krankenhaus, völlig uninteressant. Die Erzählung ist handlungsstark, voller spannender Situationen, die ihre Würze zu einem Großteil aus dem bizarr Orientalischen beziehen, das es so in der heutigen Türkei kaum noch gibt.

Für den Autor, der seit seiner Kindheit in Deutschland lebt, war es die Entdeckung einer ihm fernen Welt. Er habe monatelang gebraucht, um in *Leyla* den Ton zu treffen, bekannte er in einem Interview mit dem Bayerischen Rundfunk (Bay. 2, am 23. 5. 06). Die Sprache ist kraftvoll, bildhaft und voll kreativer Wortschöpfungen, sie klingt manchmal märchenhaft metaphorisch, meist jedoch realistisch genau. Sie spiegelt den Bewußtseinszustand der Protagonistin, ihre zunehmende Klarheit im Erfassen der Lage.

Zaimoğlu wurde mehrfach ausgezeichnet, hat den Hebbel-Preis (2002), den Preis der Jury beim Bachmann-Wettbewerb (2003), den Chamisso-Preis (2004) und den Hugo-Ball-Preis (2005) erhalten. 2005 war Zaimoğlu auch Stipendiat der Villa Massimo in Rom. 2007 erhielt er in München den Carl-Amery-Preis. Zaimoğlu ist vielleicht der bekannteste und berühmteste unter den türkischstämmigen Autoren deutscher Sprache. Unwillig wird er, wenn man ihn als Vermittler zwischen zwei Kulturen anspricht, denn er selbst versteht sich als deutscher Autor und für ihn gibt es nur eine Kultur.

Bald nach Erscheinen des Romans *Leyla* sorgte ein in den Medien kolportierter Plagiatsvorwurf für Aufregung, die sich erst legte, als die ebenfalls in Deutschland lebende türkische Autorin Emine Sevgi Özdamar erklärte, sie selbst habe niemals behauptet, der junge Kollege habe ihr Buch *Das Leben ist eine Karawanserei hat zwei Türen aus einer kam ich rein aus der anderen ging ich raus* (1992) ausgebeutet oder abgeschrieben. Eine Literaturwissenschaftlerin hatte beim Vergleich der beiden Romane inhaltliche und stilistische Übereinstimmungen festgestellt und damit die Diskussion losgetreten.

Tatsächlich gibt es nur wenige Übereinstimmungen. Wie Leyla ist auch die Ich-Erzählerin des autobiografischen Romans von Emine Sevgi Özdamar in Malatya geboren, die Handlung spielt somit im selben Kulturkreis und etwa zur selben Zeit, nämlich zwischen den fünfziger und siebziger Jahren. Das Mädchen in Özdamars Roman ist wie die Autorin selbst Kurdin. Schon viel früher als Leyla verläßt sie mit ihrer Familie die Heimat, doch bis sie schließlich allein nach Deutschland aufbricht, vergehen noch Jahre an verschiedenen Orten in der Türkei. Der Vater, ein Bauunternehmer, ist geschäftlich wenig erfolgreich, aber im Gegensatz zu Leylas Vater ein liebenswerter Charmeur, der den amerikanischen Filmhelden Erol Flynn nachahmt. Die Mutter schminkt sich, läßt sich Locken drehen und tanzt zu Schallplatten von Frank Sinatra und anderen. Tatsächlich könnte es keinen größeren Gegensatz geben zu dem, was Leyla in ihrem Elternhaus erlebt.

Der Roman von Emine Sevgi Özdamar erschließt sich indes besser, wenn man nicht auf *Leyla* schielt. Die spezielle Stärke der 1946 in Malatya geborenen Autorin ist die bildhafte »urtümliche« Sprache. Sie setzt bewußt auf die verfremdende Wirkung eines unkorrekten Gastarbeiterdeutschs, und viele seltsame Fügungen erklären sich aus der direkten wörtlichen Übersetzung türkischer Wendungen. So heißt der Regenbogen »Himmelsgürtel«, Erdölvorkommen werden zu »Petrolbetten«, das Wohnzimmer heißt »Lebensraum« und das Elternhaus wird »Vater-Mutter-Haus« genannt. Rätselhafter mutet den deutschen Leser die wörtliche Wiedergabe von Redewendungen an. Wenn es von der Großmutter heißt, sie »ging auch zu den Straßen von Bursa, um ihre Würmer auszuschütteln«, wer soll da ahnen, daß sie sich einfach entspannen will? Und schilt die Mutter die Kinder, weil sie das Haus beim Toben un-

ordentlich und schmutzig gemacht haben, so heißt das:
»Kinder, ihr habt das Haus gefickt.« Einem Menschen, der
deprimiert ist, wird »die Seele eng«, und vor Weinen beißt
er in Steine und Erde. Und das Mädchen, das zu viel redet,
tadelt der Vater mit den Worten: »Meine Tochter, du hast
meinen Kopf gebügelt, bügele nicht meinen Kopf.«

Als Leser kann man das unerträglich finden oder ganz
im Gegenteil süchtig werden nach den seltsamen Sätzen,
die manchmal märchenhaft, manchmal fast irre klingen,
oder, wieder unerwartet, drastische Ausdrücke verwenden.
Nicht die geschilderten Alltagssituationen als solche sind
spannend, sondern die Art, wie die Erzählerin sie sieht und
sprachlich faßt, den Weg zur Volksschule etwa, den sie in
Bursa zusammen mit ihrem Bruder zurücklegt:

»Ein Auge gab uns zum anderen Auge, und wir kamen,
in ihren Augen getragen, bis zur heiligen Eiche. Da fing
die lange steile Straße an, an deren Ende wir den Fuß des
heiligen Berges sahen. In der Mitte dieser steilen Straße
war unsere Schule. Unter der heiligen Eiche standen wir
und schauten um die Ecke zu einem großen Brotladen, da
war das Feuer. Die Männer mit mehlbedeckten nackten
Oberkörpern schoben auf den sehr, sehr langen Holzstan-
gen den schlangestehenden Brotteig in das Feuer. Die Brote
rauchten, das Feuer brannte in die Körper dieser mehligen
Männer.

Das waren die letzten Augen, die uns begleiteten. Wenn
wir auf unserer steilen Straße standen, lag der lange Weg
vor uns und Kinder, die in Gruppen oder allein und mit
ihren schwarzen Kitteln und halbversteckten, weißen Kra-
gen und Taschen wie Gänse, die das Laufen neu gelernt haben. Dann sahen wir die Augen von Hunden. Öfter sahen
ich und Ali auf dem steilen Weg einen Straßenhund im Sterben. Es waren vergiftete Hunde. Großmutter hatte mal

gesagt, gegen Gift ist Knoblauchyoghurt gut. Wir brachten mal Knoblauchyoghurt zum Hund, aber er hatte seine Seele schon lange zwischen seinen Zähnen. Diese Hunde starben in unsere Augen schauend, das Gift war sehr stark, es war mit Staatshand gegebenes Gift. Wenn der Hund gestorben war, kamen Soldaten und steckten den Hund in einen Sack und schleppten den Sack auf dem steinigen Weg hinter sich her.«

Die besondere erzählerische Gabe des Mädchens wird in der Familie früh erkannt, wenn auch nicht gerade positiv bewertet.

Die Großmutter, die Märchen erzählt, viele Volkslieder und Sprichwörter kennt und der Enkelin die Gebete auf Arabisch vorsagt, ist als Quelle der Inspiration unersetzlich. Neben türkischem Originalklang bereichern den Text viele arabische Passagen, die nicht übersetzt werden, da sie für das junge Mädchen selbst eher eine Art Musik sind.

Ganz am Ende des Romans schildert die inzwischen zwanzigjährige Ich-Erzählerin ihre Abreise von Istanbul nach Deutschland. Die Autorin selbst kam 1965 als Arbeiterin nach Berlin. Ihre Zeit dort und auch ihre Rückkehr nach Istanbul Ende der sechziger Jahre hat sie witzig und ergreifend in dem Roman *Die Brücke vom Goldenen Horn* (1998) beschrieben. Emine Sevgi Özdamar ist auch als Schauspielerin und Regisseurin bekannt, sie hat Theaterstücke geschrieben und mehrere Preise bekommen, unter anderen den Ingeborg-Bachmann-Preis (1991) und den Walter-Hasenclever-Preis (1992).

Ein Migrantenroman besonderer Art ist *Sieger nach Punkten* (2004) von Thorsten Becker, zum einen, weil der Autor Deutscher ist (geb. 1958 in Köln), zum anderen, weil das Schicksal des Gastarbeiters Oktay Öztürk und seiner Familie nur einen der drei Handlungsstränge darstellt.

»Bei Istanbul fällt mir die Möwe ein / Halb Silber halb
Schaum / Halb Fisch halb Vogel. / Bei Istanbul fällt mir ein
Märchen ein / Es war einmal und war auch wieder nicht.«

Die anderen beiden sind gleichberechtigt, wenn auch von sehr unterschiedlichem Umfang. Der Boxkampf des jungen Nasrettin, Sohn Oktays, gegen den Europameister im Superfedergewicht, Sandol, ist über die zwölf Runden hin strukturgebend. In einem weiteren Erzählstrang rollt Thorsten Becker die gesamte Geschichte der Türken von der erstmaligen schriftlichen Erwähnung im 7. Jahrhundert auf den Steinen von Orhon bis zum Tod Atatürks (1938) auf eine geistreich unterhaltsame Weise auf und füllt damit eine Lücke, denn weder in allgemein zugänglichen Geschichtsbüchern noch in der erzählenden Literatur ist dieser Stoff bisher gebührend behandelt worden. Völlige Objektivität darf man von einem »Geschichtenerzähler« freilich nicht erwarten. Daß der Autor für die Türken – gegen alle »Feinde« – Partei ergreift, läßt sich unschwer erkennen; aber auch wenn es um innertürkische Strömungen geht, wird eine bestimmte religiös-politische Richtung, nämlich die der Aleviten, die Becker »die eigentlich türkische Variante des Islam« nennt, bevorzugt. Der Autor wählt eine eigenwillige Perspektive und gibt manchmal recht süffisante Kommentare ab.

Der dritte Erzählstrang ist – wie gesagt – eine Gastarbeitergeschichte. Sie beschreibt Oktay Öztürks Weg aus einem Dorf bei Kars über Istanbul nach Deutschland und wirkt – trotz vieler kurioser Begebnisse wie die Entführung der Braut Sevim und die Zeugung, Geburt und Jugend des Sohnes Nasrettin – weniger authentisch als die zuvor besprochenen Romane der deutsch-türkischen Autoren. Becker traut sich allerdings, das »Paradies« Deutschland kritischer und schärfer aufs Korn zu nehmen. Als Oktay sich der Prüfungskommission stellt, die die Arbeiter auswählt, fühlt er sich an die Musterung beim Militär erinnert, »... aber noch mehr an die Art und Weise, in welcher der Käufer seines Hengstes dessen Wert geprüft hatte. Tatsächlich spielte das Gebiß die allergrößte Rolle. So genau wurde dem designierten Gastarbeiter ins Maul geschaut, daß jede Mogelei beim Geburtsdatum sofort entlarvt werden konnte. (...) Immerhin gewährte ihm die Beherrschung der beiden Basisvokabeln zum Eintritt in deutsche Sprache, deutschen Geist und deutsches Wesen, nämlich ›Yavolçef‹ und ›Çuldigung‹, beim Durchlaufen der verschiedenen Untersuchungsstationen eine spürbar gnädigere Behandlung durch die erlauchten Doktoren.«

Wenn der Sohn dieses Oktay als türkischer Boxer für Deutschland im Superfedergewicht antritt und nach zwölf Runden endlich den Herausforderer besiegt, hat er das Ziel erreicht, das er sich als Halbwüchsiger gesetzt hatte. Damals hielt er seinen Freunden, mit denen er gerade einen Penner beraubt hatte, eine kleine Ansprache:

»›Unsere Eltern‹, sagte er, ›würden sich schämen für uns, wenn sie uns jetzt hier sähen. Aber haben wir uns nicht auch geschämt für unsere Eltern, die in diesem Land leben wie Menschen einer minderwertigen Sorte? Nicht sie, sondern wir werden den Respekt, der uns verweigert wird von den Deutschen, erkämpfen. Wenn sie nicht freiwillig mit uns teilen wollen, dann müssen wir uns von ihnen holen, was uns zusteht. Von heute an kümmern wir uns selbst um unsere Sache.‹«

Damit heißt der Autor keineswegs Gewalt und Rechtlosigkeit gut, aber sein Protagonist muß hart an sich arbeiten, ehe er das einsieht. »Er hat Fehler gemacht. Das ist allgemein das Vorrecht der Jugend. Denen, die sich hier in Deutschland durchbeißen müssen, sollten wir es großzügiger als sonst zugestehen. Doch was ihn auszeichnet: Er hat aus diesen Fehlern gelernt.«

Integration bedeutet für Thorsten Becker nicht, daß

die Türken zu Deutschen werden, jedenfalls für Nasrettin kommt das nicht in Frage: »Nein, ein Deutscher wird nicht aus mir werden, wiederholte er sich, aber ein Berliner werde ich doch.«

Die drei Erzählstränge werden nur locker zusammengehalten, stehen oft kommentarlos nebeneinander. Befremdlich klingt im ersten Moment auch der epische Stil, der einerseits an Homer erinnert, gleichzeitig aber oft augenzwinkernd diesen Gestus ironisiert. Gleich zu Beginn verweist der Roman auf die *Ilias*, diese Urform des Erzählens:

»Jener boxerische Wettbewerb, dessen Beschreibung wir zum Inhalt dieser Zeilen bestimmten, unterscheidet sich von dem ersten in Einzelheiten uns überlieferten, den Homer anläßlich der Totenfeier für Patroklos zwischen Epeios und Euryalos austragen läßt, darin, daß die in der *Ilias* besungenen Recken sich so lange schlagen, bis einer der beiden am Boden, während in dem Viereck, auf das unsere Augen sich richten, die Zeit vorher abgemessen ist auf die Sekunde. Festgesetzt ist die Anzahl der Runden, jede einzelne umfaßt drei Minuten genau. Damit stehen die Kontrahenten nicht allein gegeneinander, sondern – in gewissem Sinne sogar miteinander – auch gegen die Zeit.«

Wie in der *Ilias* hoch über dem Kampfgetümmel die olympischen Götter beratschlagen, so gibt es auch in Beckers Roman eine höhere Ebene, wo Gott mit Jesus und Muhammed den Lauf der Geschichte kommentiert, was den drückend schweren Erdenstoff jeder fanatisch einseitigen Betrachtungsweise entzieht.

Auch der Bezug auf den Namenspatron Nasrettins, den weisen Narren aus Akşehir (siehe S. 164) gehört in die Metaebene des Erzählens. Hin und wieder würzt eine kurze Nasreddin-Hoca-Geschichte die niemals trockene Darstellung.

Die wenigen hier genannten Beispiele erheben nicht den Anspruch, einen repräsentativen Überblick über die schwerpunktmäßig in der Türkei spielende Migrationsliteratur zu geben. Doch wird deutlich, welchen thematischen und sprachlichen Reichtum diese Literatur bietet.

Ost- und Südosttürkei

Die Ost- und Südosttürkei, das riesige Gebiet zwischen den Linien Erzincan/Kars im Norden und Urfa, Mardin, Hakkari nahe der syrisch-irakischen Grenze, kann seit einigen Jahren wieder relativ gefahrlos bereist werden, nachdem seit der Verhaftung des Kurdenführers Abdullah Öcalan im Jahr 1999 Waffenstillstand zwischen der türkischen Armee und den Kämpfern der PKK herrscht. Die außerordentliche landschaftliche Schönheit zieht Reisende ebenso an wie die Zeugnisse alter Kulturen, etwa die Steinfiguren auf dem Nemrud Dağ, die armenische Kirche auf der Insel Ahtamar im Van-See oder die Burg von Ishak Paşa bei Doğubeyazid. Lange ehe die Türken im 11. Jahrhundert einwanderten, prägten Hethiter und Urartäer, Perser und Griechen, Armenier und Kurden die Geschichte. Zwischen Euphrat (türkisch Fırat) und Tigris (türkisch Dicle), die beide im Osten der Türkei entspringen, entwickelten sich weiter südlich die Hochkulturen der Sumerer, Assyrer, Babylonier. Auch aus der biblischen Geschichte ist dieses Land bekannt. Am Berg Ararat (türkisch Ağrı Dağı) strandete ihr zufolge nach dem Ende der Sintflut die Arche Noah, und in Urfa (türkisch Şanlıurfa) wurde der Überlieferung nach Abraham, als Urvater der Gläubigen von Juden, Christen und Muslimen gleichermaßen verehrt, geboren.

Die weitgehende Unberührtheit der Landschaft, das Abenteuerliche einer Reise durch Gegenden, die touristisch noch nicht erschlossen sind und hohe Anforderungen an Mut und Durchhaltevermögen stellen, üben wohl eine starke Faszination auf die Extremsportler unter den Reiseberichterstattern aus, wie z. B. auf Achill Moser. Sein Bericht *Zu Fuß durchs wilde Kurdistan* (1990) spielt auf Karl Mays

Durchs wilde Kurdistan an, dessen Bücher er nach eigener Aussage als Kind verschlungen hat. Im Unterschied zu seinem Vorbild hat er die beschriebene Gegend wirklich durchwandert, nämlich von Süden nach Norden, nachdem er zuerst einmal im Faltboot den Euphrat heruntergepaddelt war. Seine Naturschilderungen sind bildhaft und eindrucksvoll und wie eine literarische Wanderung gestaltet:

»Zu meinen Füßen erstreckte sich eine ungeheuere Landschaft. Ein Stück Urnatur – mit tiefen Schluchten, schroffen Bergmassiven, windgepeitschten Klippen und grotesken Felsenketten, die mitten in der Bewegung – wie dicke Melasse – erstarrt waren (...) Das war meine Welt! Hier fühlte ich mich wohl! Im Angesicht mit den wüstenhaften Wadis, den trotzigen Felsburgen und den düsteren Schluchten. Mehr als das wollte ich eigentlich nicht. Ich wollte Kurdistan – das Land der Kurden – aus erster Hand kennenlernen und über die einsamen fast entschwundenen Pfade wandern, um in die Falten der Canons und auf den Höhen der Pässe zu schauen, zu fühlen, zu entdecken – und dem fremdartigen Unbekannten gegenüberzustehen.«

Moser verweist noch auf einen anderen literarischen Vorgänger, und zwar den preußischen Offizier Helmuth von Moltke, der als Militärberater des Sultans Mahmut II. verschiedene Gegenden der Türkei bereist hat. Seine glänzend geschriebenen *Briefe über Zustände und Begebenheiten in der Türkei aus den Jahren 1835-1839* enthalten auch einen Bericht über eine Expedition in den Südosten, in deren Verlauf der Verfasser einen militärischen Auftrag erfüllt: die kartografische Vermessung des Kurdengebiets und die Teilnahme an einem Feldzug gegen kurdische Fürsten, die sich dem Sultan nicht unterwerfen wollten. Sein Fortbewegungsmittel war zumeist das Reitpferd, doch war er auf den beiden großen Strömen auch per Floß und im steilen Gebirge zu Fuß unterwegs.

Etwas ungewöhnlich, nämlich mit dem Rad, bewältigte die Engländerin Bettina Selby die Strecke von Trabzon bis Urfa beziehungsweise Harran und schrieb darüber ihren Bericht *Ararat! Mit dem Fahrrad durch Kurdistan* (englisch 1993/deutsch 2004). Auch wenn die Autorin schon andere Gebiete der Welt auf ähnliche Weise bereist hatte, so gelangte sie in der Osttürkei öfter an ihre Grenzen – körperlich und mental. Gar nicht begreifen kann sie, warum die kurdischen Kinder in den Dörfern sie nicht freudig begrüßen, sondern sie, so mißtrauisch wie sie gegen jeden Fremden sind, mit Steinen bewerfen und Hunde auf sie hetzen. Wenn eine Frau, schockierend genug, in Shorts auf einem Fahrrad daherkommt, auf der Rast nach Bier und Whisky fragt, weder Kurdisch noch Türkisch versteht, Landessitten und alle guten Ratschläge ignoriert und meint, jedermann müsse dies respektieren, ist es umso erstaunlicher, daß sie dennoch überwiegend Freundlichkeit und Hilfsbereitschaft von Seiten der Bevölkerung erfahren hat.

Auch Selby reist auf den Spuren der Literatur: Sie hat Gedichte von W. B. Yeats (seinen *Byzanz*-Gedichtzyklus) und Whitmans *Passage to India* dabei, vor allem aber liest sie die *Anabasis* des griechischen Dichters Xenophon quasi als Reiseführer und erwähnt ihn immer wieder als Bestätigung ihrer Beobachtungen:

»Nahe an der Paßhöhe lagen ein paar steinzeitlich anmutende Steinhäuser, die Wohnstätten von Kurden. Zum Schutz vor dem Schnee und den winterlichen Winden teilweise im Berghang vergraben, sahen sie noch genauso aus wie jene, die Xenophon im Jahr 400 v. Chr. beschrieben hatte. Sie schienen bewohnt zu sein, obwohl sich keine Menschenseele blicken ließ.«

Die außerordentliche landschaftliche Schönheit zieht Rei-
sende ebenso an wie die Zeugnisse alter Kulturen, etwa die
Steinfiguren auf dem Berg Nemrud. Hierothesion des Antio-
chos I. von Kommagene (1. Jh. v. Chr.)

Als Bericht einer abenteuerlichen Reise liest sich Bettina Selbys Text spannend, ein Reiseführer ist er nicht. Fast alle türkischen Wörter sind falsch geschrieben oder falsch übersetzt.

Kars

Eine der nördlichsten Stationen der Region ist Kars, das zwischen 1878 und 1918 russisch und von 1918 bis 1920 ein eigener Staat war, doch 1920 vom osmanischen Heer zurückerobert wurde. Die Stadt, deren Wintertemperaturen bis zu minus 40 Grad Kälte erreichen, während es im Sommer ebenso heiß wird, war stets kosmopolitisch, von Menschen aus vielen Völkern bewohnt. Man ist hier nicht so gut auf Orhan Pamuk zu sprechen, der in seinem Roman *Schnee* (*Kar*, 2002) Kars zum fiktiven Schauplatz eines Konflikts zwischen radikalen Islamisten und staatstreuen Kemalisten macht, denn in Kars wird ein gutes Miteinander angestrebt.

Wer hofft, in Kars auf den Spuren von Orhan Pamuks Roman wandeln zu können, wird wahrscheinlich enttäuscht, denn die meisten Gebäude, die in dem Roman eine wichtige Rolle spielen, sind inzwischen abgerissen, verfallen oder durch andere Bauwerke ersetzt. Nur die baumbestandenen Alleen im Stadtkern mit einigen schönen Beispielen russischer Architektur, der Fluß und die Brücken, die Burg über der Stadt und die armenischen Kirchen sowie das Standbild des Generals Kazim Karabekir, des Eroberers von Kars (1920), am neuen Bahnhof bieten einige Anhaltspunkte. Doch fehlt zur beliebtesten Reisezeit gerade das, was im Roman den Zauber der Stadt ausmacht: der Schnee.

Der komplexe Inhalt des Buches läßt sich nur schwer in Kürze wiedergeben: Als der Dichter Ka, der jahrelang im Exil in Frankfurt am Main gelebt hat, mit dem Bus in Kars ankommt, wo er die sich häufenden Selbstmorde der »Turban-Mädchen« für eine Zeitung recherchieren will, schneit es, und zwar immer heftiger, so daß die Stadt für einige Tage von der Außenwelt abgeschnitten ist. Da ereignet sich, ausgelöst durch ein Theaterstück, eine auf Kars beschränkte Militäraktion, der sowohl Islamisten als auch kurdische Nationalisten zum Opfer fallen. Ka entkommt unbeschadet, doch gut vier Jahre später wird er in Frankfurt erschossen, möglicherweise von den Islamisten, die Ka unterstellen, damals das Versteck ihres Anführers Lapislazuli (Lacivert) verraten zu haben.

Es gibt noch eine zweite Erzählebene. Nach dem rätselhaften Tod von Ka sucht der Romanschriftsteller Orhan, ein Jugendfreund des Dichters, nach unveröffentlichten Manuskripten, vor allem nach einem grünen Heft mit in Kars entstandenen Gedichten. Da die Recherche in Deutschland ergebnislos bleibt, reist Orhan nach Kars, wo er Augenzeugen befragt, Material sichtet und die Orte der Handlung aufsucht.

Unübersehbar ist die Anspielung auf *Das Schloß* von Kafka. Für das Wortspiel, das Pamuk mit der Abkürzung Ka (den Anfangsbuchstaben des Namens des Protagonisten Kerim Alakuşoğlu) zu *kar*, der türkischen Bezeichnung für Schnee, und Kars treibt, findet sich im Deutschen keine Entsprechung.

Das Leitmotiv Schnee wird wunderbar variiert und wirkt trotz der vielen Erwähnungen niemals eintönig. Als Ka in der Nacht durch die verschneiten Straßen in sein Hotel zurückkehrt, heißt es:

»Vollkommen leer war die breite, schneebedeckte Straße,

die sich vor ihm bis zum Volkstheater hinzog und über der Wahlkampf-Fahnen in der Luft schwangen. Die Breite der vereisten Dachtraufen, die Schönheit der Reliefs an Türen und Wänden, die würdigen Fassaden der alten Gebäude vermittelten den Eindruck, daß hier einst Leute (Armenier, die Handel mit Tiflis trieben? Osmanische Paschas, die Milchviehzucht besteuerten?) ein glückliches, friedliches, sogar farbiges Leben geführt hatten. Alle, die diese Stadt in ein bescheidenes Zentrum der Zivilisation verwandelt hatten, diese Armenier, Russen, Osmanen, frührepublikanische Türken, sie waren gegangen, und es schien so, als seien die Straßen so leer, weil niemand an ihre Stelle getreten war, aber anders als bei einer verlassenen Stadt flößten einem diese menschenleeren Straßen keine Angst ein. Bewundernd blickte Ka auf die Reflexion des leicht orangefarbenen dumpfen Lichts der Straßenlampen und des blassen Scheins der Neonlichter hinter den vereisten Schaufenstern, auf Schneehügel, die die Zweige der Ölweiden und Platanen bedeckten, und auf die Strommasten, von deren Enden riesige Eiszapfen herabhingen. Der Schnee fiel mit einer magischen, geradezu heiligen Lautlosigkeit; es war nichts zu hören als der gedämpfte Ton seiner Schritte und sein heftiges Ein- und Ausatmen. Kein Hund bellte. Es war, als sei das Ende der Welt gekommen, als richte das ganze Universum, alles, was er sah, seine ganze Aufmerksamkeit nur auf das Fallen des Schnees. Ka betrachtete die Schneeflocken in der Umgebung einer matten Straßenlaterne, wie manche allmählich hinabsanken, während einige andere entschlossen in die Dunkelheit aufstiegen.«

Der Schnee inspiriert Ka zu einem Gedicht, dem ersten eines ganzen Zyklus. Diese Gedichte werden immer nur genannt, jedoch nie im Wortlaut zitiert, denn das Manuskript ist ja verloren gegangen.

Gleich zu Beginn wird Ka in einer Konditorei Zeuge einer Bluttat: Am Nebentisch wird der Direktor der Pädagogischen Hochschule von einem fanatischen Islamisten erschossen, angeblich weil er Studentinnen mit Kopftuch den Zutritt zur Hochschule verweigert hat. Allerdings macht es sich Pamuk nicht so einfach, die Islamisten nur als primitive Eiferer darzustellen. Die Gewitztheit des islamistischen Anführers Lapislazuli und die Reinheit des Predigerschülers Necip, der sich mit Fragen der Gottverlassenheit quält wie eine Figur von Dostojewski, der mystische Scheich, der sogar bei Ka das Bekenntnis zum Glauben auslöst, die vielen hoch interessanten Diskussionen, die Ka mit überzeugten Muslimen, auch mit den sogenannten Turban-Mädchen führt, das alles gibt einen Eindruck davon, daß »der Islam in allen seinen Facetten eine lebensprägende Kraft und nicht kalter Fanatismus« ist, wie der Autor selbst in einem Interview mit der *Süddeutschen Zeitung* (23. 5. 05) gesagt hat.

Die Handlung erreicht ihren Höhepunkt mit der Aufführung eines Bühnenstücks aus der Frühzeit der Republik, das für das Ablegen des Schleiers wirbt. Als die Schauspielerin auf der Bühne ihren Schleier anzündet, kommt es zum Tumult. Im 2. Akt treten fünf Soldaten auf, die auf die Zuschauer schießen, und zwar unerwartet mit echter Munition, so daß es Tote gibt. Offensichtlich haben Geheimagenten unter Einbindung des durchgeknallten Theaterdirektors und Hauptdarstellers Sunay Zaim die Situation benutzt, um mit den Islamisten abzurechnen. So entwickelt sich schnell ein gesetzloser Ausnahmezustand. Die Agenten verhaften und foltern im Namen der Republik die Schüler der Predigerschule und erstürmen die kurdische Parteizentrale. Es herrscht Ausgangssperre. Auch Ka wird zum Verhör bestellt. Er soll den Mörder des Direktors identifizieren, denn er war ja Augenzeuge in der Konditorei. Dann wird Ka dem Theaterprinzipal Sunay Zaim vorgeführt, der in einem ehemals russischen Herrenhaus residiert.

Sunay Zaim, ein vom Leben enttäuschter, todkranker Schauspieler, der sich immer gewünscht hat, Atatürk darstellen zu dürfen, ergreift die Gelegenheit, vom Theater aus Politik zu machen. Er ist befreundet mit dem Stellvertreter des Brigadekommandanten von Kars, der hofft, Ankara würde den Maßnahmen nachträglich zustimmen, denn es werden ja die Werte der Republik verteidigt. Erst spät erfahren die Leser, daß es sich keineswegs um einen landesweiten Militärputsch handelt, sondern um eine blutige »Provinzposse«. Als der Schnee schmilzt und die Straßen wieder frei sind, rücken reguläre Truppen in Kars ein, alle Schuldigen werden verhaftet und kommen vor Gericht.

In der Türkei wurde dem Autor vorgeworfen, der Roman insgesamt sei zu sehr mit Blick auf ein »westliches« Lesepublikum geschrieben. Doch diskutiert dieser auch diverse türkische Streitthemen: die Zerrissenheit der Türkei zwischen Orient und Abendland; die Fremdheit des Intellektuellen aus Istanbul in der fernen Provinz; die Frauenbefreiung (historisch unter Atatürk und neuerdings mit dem Islam oder gegen ihn); die politische Rolle des Theaters und das Theater als Mittel der Volkserziehung; das Militär als Garant der Verfassung; die scheinbare und die tatsächliche Macht der Medien; Armenierfrage und Kurdenfrage.

Ani, die einstige armenische Königsstadt, wurde durch ein gewaltiges Erdbeben im Jahr 1319 zur Ruinenstätte, in der das Andenken daran bewahrt wird, daß Armenien (oder mit anderem Namen Hayastan) vor allen anderen Staaten 301 das Christentum zur Staatsreligion erhoben hatte.

Irgendwo zwischen Van, Erzurum und Kars – der Ararat liegt in Sichtweite – siedelt Edgar Hilsenrath die fiktive Provinzstadt Bakir an, die Heimat seiner armenischen Protagonisten in dem Roman *Das Märchen vom letzten Gedanken* (1989). Mit der Geschichte der Armenierverfolgung im Kriegsjahr 1915 will der Autor die Erinnerung an ein Verbrechen wachhalten, »das Vergessen entstauben« und die »Lücken der türkischen Geschichtsbücher« füllen. Der Märchenerzähler, der *Meddah*, läßt am Sterbebett des Thovma Khatisian, der einst als Säugling die Deportation und den Tod seiner Mutter überlebt hat, die Ereignisse Revue passieren. Zwar werden die Greuel in all ihrer Brutalität geschildert, doch geschieht das, selbst aus der Perspektive der Betroffenen, derart unbeteiligt, daß der Leser ein eigenes Urteil und Gefühle entwickeln darf. Um den Armeniern mitten im Krieg Hochverrat und die Zusammenarbeit mit dem Feind, den Russen, vorwerfen zu können, müssen als Beweis Waffenverstecke gefunden werden.

Schließlich werden die Armenier gezwungen, von den Türken Waffen zu kaufen. Das Vorhandensein dieser Waffen wird dann als »Beweis« gewertet. Die geradezu grotesken Anschuldigungen finden einen vorläufigen Höhepunkt, als der Vater des Geretteten, Wartan Khatisian, schließlich zugibt, das österreichische Thronfolgerpaar in Sarajewo erschossen zu haben und an einer armenischen Weltverschwörung beteiligt zu sein. Nicht von ungefähr sieht der

Leser hier eine Anspielung auf die sogenannte jüdische Weltverschwörung. Die Parallelen zum Schicksal der Juden im Dritten Reich sind nicht zufällig. Das verrät auch die Wortwahl, wenn der *Meddah* das Verbrechen an seinem Volk »Endlösung« und »Holocaust« nennt. Auch werden die Armenier mit »Ratten« verglichen, sie sollen an der militärischen Niederlage der osmanischen Kaukasusarmee unter Enver Pascha schuld sein, die Stadt Bakir soll »armenierrein« werden, und die Schilderung der Vertreibung ähnelt jener der Deportation der Juden in Deutschland. Das Wort Deportation wird allerdings bald durch einen Euphemismus abgelöst:

»Es gibt keine Deportationen. (...) Es handelt sich um eine kriegsbedingte Umsiedlung aus strategischen Gründen. Diese Armenierinnen mit ihren Kindern und wackligen Alten werden nur auf eine Reise geschickt. Wozu stellen wir ihnen denn anständige Ochsenwagen zur Verfügung und lassen ihnen ihr Gepäck? Na also. Eine kleine Reise. Es ist nicht mehr und nicht weniger.«

Der Erzähler betont mehrfach die Mitschuld des deutschen Kaisers, der trotz aller warnenden Berichte der deutschen Konsulate und des evangelischen Pfarrers Lepsius dem Bündnispartner im Krieg nicht in den Rücken fallen will. Zudem hat Europa den Jungtürken die Ideologie geliefert. »Wir Jungtürken aber haben von den Europäern gelernt, daß es nicht allein die Religion unserer Staatsbürger ist, auf die wir achten müssen, sondern die nationale Gesinnung, die Rasse und das Blut.«

Der 1926 in Leipzig geborene Edgar Hilsenrath mußte 1938 nach Rumänien fliehen, wurde dort ins Getto deportiert, wanderte 1945 nach Palästina und 1951 weiter in die USA aus und kehrte 1975 nach Berlin zurück. Mit seinem Roman *Der Nazi und der Friseur* wurde er weltberühmt.

Tunceli

Die Provinz Tunceli bietet dem Reisenden kaum historische Bauwerke, dafür eine wildromantische Landschaft mit hohen Bergen und rauschenden Wildbächen. Hier spielt der Roman *Die Vernichtung von Dersim*, der ebenfalls die Erinnerung an ein Massaker lebendig erhält: Es geht um die blutige Niederschlagung eines kurdischen Aufstands in Dersim (so der ehemalige Name der Provinz Tunceli) durch türkische Truppen in den Jahren 1937/38; etwa 70 000 Menschen kamen dabei ums Leben. Der kurdische Autor Haydar Işık (geb. 1937), der 1974 als Lehrer nach Deutschland kam, schildert die Ereignisse. Eine der Hauptfiguren, der alte kurdische Lehrer Alibinat aus dem Dorf Mergasur prägt seinem Sohn ein: »Vergeßt niemals dieses Massaker! Vergeßt niemals diesen Vernichtungsfeldzug! Erzählt euren Kindern von diesem Grauen! Füllt eure Köpfe mit Vernunft statt mit blindem Haß! Vergeßt es nie!«

Haydar Işık betont, daß sein Anliegen nicht Rache sei, sondern der Einsatz für ein »menschenwürdiges Leben in Frieden und Freiheit«. Die Errichtung eines kurdischen Nationalstaats habe er nicht im Sinn, selbst wenn er in seinem Roman die Bezeichnung Kurdistan wählt – in der Türkei ein Reizwort. Das Problem, ein solch traumatisches geschichtliches Ereignis dichterisch aufzuarbeiten, zumal wenn der Autor zu den Nachkommen der wenigen Überlebenden gehört, zeigt sich in dem Roman sehr deutlich. Die Personenschilderung folgt dem Schwarzweißschema: hier die gute, edle, mutige und vor allem tief fühlende Dorfbevölkerung, dort die brutalen, habgierigen Türken. Wenige Figuren überschreiten diese Grenze, etwa der pensionierte Oberst Ziya, der seine Mitwirkung an den Massakern zutiefst bereut, oder die Frau eines türkischen Generals, die ein überlebendes kleines Mädchen als eigenes Kind aufzieht und dabei am Ende ihres Lebens die Größe hat, sich von ihrem Mann abzuwenden und die inzwischen zwanzigjährige Tochter über ihre Identität aufzuklären. Diese junge Frau legt ihren türkischen Namen Hayriye ab und wählt den kurdischen Namen Senem. Als Lehrerin will sie sich in die Provinz Tunceli versetzen lassen, um ihrem Volk beim Wiederaufbau zu dienen. Hier schlägt ganz offensichtlich das Herz des Autors, der in Deutschland einen Verein zum Wiederaufbau von Dersim gegründet hat, welcher auch die Rechte der Frauen stärken soll.

Es ist nicht immer leicht, die Lektüre durchzuhalten, und das nicht so sehr wegen der blutigen Tatsachen, sondern weil der Stil zu gefühlvollen Übertreibungen neigt, die bis ins Pathetische abgleiten.

Ein anderer, ebenfalls auf Deutsch zugänglicher Roman von Haydar Işık, *Der Agha aus Dersim* (1990), behandelt denselben Zeitabschnitt aus einer anderen Perspektive. Hier geht es um einen der Dersimer Clanführer, die nicht mit den Aufständischen, sondern mit dem türkischen Staat zusammenarbeiten, sich mit den Offizieren befreunden, sie beliefern, zum Essen einladen, kurz: Verrat an der kurdischen Sache begehen, wie es der Autor sieht. Die Kooperation nützt Memik Ağa nichts, auch er fällt samt seiner vierzigköpfigen Familie der Vernichtung anheim, während die Bevölkerung seines Dorfes *nur* in den Westen der Türkei deportiert wird. Daß die Lösung der kurdischen Frage bis heute nicht gelungen ist, lastet der Autor auch dem Verhalten der kurdischen Ağas, der Großgrundbesitzer an, die sich der Verantwortung entziehen.

Işık hat seine Romane auf türkisch geschrieben, doch einzelne Sätze und auch Liedstrophen werden im Originalton in Zaza, einem der kurdischen Dialekte, eingestreut.

Eine einheitliche kurdische Hochsprache gibt es nicht. In der Türkei wird kurdisch in der staatlichen Schule nicht unterrichtet, doch immerhin dürfen inzwischen private Kurse angeboten werden. Erst 1991 ist das Verbot der kurdischen Sprache allgemein aufgehoben worden; seit 2002 sind Veröffentlichungen in kurdischer Sprache erlaubt.

Die kurdische Literatur – Sagen und Märchen, Lieder, Erzählungen, Totenklagen und Epen – hat lange Zeit fast nur mündlich existiert. Einzelne Lieder aus Dersim zitiert Haydar Işık in seinen Büchern. Oft werden die Berge, die den alevitischen Kurden von Dersim heilig sind, poetisch besungen und angerufen. Daß von den Bergen keine Hilfe zu erwarten ist, wohl aber von der Einigkeit aller Stämme, ist die Botschaft, die der Autor propagiert.

Muş

Gibt es einen Grund, die Stadt Muş zu besuchen? Vielleicht um auf der Reise zum Nemrut Dağı oder zum Van-See einen Abstecher zu den Ruinen des armenischen Klosters Arak Vank zu machen? Einblick in das Leben der Menschen in der Gegend von Muş gewannen viele Deutsche durch die Filme des von dort stammenden Ismet Elçi (geb. 1964), der als Fünfzehnjähriger zusammen mit seinem Vater nach Berlin kam und immer wieder seine Heimat porträtierte. Sein Film *Die Heirat* wurde an Originalschauplätzen gedreht.

Elçi denkt filmisch, auch wenn er Erzählungen schreibt. In *Cemile oder das Märchen von der Hoffnung* (1991) geht es um Kasim, der nach vier Jahren allein aus Istanbul in sein Heimatdorf zurückkehrt, und zwar ohne seinen Schwager Rüstem. Die beiden jungen Männer haben sich in der ganzen Zeit nicht gemeldet und auch kein Geld an ihre Familien geschickt. Als Kasims Vater ihn deswegen zur Rede stellt, verschweigt der Sohn, daß er und Rüstem im Gefängnis waren, wo letzterer auch gestorben ist. Den Grund für die Haftstrafe erfährt der Leser nicht. Kasim ist ein feinfühliger hilfsbereiter Mensch, der seiner nun verwitweten Schwester Cemile zu helfen versucht, indem er sie aufs Dorf ins Vaterhaus mitnimmt. Doch dort ist die junge Frau mit ihren drei Kindern nicht erwünscht. Zudem bemerkt sie – erst jetzt – eine Schwangerschaft als Folge einer Monate zurückliegenden Vergewaltigung. Kasims Frau ist eifersüchtig, weil sich ihr Mann hauptsächlich um seine Schwester kümmert, und sie droht, deren Zustand öffentlich zu machen.

Für den alten Vater ist Kasim ein Gescheiterter und ein Ungläubiger dazu, weil er nicht in der Moschee betet. Als sich das Verhältnis zwischen Vater und Sohn immer mehr verschärft, beschließt Kasim, wieder in die Fremde zu gehen und seine Schwester mitzunehmen, gerät jedoch in blutschänderischen Verdacht, der bestätigt scheint, als Cemile tot im Stall aufgefunden und ihre Schwangerschaft offenbar wird. Kasim bekommt keine Möglichkeit, seine Unschuld zu beweisen. Die herbeigerufenen Gendarmen verhaften ihn.

Elçi will wohl zeigen, daß einfache Dorfmenschen ihre Probleme nicht besprechen, sondern lieber handeln, und sei es zum eigenen Verderben. Das Familienoberhaupt hat für die Ehre der Sippe zu sorgen, was offenbar jede Gewalt rechtfertigt.

Daß alle Figuren Kurden sind, wird in *Cemile* nicht gesagt, anders in der Erzählung *Sinan ohne Land*, der authentischen Lebensgeschichte des Autors, die vom ZDF 1988 als Dreiteiler verfilmt wurde. In einer zentralen Szene ver-

Das riesige Land – gut doppelt so groß wie Deutschland bei annähernd gleicher Einwohnerzahl – ist ein sehr unterschiedlicher literarischer Nährboden. Schafauftrieb am Vansee

prügelt der Vater das Kind, weil es offenbar die Autorität des Lehrers angreift mit der Frage: »Vater! Warum kann unser Lehrer kein Kurdisch! Er unterrichtet immer in der türkischen Sprache. Keiner versteht ihn. Wenn er kurdisch unterrichten würde, ich schwöre es bei Allah, würden wir alles verstehen.«

Erst in Berlin kann sich der Sohn von seinem brutalen Vater lösen und, indem er neben der Arbeit in einer Fabrik auch die Abendschule besucht, die versäumte Bildung nachholen. Seine Bestimmung findet er beim Film, erst als Schauspieler und Drehbuchschreiber, später auch als Regisseur.

Ismet Elçi hat insbesondere durch seine Filme in Deutschland das Bild der überwiegend kurdisch bewohnten Osttürkei mitgeprägt. Die dort herrschenden archaischen Strukturen zwingen die Männer zu Härte, ja Brutalität, während die Frauen als Opfer stumm leiden. Wegen der bitteren Armut ist an Bildung nicht zu denken und wird auch der primitiv verstandene Islam zum Mittel der Unterdrückung. Diese Klischees entsprechen den im westlichen Europa immer noch vorherrschenden Vorurteilen. Daß die Verhältnisse sich wandeln können, sieht man an Beispielen aus Diyarbakır und Mardin.

Diyarbakır/Mardin

Diyarbakır hieß in der Antike Amida. Aus byzantinischer Zeit stammt auch die neuerdings renovierte Stadtmauer aus schwarzem Basalt mit ihren vier Toren. Sehenswert sind auch einige der alten Moscheen, insbesondere die zentral gelegene Ulu Camii und ihr gegenüber die alte Karawanserei des Hasan Paşa, an die sich ein orientalischer Basar anschließt. Auch das Museum für den berühmtesten

203

Sohn der Stadt, Ziya Gökalp (1876-1924), liegt unweit der Ulu Camii. Der Essayist, Lyriker und Soziologe ist jedem Schulkind in der Türkei aus dem Lesebuch bekannt. Er ging mit achtzehn Jahren nach Istanbul und schloß sich den Jungtürken an. Außer Landes verwiesen, emigrierte er für einige Zeit nach Paris, wo er sich für die damals neue Wissenschaft Soziologie begeisterte. 1915 bekam er die erste Professur für Soziologie an der Universität Istanbul. Nachdem er sich dem Befreiungskampf unter Atatürk angeschlossen hatte, wurde er Abgeordneter von Diyarbakır in den Nationalkongressen des neu entstehenden Staates.

Nicht mehr erlebt hat er, wie in der sogenannten Kurdenhochburg 1925 Scheich Seîd aus Pîran und seine Anhänger hingerichtet wurden, nachdem der Versuch, Diyarbakır für die sunnitischen Kurden zu erobern, gescheitert war. Das erfahren wir unter anderem aus dem Roman *Im Schatten der verlorenen Liebe* von Mehmet Uzun (1953-2007). Der Autor, der nicht wie die meisten Kurden türkisch, sondern kurdisch schrieb und wegen politischer und journalistischer Tätigkeit verfolgt und mehrmals verhaftet worden war, lebte jahrelang im schwedischen Exil. Neben einer *Einführung in die kurdische Literatur* hat er mehrere Romane veröffentlicht. In *Im Schatten der verlorenen Liebe* geht es um die Lebensgeschichte von Memduh Selim, einem geistigen Wegbereiter der kurdischen Nationalbewegung in der ersten Hälfte des 20. Jahrhunderts. Der feinsinnige Literat Memduh Selim lebte die längste Zeit im Exil in Antakya (bis 1939 französisches Mandatsgebiet), in Bagdad, Beirut und Kairo. Er ist Mitbegründer der Kurdenpartei *Xoybûn* (Existieren, Bestehen). Als die Kurden sich 1930 am Ararat verschanzen, sieht der Intellektuelle es als seine Pflicht an, den Kämpfern dort ideologisch beizustehen. Deshalb verschiebt er seine Hochzeit mit der schönen Tscherkessin Ferîha, die er Xezal (Gazelle) nennt, und kehrt erst nach zwei Jahren nach Antakya zurück. Ferîha, die ihn tot glaubt, hat inzwischen auf Drängen ihrer Familie in die Ehe mit einem ungeliebten Mann eingewilligt. Die tragische Liebesgeschichte knüpft ausdrücklich an die Tradition des kurdischen Liebesepos *Binevşah Narîn* an.

»Binevşa Narîn und Cembeliyê Hekkarê. Jenes alte Epos der Liebe. Ja, in jenen Tagen, als er im schützenden Schatten der Liebe Xezals Körper kennenlernte, hatte er ihr das Epos von Binevşah Narîn erzählt. Es war sein Wunsch, daß sie das Epos auswendig lernte. Die Liebe Binevşa Narîns, Liebe einer Nomadentochter. Und die Liebe eines Stammesoberhauptes aus den Bergen von Hekkarê. Eine wunderbare Liebe, aber voller Schmerzen und Kummer. (. . .) Aber wer hätte ahnen können, daß auch Ferîhas Leben so verlaufen würde? Wer hätte ahnen können, daß Binevşa Narîns Worte einmal die Worte Ferîhas werden sollten?

Es soll der Mann der Träume sein,
Dann kann der Tisch auch mit Brot und nicht mit Joghurt
gedeckt sein,
Dann kann das Essen auch Mais und Hirse sein,
Dann kann der hohe Himmel die Bettdecke sein,
Dann kann die Matratze die nasse Erde sein,
Dann kann das Kopfkissen aus Stein sein,
Dann kann die Bettlertasche ein steter Begleiter sein,
Dann kann die Tasche dazu noch ein Loch haben,
Dann muß die Heimat nicht hier sein, sondern kann weit
draußen an der Grenze zu
Persien oder zu den Ländern der Heiden sein.
Ist der Mann aber nicht der Mann der Träume,
Dann soll Müßiggang sein von morgens bis abends,

Dann soll einen keine Arbeit plagen, es soll vom feinsten
        Essen und die schönsten Kleider geben,
Das Herz jedoch wird immer trauern! ...

Das Leben wiederholt sich. Leid und Trauer der Epen von
gestern wiederholen sich auch im Leben der Leute heute.
Die Worte von Binevşa Narîn werden noch einmal gesprochen, dieses Mal aber von Ferîha.«

Dem Autor gelingt es, seine Hauptfigur Memduh Selim
als einen zwischen seiner Leidenschaft für die kurdische
Sache und der zaghaften Liebe zu seiner Xezal zerrissenen
Zauderer zu zeichnen, als einen Literaten und Lehrer, der
auch gerne Vergessen sucht beim *rakı*. Die Geschichte der
Kurdenbewegung wird geschickt verwoben mit dem persönlichen Schicksal des Protagonisten.

Der Roman ist der Erinnerung an den kurdischen Filmemacher Yılmaz Güney gewidmet, der ebenfalls ins Exil gehen mußte. Und Yaşar Kemal, ebenfalls Kurde, hat das Vorwort geschrieben.

Aus Diyarbakır stammen viele Künstler, die zum Studium
oder um ihre künstlerischen Projekte zu verwirklichen,
nach Istanbul, in »die größte kurdische Metropole der Türkei«, gegangen sind. Unter anderen Abdullah Kaya (geb.
1977), der 2004 in Istanbul das kurdische Epos *Mem û
Zîn* als modernes Tanztheater zur Uraufführung brachte.
Mem û Zîn, Mitte des 17. Jahrhunderts von Ahmede Xani
verfaßt, ist eines der ersten schriftlich fixierten kurdischen
Werke. Es schildert die tragische Liebe zweier Menschen,
die nicht zusammenkommen können, enthält aber auch
eine für die Gegenwart relevante politische Thematik, die
Unterdrückung der Kurden und das Fehlen einer einigen
politischen Führung. Abdullah Kaya geht es nicht vornehmlich um Ideologie, sondern um Kunst.

»Auf türkischem Boden wuchsen Amazonen heran. Zur Zeit des Islam dagegen schloß sich die Frau zu Hause ein, und jetzt wird die türkische Frau erneut bis zu den höchsten Stellen emporgehoben. Sie kann sogar Parlamentsabgeordnete werden.« Frauen in Diyarbakır

Das gilt auch für den ebenfalls aus Diyarbakır stammenden Performance-Künstler Murat Batgi (geb. 1971), der seit 2002 in Istanbul und landesweit mit kurdischer Stand-up-Comedy auftritt. Im Interview mit Ömer Erzeren erklärt er: »Heute wird die Existenz der Kurden nicht mehr geleugnet. Für Künstler ist damit eine neue Situation entstanden. Früher genügte es, festgenommen und mit Polizeiknüppeln traktiert zu werden, um Anerkennung von der kurdischen Bevölkerung zu erlangen. Heute ist der Ausgangspunkt ein anderer.« Er traut sich, das kurdische Publikum auf die Schippe zu nehmen. Kurdische Selbstkritik, und zwar in aller Öffentlichkeit, ist genauso neu wie – trotz aller Tragik – die lachende Seite der Menschen zu zeigen. Und: »Es gehört Mut dazu, das gebrochene Türkisch der Kurden aus Diyarbakır zu karikieren.«

Das Erlebnis sprachlicher Diskriminierung hat auch den Dichter Murathan Mungan geprägt, der zwar 1955 in Istanbul geboren wurde und heute wieder dort lebt, doch seine Kindheit und Jugend in der malerisch an einem Berghang gelegenen Stadt Mardin verbrachte, woher seine Familie väterlicherseits stammt. Türkisch lernte er erst in der Schule, nachdem er als Kind wie seine Verwandten kurdisch-arabisch (die syrische Grenze ist in Sichtweite) gesprochen hatte. »Die ›Sprachlosigkeit‹ seiner kurdischen und arabischen Verwandten, die der türkischen Sprache nicht mächtig waren oder sie nur gebrochen sprachen, sei für ihn der Hauptantrieb gewesen, ein Schriftsteller türkischer Sprache zu werden«, so schreibt Börte Sagaster in ihrem Nachwort zu dem Erzählband *Palast des Ostens*, dem bisher einzigen Buch des Autors, das in deutscher Sprache zugänglich ist. »Die frühe Erfahrung von Fremdheit – erzeugt durch die andere Sprache, durch die kulturbedingte Andersartigkeit (...), durch die schichtbedingte

Andersartigkeit als Sohn einer Familie der oberen Mittelschicht im ländlich geprägten Mardin und nicht zuletzt durch seine Situation als Schwuler in der Türkei – spiegelt sich deutlich in Mungans Texten.«

Alle fünf Geschichten in dem Erzählband handeln von Paarverhältnissen, wobei lediglich eine (*Muradhan und Selvihan*) die klassischen Liebesgeschichten zwischen Mann und Frau variiert; in den anderen geht es um Beziehungen zwischen Männern. Die Freundschaft von zwei Fünfzehnjährigen wird in *Ökkeş und Cengâver* durch das Stammesritual des gnadenlosen Zweikampfes auf eine harte Probe gestellt. In *Dumrul und Azrail* verliebt sich der Todesengel Azrail in den Brückenbauer Dumrul und gibt seinetwegen die Unsterblichkeit auf. Während die bisher genannten Beispiele an Märchen und Volkserzählungen erinnern, ist *Der Großvesir und sein Bote* eine geschichtlich verankerte Erzählung, die um den Tod des Sultans Mehmed II., *Fatih* (der Eroberer) genannt, kreist und im alten Konstantinopel von 1481 spielt.

Murathan Mungan ist in der Türkei genauso populär wie der Nobelpreisträger Orhan Pamuk. Sein umfangreiches literarisches Schaffen, zu dem neben Erzählungen auch Hörspiele und ein Roman gehören, hat zwei Schwerpunkte: Er ist zum einen als tiefgründiger Lyriker bekannt, aber manche seiner Texte sind so volkstümlich, daß sie, als Liedtexte vertont, von Popmusikern vorgetragen werden. Zum anderen hat Mungan, der nach seinem Studium der Theaterwissenschaft an den Staatstheatern in Ankara und Istanbul tätig war, diverse Theaterstücke geschrieben, zum Beispiel das preisgekrönte Stück *Mahmut ile Yezida* (Mahmut und Yezida, 1981), das den ersten Teil der *Mezopotamya Üçlemesi* (Mesopotamien-Trilogie) bildet. Die elfstündige Uraufführung im Staatstheater Antalya im Jahr 1994 erregte großes Aufsehen. Mungan ist einer der vielseitigsten Autoren der türkischen Gegenwartsliteratur. Er schöpft aus den Liedern, Sagen, Märchen und Mythen der Kurden, Araber und Türken sowie aus der Tradition des Osmanischen Reiches, das ja multikulturell und multilingual war. »Mungan jongliert mit seinen Talenten. Er scheut das Triviale nicht, und er liebt die Tiefgründigkeit. Vor allem die städtische Jugend verehrt ihn – vielleicht, weil sein literarisches Crossover auch ihrem Empfinden entspricht«, schreibt Sibylle Thelen in der *Stuttgarter Zeitung* (2. 12. 2006).

Hakkari

Der Name dieses Ortes ist manch deutschem Filmfan durch *Eine Saison in Hakkari*, die Verfilmung des Romans *O* (deutsch: *Ein Winter in Hakkari*) von Ferit Edgü bekannt. Der 1936 in Istanbul geborene Autor studierte Malerei und lebte von 1958 bis 1964 in Paris, wo er u. a. an der Sorbonne Philosophie und Kunstgeschichte studierte. Als er in die Türkei zurückkehrte, um seinen Militärdienst zu leisten, wurde er nach der Grundausbildung für ein Jahr als Lehrer in ein Dorf in der Provinz Hakkari geschickt. Am Beginn seiner Aufzeichnungen zitiert Edgü aus einem türkischen Tourismusführer:

»Die Gegend von Hakkari ist die gebirgigste, verlassenste Ecke unseres Landes. Sie ist umgeben von unzugänglichen Bergen ohne Straßen. Die Berge, die das Gebiet von allen Seiten einschließen, erreichen eine Höhe von 4000 Metern. An vielen Orten verwandeln sich die Täler zu engen Schluchten. Zu den kleinen Ortschaften und Dörfern fahren nicht einmal im Sommer Motorfahrzeuge. Auf den Bergen liegen ewiger Schnee und sogar Gletscher ...«

Ferit Edgü hat keinen Dorfroman verfaßt, er berichtet nur knapp von dem unsagbar harten Winter, in dem erst die Kleinkinder einer Epidemie zum Opfer fallen und dann die Schafe. Kein Arzt kommt in das abgelegene verschneite Dorf, und alle Petitionen an die Behörden sind nutzlos. Während die Schulkinder (und auch die Erwachsenen) langsam die Sprache des Lehrers und Wissen über die Welt draußen lernen – wobei sich der Lehrer immer fragt, ob es ihnen nützt –, ist auch der Lehrer selbst ein Lernender.

»(...) inzwischen lernten die Kinder, wie wir verwaltet werden, die Bürgermeisterwahlen und andere Wahlen, unsere Hauptstadt, andere unserer Großstädte, sie lernten, woher die Kohle kommt, woher das Öl kommt, wie Strom erzeugt wird, warum die Sterne so weit weg sind, all das lernten sie, und ich lernte inzwischen, auf dem Lande zu leben, auch auf dem Lande, auch auf einem Berg, mit anderen Menschen, schlecht ernährt, ich lernte, das Sterben der Kinder zu sehen, ohne zu sterben, zu leben, ohne wahnsinnig zu werden, inzwischen lernte ich auch einige Wörter aus ihrer Sprache, ich lernte, wie die Schafe gebären, wie die Wölfe in die Dörfer kommen, wie die Hunde beißen, das alles lernte ich. Inzwischen lernte ich auch, wie man im Exil lebt, lernte einen Winter lang, wenn die Kälte minus fünfundzwanzig Grad erreicht, wie man nicht erfriert, wie man durchhält, wie man sich mit seinem eigenen Atem erwärmt, das lernte ich, wie man mit sich selbst spricht, wie man sich das Leid klagt, wie man Geschichten erfindet, inzwischen lernte ich, daß das Leben keine festgesetzten Formen, keine auswendig gelernten Formeln haben kann, daß man nicht nur auf Meeren lebt, daß ich vielleicht nie wieder zu den Meeren zurückkehren werde, inzwischen lernte ich auch die Stimmen der Stille hören, ich stand an der Schwelle der Unterdrücktheit, der Hilflosigkeit, der Unterwerfung, des Nichts.«

Der Erzähler macht in dieser extremen Situation, die er sich nicht ausgesucht hat, eine Art mystische Erfahrung. Er bezeichnet sich selbst als Schiffbrüchigen, als einen Verrückten, als Derwisch und als einen, der sich nicht mehr kennt und sich an kein früheres Leben erinnert. Er ist auf den Spuren seiner selbst, was der türkische Titel des Romans wesentlich besser wiedergibt als das deutsche *Ein Winter in Hakkari*. Das O bezeichnet unter anderem die dritte Person, also »er, sie, es«, aber auch »jener dort in der Ferne, der Abwesende«. Außerdem steht es für das bekannte Nullzeichen, ein Symbol des Nichts, und für die geometrische Kreisform. Dies wird im 60. Kapitel des Buches ausgeführt. Die Aufzeichnungen des Lehrers sind keineswegs durchgehend erzählend, sie erinnern vielmehr oft an lyrische Gedichte, manchmal sind sie dialogisch, manchmal reihen sich knappe Notizen wie in einem Tagebuch, stellenweise werden Träume erzählt. Die Verfilmung durch Erden Kirdal kann die differenzierte poetische Qualität ebensowenig nachbilden, wie etwa Fotos der beschriebenen Realität gerecht würden – was der Ich-Erzähler zu dem brieflich geäußerten Wunsch seiner früheren Geliebten, doch recht viele Fotos zu machen, sarkastisch anmerkt. Zum einen fehlt es an Kamera und Filmmaterial, aber wenn es diese gäbe, dann wäre für ihn das Fotografieren absurd:

»Dann fotografierte ich den fallenden Schnee.
    Und fotografierte den schmelzenden Schnee.
    Und fotografierte die im Schnee barfuß laufenden Kinder (in Farbe, dunkelblau).

Ich fotografierte die blutenden Wunden (Blut und Urin-farbe). Die sterbenden Kinder (vor, während und nach dem Tod) fotografierte ich (farbig und schwarzweiß). Die verkauften Mädchen fotografierte ich (vor, während und nach dem Verkauf).

Ich fotografierte die kalte Erde, die unter dem Schnee aufgegraben wurde, in die die nackte Leiche eines Kindes hinuntergelassen wurde. Ich fotografierte die Felsen, wo weder Gras wuchs noch der Schnee hielt. Ich fotografierte den Mondschein, der sich auf dem Schnee spiegelte.

Ich fotografierte das Morgengrauen (die beiden letzteren Bilder werden mir bestimmt einen Preis einbringen)

Ich fotografierte die erfrorenen Tränen.

Ich fotografierte den stolzen Kopf von Zazi.

Ich fotografierte die Gleichgültigkeit des Vorstehers.

Ich fotografierte die Tränen des Vorstehers.

Ich fotografierte die Flöhe.

Ich fotografierte die Hände . . . . .«

Ferit Edgü kehrte nach Ablauf des Jahres in Hakkari in den Westen zurück. Er ging 1967 noch einmal nach Paris, danach gründete er in Istanbul den *Ada*-Verlag. Er schrieb Erzählungen, Romane, Essays und Gedichte.

Ankara

Ankara ist seit 1923 die Hauptstadt der Türkischen Republik. Sie ist nicht gerade ein Touristenmagnet, doch wer hierherkommt, sollte unbedingt das hervorragende *Museum für Anatolische Zivilisationen* mit Originalen aus den steinzeitlichen, assyrischen und vor allem den hethitischen Ausgrabungsstätten Anatoliens besuchen. Weitere Sehenswürdigkeiten sind die Ruine des ehemaligen Augustus-Tempels, wo in die Antenwände in lateinischer und griechischer Sprache der Tatenbericht dieses römischen Kaisers (*Monumentum Ancyranum*) eingraviert ist, sowie das Atatürkmausoleum und das alte Parlamentsgebäude im Stadtteil Ulus.

Laut Pausanias war Ankara eine Gründung des phrygischen Königs Midas, zuvor nutzten bereits die Hethiter den Zitadellenhügel unter dem Namen Ankala oder Ankuwasch. In der römischen Kaiserzeit war Ankyra Provinzhauptstadt mit bis zu 200 000 Einwohnern. Dann folgten Jahrhunderte der Bedeutungslosigkeit. Nach der Auflösung des Osmanischen Reiches wurde das im Landesinneren geschützt gelegene Ankara am 13. Oktober 1923 zur Hauptstadt der neuen Türkei erklärt. Damals gingen die Stadtgrenzen noch kaum über den historischen Kern hinaus. Es begannen eine großzügige Erschließung und der rasche Aufbau neuer Stadtteile. Die zentrale Nord-Süd-Achse ist der Atatürk Bulvarı, der von der Altstadt durch die Neustadt hinauf zum Regierungsviertel Çankaya führt. Inzwischen verfügt Ankara über eine U-Bahn und Heizgas, so daß der früher berüchtigte Wintersmog sich in Grenzen hält.

Daß sie auch in einer Literaturstadt leben, wissen die meisten Bewohner nicht, denn im Vergleich zu Istanbul

Es nimmt kaum wunder, wenn in Romanen, die in der Hauptstadt spielen, die politische Geschichte der Türkei ein Thema bildet. Ankara, Kocatepe Moschee

haben sich nicht viele Schriftsteller länger hier aufgehalten, und relativ selten ist Ankara zum Thema und Ambiente dichterischer Werke geworden.

Freilich stellen die Mitglieder der Regierung, des Parlaments und der Ministerien sowie die Lobbyisten der vielen ausländischen und inländischen Firmen ein prominentes Publikum für die von Staatsgründer Atatürk so geschätzte Oper, für Konzerte, Ausstellungen und Theater dar. Mit Kinos, Buchhandlungen und Kulturinstituten ist Ankara reich gesegnet. Mehrere Universitäten und die Hochschule für Theater und Film tragen zum geistigen Leben bei. In den Hauptstadtstudios des staatlichen Türkischen Rundfunks und Fernsehens TRT haben Autoren und Autorinnen seit Anbeginn Lohn und Brot gefunden. Dennoch ist die gepflegte »Bürokratenstadt« Ankara bei den meisten Künstlern längst nicht so beliebt wie Istanbul mit ihrer weltläufigen, multikulturellen Lässigkeit, ihrer anregenden Morbidität. Auch ist das kontinentale Klima der mittelanatolischen Hochebene – heiße, trockene Sommer, bitterkalte Winter – wenig einladend. Von Yahya Kemal, einem der bedeutendsten Lyriker zu Beginn des 20. Jahrhunderts, der sowohl Abgeordneter als auch Beamter war, stammt der Satz: »Was ich an Ankara am meisten liebe, ist die Rückkehr nach Istanbul.«

Unter den Parlamentsabgeordneten oder Ministerialbeamten fanden sich in der Frühzeit der Republik Schriftsteller, etwa Yakup Kadri Karaosmanoğlu, Memduh Şevket Esendal, Yahya Kemal (s. o.), Orhan Veli Kanik, Hüseyin Rahmi Gürpınar, Reşat Nuri Güntekin und Ahmet Hamdi Tanpınar. Wir begegnen diesen Autoren zumeist in Istanbul wieder (siehe *Istanbul. Ein Reisebegleiter*), denn dort verbrachten sie den größeren Teil ihrer Lebenszeit.

Das gilt auch für den Verfasser der türkischen Nationalhymne, Mehmed Akif Ersoy (1873-1936); er lebte zur Zeit der Gründung der Republik in Ankara, verließ jedoch aus Enttäuschung über die unzureichenden Reformen das Land.

Atatürks Absicht war, den neu gegründeten türkischen Staat zu einer Demokratie nach westlichem Vorbild zu formen. Deshalb schaffte er das Kalifat und den Islam als Staatsreligion ab, führte die Lateinschrift und den Gregorianischen Kalender ein, verbot den Fez und die Polygamie und gab 1934 den Frauen das Wahlrecht. Als Atatürk 1938 starb, waren wesentliche Reformen nicht erfolgt, etwa der Aufbau eines Mehrparteiensystems, eine Landreform, die die Macht der Großgrundbesitzer beschnitten hätte und die Verbesserung der Lage der Landbevölkerung. Diese und andere ungelöste Probleme führten in der Folgezeit immer wieder zu politischen Krisen, die mehrmals das Militär zum Eingreifen veranlaßten.

Es nimmt kaum wunder, wenn in Romanen, die in der Hauptstadt spielen, die politische Geschichte der Türkei ein Thema bildet. Dies trifft auf die Werke von Sevgi Soysal, Aysel Özakın und Adalet Ağaoğlu zu, die gleichzeitig Beispiele dafür sind, daß sich die zahlreichen türkischen Schriftstellerinnen keineswegs auf typisch weibliche Themen beschränken.

Sevgi Soysal (1936-1976) schildert in ihrem Roman *Yenişehirde Bir Öğle Vakti* (Ein Mittag in Yenişehir) das Leben und Treiben rund um den zentralen *Kızılay*-Platz, der nach dem Gebäude des Roten Halbmonds, der Parallelorganisation zum Roten Kreuz, benannt ist. 1974 wurde sie dafür mit dem Orhan-Kemal-Preis ausgezeichnet. Der Roman entstand während ihrer einjährigen Haft, zu der sie wegen Beleidigung der Armee verurteilt worden war.

Menschen aller Gesellschaftsschichten verbringen ihre

Mittagszeit am *Kızılay*-Platz im Zentrum des Stadtteils Yenişehir (Neustadt), wo in Kaufhäusern und Banken, Restaurants und auf einer Flaniermeile das Leben pulsiert. Wie in einem »Reigen« werden Studenten und wohlsituierte Bürger, ein Verkäufer und eine Bankangestellte, eine Hure und ein Verrückter ebenso wie ein Schuhputzer und ein Hausmeister mit ihrer gesamten Lebensgeschichte vorgestellt. Zwischen ihnen gibt es nur wenige Berührungspunkte, mit Ausnahme der Studenten Ali und Doğan, die befreundet sind, und Doğans Schwester Olcay, die Ali liebt. Alle diese Menschen sind mehr oder weniger zufällig Zeuge, wie die Feuerwehr eine morsche Pappel aus einer Zeit, »als Kızılay noch ein Sumpf war«, fällt, nachdem sie sich im Wind gefährlich zu neigen begonnen hat. Die Straße ist abgesperrt, der Verkehr staut sich. Dennoch kommt es zu einem Unfall. Der Hausmeister Mevlut gerät unter den Baum. Nicht von ungefähr wird gerade dieser von allen Seiten bedrängte Mensch zum Opfer. Die Hausbesitzerin verlangt, daß er seiner Ehefrau abgewöhnt, sich wie im Dorf zu benehmen, also die Wäsche nicht im Vorgarten aufzuhängen, was er dieser widerborstigen Bauerntochter offensichtlich nur mit Geschrei und Schlägen beibringen kann; doch die lautstarke Demonstration männlicher Überlegenheit ist in einem städtischen Wohnhaus verpönt. Unter dem Druck widerstreitender Anforderungen und aus Angst, seine Stelle zu verlieren, reagiert der Mann panisch.

»Mevlut lud sich den Korb auf mit der letzten Kraft, die seinem deprimierten Körper gebliebenen war. Die Füße schleppend stieg er die Treppe hinunter. An jeder Tür trat er sich vor dem Läuten erst die Schuhe ab. Endlich war der Korb leer. Er ließ ihn im Hauseingang stehen. Ich soll sofort Roggenbrot holen, fiel ihm ein. Und Nummer vier wollte Petersilie, da war Mevlut gehörig beschimpft worden, weil er das vergessen hatte. Aber in Wirklichkeit war gar keine Petersilie bestellt worden. Er trat in den Vorgarten hinaus. Auf der Straße hatten die Feuerwehrleute ein Tau um den Stamm der Pappel geschlungen und zogen daran. Mevlut schaute leeren Blickes auf die Feuerwehr, auf die Menge, auf das Tau. Er dachte an das Roggenbrot. Die Wäsche war abgenommen, aber immer noch spannte sich die Wäscheleine zwischen dem Eingang und der Pappel. (…) Wie ein Verrückter hängte sich Mevlut an das Wäscheseil. Die Pappel schwankte nicht mehr so langsam wie vorher, sondern geriet jetzt heftig ins Wanken. Die Feuerwehrleute schrien Mevlut zu, er solle aus dem Weg gehen. Doch es war zu spät. Mevlut sah und hörte nichts, unfähig, die Wäscheleine loszulassen. Es war, als müßte er sie abreißen, um sich von den Fesseln seines Sklaventums zu befreien, oder als könnte so seine gequälte Seele wieder neuen Mut fassen. Er wollte einfach um keinen Preis seine Hausmeisterstelle direkt am Kızılay verlieren.«

Der Zeitrahmen dieses polyperspektivisch erzählten Romans erstreckt sich über allenfalls zwei Stunden, beginnend mit dem Windstoß, der die Pappel ins Schwanken bringt, bis zum Einschreiten der Feuerwehrleute, die den Tod des Hausmeisters nicht verhindern können. In jedem Kapitel wird daran erinnert, daß die Zeit kaum weitergelaufen ist, daß die Leute immer noch gaffend an der Absperrung stehen oder diese mittlerweile ungeduldig durchbrechen. Der äußere Verlauf ist wenig spektakulär. Die Personenzeichnung beherrscht die Autorin hingegen meisterhaft. Da ist die hochnäsige Mevhibe Hanım, Tochter eines Abgeordneten aus der Atatürk-Zeit, die ihre gesamte Umgebung, den Hausmeister Mevlut ebenso wie ihre Kinder Doğan und Olcay, mit ihren starren Vorschriften drangsaliert, selbst aber genauso unglücklich ist wie ihr Mann

Salih Bey, der es, aus kleinen Verhältnissen stammend, durch unendlichen Fleiß und eine berechnende Heirat bis zum Professor gebracht hat.

Sproß einer alten vornehmen Familie ist auch Necip Bey. Er hat vom Erbe seiner Eltern gelebt und verpraßt nun den noch verbliebenen Rest, was die junge Bankangestellte Mehtap unerwartet persönlich berührt, denn ein Vermögen, wie es der Müßiggänger Necip durchgebracht hat, wird sie im Leben nie erarbeiten können, und ihr Ziel, das Geld für eine eigene Wohnung anzusparen, droht die Inflation zunichte zu machen.

Daneben gibt es auch clevere Geschäftemacher, etwa den Händler Güngör, der luxuriöse Elektrogeräte und Autos aus Europa importiert. Kleine Erfolge erringen auch der Zigeuner Necmi – die Schaulustigen lassen sich von ihm die Schuhe putzen – und die Hure Aysel, die endlich einen Personalausweis bekommen hat, »ohne den man ja kein Mensch« ist.

Die interessanteste Figur verkörpert zweifellos der Jurastudent Ali, ein Arbeiterkind aus dem *gecekondu*, der, anders als die übrigen, nicht allein an sein persönliches Fortkommen denkt, sondern sich der sozialen Gerechtigkeit verschreibt. Er weiß Doğan und Olcay, die Abkömmlinge der Oberschicht, zu überzeugen, daß die gravierende Benachteiligung der ärmeren Bevölkerung durch politische Maßnahmen behoben werden muß. Doch während er unerschütterlich an seinen Auftrag glaubt und dabei auch eine Haftstrafe in Kauf nimmt, werden die beiden Geschwister von Selbstzweifel und Eifersucht geplagt.

Sevgi Soysal hat dieses Thema in einem weiteren Roman, *Şafak* (1975, Morgengrauen), noch einmal aufgenommen. Auch hier gibt es einen wegen seiner linken politischen Ansichten aus der Arbeiterklasse herausragenden Ali, den die Hauptfigur Oya bewundert. Auch hier werden Ali sowie Oya verhaftet, gefoltert und schließlich freigelassen. In beiden Romanen geht es um die Haltung der Intellektuellen, die, weil sie aus privilegierten Verhältnissen stammen, selbst im Gefängnis besser dran sind als die einfachen Menschen aus dem Volk. Liebe und Freundschaft zwischen den jungen Leuten von so grundverschiedenem Hintergrund scheitern folglich an den unüberbrückbaren Klassengegensätzen.

Lächerlich erscheint uns heute, daß Sevgi Soysals Roman *Yürümek* (1970, Gehen), eine Liebesgeschichte, in der Türkei wegen des Vorwurfs der Pornografie kurzzeitig (1971-1974) verboten war. Zwar spricht die Autorin eine klare Sprache, besonders was die Beziehung zwischen den Geschlechtern angeht, und verwendet herzerfrischende Flüche, aber von Pornografie sind ihre Texte weit entfernt. Auch in *Tante Rosa* (1968), einer in Deutschland spielenden Lebensgeschichte einer unangepaßten Deutschen, ist die Protagonistin, die ihre erotischen Fantasien manchmal auslebt, meistens aber nur träumt, keineswegs unanständig. Die Autorin, deren Mutter aus einer deutschen Familie stammte, wurde zu *Tante Rosa* durch die außergewöhnlichen Lebensgeschichten von Urgroßmutter und Tante angeregt. Letztere wollte Kunstreiterin werden und flog aus der Klosterschule, die Urgroßmutter verließ Mann und Kinder und ging in die Großstadt. Die biografische Skizze ist der einzige von Sevgi Soysal in deutscher Sprache vorliegende Text, der kaum einen Eindruck von der stark politisch geprägten Prosa der früh Verstorbenen vermittelt.

Der erste Roman von Aysel Özakın (geb. 1942 in Urfa), *Die Preisvergabe* (*Genç Kız Ve Ölüm*, 1980) spielt größtenteils in Ankara. Die Autorin hatte in Ankara studiert und als Französischlehrerin gearbeitet, ehe sie nach dem Militärputsch 1980 nach Deutschland emigrierte. Dort wurde sie mit Erzählungen wie *Die Leidenschaft der anderen* (1983), *Glaube, Liebe, Aircondition* (1991) und Romanen wie dem zuerst genannten und *Die Zunge der Berge* (1994) bekannt. Sie fühlte sich allerdings mißverstanden, weil man ihre Bücher in die Ecke der Gastarbeiter- und Migrantenliteratur stellte. Sich selbst zählt Aysel Özakın – sie hatte zudem in Paris studiert und gelehrt – einer internationalen intellektuellen Schicht zugehörig. Seit 1990 lebt sie in England.

Der Roman *Die Leidenschaft der anderen* flicht kunstvoll mehrere Handlungsstränge ineinander. Die geschiedene Schriftstellerin Nuray Ilkin fährt von Istanbul nach Ankara, wo sie während ihrer Ehe gelebt hat, um einen Literaturpreis für ihren autobiografisch gefärbten ersten Roman entgegenzunehmen. Dieser »Roman im Roman« wird kapitelweise eingefügt und in Beziehung gesetzt zum Ablauf der Preisverleihung in Ankara. Eine weitere Ebene ist die gedankliche Auseinandersetzung der Protagonistin mit ihrer Tochter, einer Istanbuler Studentin, die mit ihren Kommilitonen gerade die Revolution gegen das Establishment plant. Für diese Tochter ist der Roman der Mutter, deren Ausbruch aus der Ehe, das Streben nach persönlicher Autonomie nur »individualistisch-bürgerlich« und der Literaturpreis, den ein von der Wirtschaft getragener *Klub der Schönen Künste* zuerkennt, ein Beweis dafür, daß das Buch angesichts der zugespitzten politischen Lage »nicht wichtig« ist. Nuray gibt ihrer Tochter zunehmend recht, denn die Honoratioren im Klub ehren mit ihrem selbstgefälligen Benehmen weniger die Autorin, sondern benutzen den Anlaß zur eitlen Selbstdarstellung.

»Es kam ihr vor, als hätte dieser Preis zwei einander entgegengesetzte Bedeutungen: Aufstieg und Fall. Aufstieg,

222

weil er ihre glanzlose Existenz plötzlich und unerwartet zum Strahlen brachte. Fall, weil es ihr schien, als sei sie in einen Hinterhalt geraten.«

Zwar kann Nuray Ilkin den Preis nicht ablehnen, weil sie das Preisgeld dringend braucht, doch sie entzieht sich, indem sie noch vor dem Abschlußessen das Hotel verläßt. Gedankenverloren wandert sie durch das nächtliche Ankara.

»Sie kam zu einer Straße, die auf beiden Seiten von Kastanienbäumen gesäumt war. Die Straße war menschenleer. Sie spitzte die Lippen, preßte die Zunge gegen den Gaumen und wollte pfeifend wie ein Mann den Geschmack des Spazierens auf der Straße genießen. Ein kleines Glück. Ihr war zum Weinen zumute. Pfeifen, singen, weinen ... Wenn sie früher durch diese Straße ging, war sie gewöhnlich in Gedanken versunken gewesen. Es quälte sie, daß sie sich in einem Zustand befand, in dem sie zum Zuschauer ihres eigenen Lebens geworden war. Das Leben übergestülpt wie ein fremdes Kleid. Die Tante, die sie großgezogen hatte, die Schulen. Und Cemil, der ihr erster Mann gewesen war, dem sie versucht hatte, zu gleichen. Ausziehen wollte sie dieses Kleid und verstehen, was sie wirklich wollte.«

In Aysel Özakıns Roman geht es auch um die türkische Version des Feminismus, und das über drei Generationen hin. Die Mutter der Protagonistin, eine erfolgreiche Lehrerin, verfiel, zerrieben zwischen dem von Atatürk propagierten Ideal der emanzipierten Frau und der türkischen Männerwelt, die einen Wandel der Beziehungen in der Praxis nicht akzeptieren wollte, in Depressionen.

»Sie dachte an ihre Mutter, die sich angestrengt hatte, um mehr Erfolg zu erlangen als ein Mann. Sie hatte das Leben begierig umarmen wollen. Im Saal hatte sie eine Rede gehalten: ›Zu Zeiten der Hethiter unterzeichnete der Herr-

223

scher den Vertrag von Kadesch mit seiner Frau gemeinsam. Auf türkischem Boden wuchsen Amazonen heran. Zur Zeit des Islam dagegen schloß sich die Frau zu Hause ein, und jetzt wird die türkische Frau erneut bis zu den höchsten Stellen emporgehoben. Sie kann sogar Parlamentsabgeordnete werden.‹ Der Inspektor hatte gratuliert.«

Die Frauenfrage ist jeweils eng mit der politischen Entwicklung verbunden. In der Frühzeit der Republik gab der Staat die Ideale vor. Sowohl Nuray als auch ihre Tochter verkehren in linken Kreisen; die jüngere Generation argumentiert gesellschaftspolitisch radikaler, was zum Zusammenstoß mit der Staatsmacht führt. Im Hintergrund der Preisverleihung in Ankara zeichnen sich die Unruhen und der Putsch von 1980 ab. Nuray Ilkin beobachtet Verhaftungen, Razzien, sie hört Schüsse und Explosionen.

Aysel Özakın deutet in ihrem Roman die politische Entwicklung zwischen dem Ende des Zweiten Weltkriegs und dem Umsturz von 1980 an, Sevgi Soysal hat den Militärputsch von 1971 im Visier. Doch nur einer Meistererzählerin wie Adalet Ağaoğlu gelingt es, den umfangreichen historischen Stoff nicht lediglich anzutippen, sondern facettenreich darzustellen, ohne daß das Romankonzept von der Schwere des Faktischen erdrückt wird. Ihre, weitgehend in Ankara spielende Trilogie *Dar Zamanlar* (Schwere Zeiten), bestehend aus den Teilen *Ölmeye Yatmak* (1973, *Sich hinlegen und sterben*), *Bir Düğün Gecesi* (1979, Nacht einer Hochzeitsfeier) und *Hayır* (1987, Nein), beleuchtet im engeren Sinne den Zeitraum von 1968 bis zu den auf die Umwälzung von 1980 folgenden Jahren. Geschickt bezieht sie dabei in Rückblenden auch die Frühzeit der Republik ab etwa 1938 mit ein, indem sie alternative Erzählformen wie Tagebuchauszüge, Briefe, Zeitungsmeldungen und Rundfunknachrichten verwendet.

Hauptfigur ist die Soziologiedozentin (und im dritten Teil Professorin) Aysel Dereli, eine Intellektuelle und Großstädterin, für die Emanzipation und Gleichberechtigung der Frau aufgrund der Reformen Atatürks zur Selbstverständlichkeit geworden sind. Infolgedessen thematisiert die Autorin diese Frauenthemen weniger als die Verantwortung der Intellektuellen für die Entwicklung des Landes, ihre Mitschuld am Eingreifen des Militärs, an der Ausgrenzung der idealistischen linken Jugend und am Sieg materialistischer Interessen über alles Differenzierte, Feinsinnige und auch über Menschenrechte und soziale Gerechtigkeit.

Der erste Teil der Trilogie, *Sich hinlegen und sterben*, spielt in einem Hotelzimmer im Zentrum von Ankara. Die vierzigjährige Aysel hat sich hier, nachdem sie stundenlang durch die nächtliche Hauptstadt gewandert war, eingemietet und ist entschlossen zu sterben. Warum sie den Tod ersehnt, bleibt lange rätselhaft. Ihr innerer Monolog läßt vermuten, daß sie schwanger ist von ihrem Geliebten, dem Studenten Engin, doch dies wäre für eine emanzipierte Frau wie sie kein Grund zur Verzweiflung. Etwas ist zwischen ihr und Engin vorgefallen; er hat sie mit harten Worten und grob handgreiflich aus der Druckerei, wo er neben dem Studium arbeitet, hinausgeworfen, so daß sie nicht mehr dazu kam, ihm das Honorar für eines ihrer Bücher zuzustecken, damit er seine Miete bezahlen kann. Schon dies zeigt das ungleiche Verhältnis zwischen der Dozentin und ihrem viel jüngeren Liebhaber, das auch politische Gegensätze belasten. Er engagiert sich in einer radikalen Partei, sie gehört dem liberalen Establishment an.

Während in dem abgedunkelten Hotelzimmer die Zeit nur langsam vergeht, wird in ausführlichen Rückblenden Aysels Leben sowie das Schicksal einiger Klassenkameraden seit der Schulzeit reflektiert. Die jungen Menschen, wie die Autorin um 1929 geboren, sind geprägt vom Idealismus ihres engagierten Lehrers, sie wollen sich bilden, um ihrem Land zu dienen, und nehmen dafür Entbehrungen und harte Arbeit in Kauf. Doch der reformerische Fortschritt, den sich diese »Kinder Atatürks« erhofft haben, bleibt stecken. Die Errungenschaften der Gründerjahre gelangen nicht über die großen Städte hinaus, und nach Jahrzehnten leben Arbeiter und Bauern immer noch in Armut und Unwissenheit. Unter vorwiegend unfähigen Politikern gerät die Demokratie zur Farce, Rechts- und Linksradikale werden zunehmend militant. Aysels Krise resultiert daraus, daß sich ihr Glaube an ihre Ideale als trügerisch erweist. Sie ist, wie alle Intellektuellen, die auf die westliche Kultur, auf Reformen und Vernunft gesetzt haben, gescheitert. Ein sinnfälliges Bild dafür ist der Ausblick aus Engins armseliger Studentenbude über die Dächer Ankaras hin zum Mausoleum des Staatsgründers:

»Engin schlief auf dem eisernen Bettgestell. Weit draußen vor dem Fenster sah ich in der Ferne das Atatürk-Mausoleum. Die im Smog der Hauptstadt nur schwer auszumachende Front des Mausoleums: abwechselnd ein weißer Streifen, ein schwarzer Streifen. Ein weißer, ein schwarzer ... Ein weißer, ein schwarzer. So monoton verläuft die Fassade des Mausoleums. Langweilig. Ein langweiliger Bau, nirgendwo unterzubringen. Ich wandte der langweiligen, gestreiften Front des Mausoleums den Rücken zu. Von der Wand hinter dem Kopfende des Bettes bis zur gegenüberliegenden war eine Leine gezogen. Darauf hingen eine Hose, ein Pullover, ein Schnürhemd, ein einzelner Strumpf. Ganz am anderen Ende noch ein einzelner Strumpf. Engins Garderobe ... Das war noch nicht alles. Da war natürlich noch eine Unterhose ... Das Unterhemd, Marke Yıldız, in verwaschenem Weiß. Offensichtlich ein ordentlicher junger Mann. Als er sich kurz zuvor eilig auszog und auf mich legte – er fürchtete wohl, ich würde es mir anders überlegen –, hatte er seine Unterhose nicht auf den Fußboden geworfen, sondern auf die Leine gehängt. Ich lächelte, als er sie auszog. Vor Glück, hatte er gemeint. Mir war ein Wort aus längst vergangenen Zeiten in den Sinn gekommen. Während Ömer mich an unser gemeinsames Bett gewöhnte, erschien er nie in seiner Unterhose. ›Mein Vater hatte mir gesagt, lauf niemals vor einer geliebten Frau in Unterhosen herum!‹ Mein Mann hielt sich an diesen Rat, obwohl er wußte, wie unsinnig er ist. Hieß das, Engin hatte man keine Umgangsformen beigebracht? Nie hat man ihm gesagt, tu dies nicht, tu das nicht. Etwas schüchtern war er, natürlich. Weil ich seine Lehrerin war. Nun, das war gut möglich … Er war nicht mal irritiert, daß ich auf Hochachtung keinen Wert legte. Wahrscheinlich war ich ein wenig irritiert, weil ihn an der ganzen Situation nichts irritierte.«

Aysel findet in ihrem Hotelzimmer nicht den Tod, vielmehr führt die intensive Auseinandersetzung mit ihrem bisherigen Weg sie ins Leben zurück. Schließlich erkennt sie auch ihr persönliches Versagen gegenüber Engin, der mit seinem rätselhaften Verhalten in der Druckerei letztlich auf ihre vorangegangene Arroganz reagiert hat.

Inzwischen liegt *Sich hinlegen und sterben* in deutscher Sprache vor, und es bleibt zu hoffen, daß die übrigen Teile der Romantrilogie bald folgen werden. Im zweiten Teil geht es um die prächtige Hochzeitsfeier von Aysels Nichte Ayşen mit dem Generalssohn Ercan. *Bir Düğün Gecesi* gewährt dem Leser Einblick in die Hintergründe der militärischen Machtübernahme in der Türkei am 12. März 1971. Aysel bleibt aus Protest der Feier fern. Der dritte Teil, *Hayır*, spielt in den achtziger Jahren nach einem weiteren Militärputsch. Aysel, inzwischen Professorin, soll mit einem staatlichen Preis für ihre wissenschaftliche Arbeit geehrt werden. Während sie sich auf den Abend vorbereitet und an ihrer Rede feilt, erfahren die Leser, was einstweilen passiert ist. Die Liebesbeziehung zu ihrem Studenten wurde von politischen Gegnern benutzt, um Aysel zeitweilig von der Universität zu entfernen. Engin selbst wurde als Linker verhaftet und gefoltert, er konnte schließlich nach Schweden fliehen. Aysel reflektiert das unsolidarische Verhalten ihrer Kollegen in der Zeit, in der sie in Ungnade gefallen war, und fragt sich, ob sie den Preis überhaupt annehmen soll. Es bleibt offen, wie sie sich entscheiden wird.

Für ihre Rede zur Preisverleihung hat sie das Thema: »Die Selbsttötung der Intellektuellen als Widerstandsform der Zukunft« gewählt. Im Unterschied zum ersten Band der Trilogie geht es jetzt nicht um eine persönliche Sinnkrise, sondern um einen Akt des politischen Protests. Adalet Ağaoğlu setzt Erzähltechniken wie Bewußtseinsstrom, inneren Monolog, Montage ein, die den historischen Stoff und die politischen Probleme in persönlichen Gedanken der Hauptfiguren widerspiegeln.

Adalet Ağaoğlu wurde 1929 in Nallıhan nahe der Hauptstadt geboren. In Ankara besuchte sie das Gymnasium und die Universität, wo sie den Abschluß in Französischer Philologie machte. Bis 1970 arbeitete sie beim staatlichen Rundfunk, danach als freie Schriftstellerin. Sie hat außer der oben genannten Trilogie Romane wie *Zarte Rose meiner Sehnsucht, Yazsonu* (1980, Spätsommer), *Üç Beş Kişi* (1984, Drei Fünf Leute) *Ruh Üşümesi* (1991, Seelenerkältung) und *Romantik Bir Vienna Yazı* (1993, Ein romantischer Wiener Sommer) geschrieben. Erzählungen, Dramen und Hörspiele, Traumreisen, experimentelles Schreiben, Dialoge mit Kollegen … die Liste ihrer Werke ist ebenso beeindruckend wie die Formenvielfalt. Adalet Ağaoğlu wurde für ihre Werke mehrfach ausgezeichnet, allein für *Bir Düğün Gecesi* hat sie drei Literaturpreise, erhalten.

Ein weiterer Autor, der der Literaturszene von Ankara zuzurechnen ist, ist Bilge Karasu (1930-1995). Sein Roman *Nacht* (2001, *Gece*, 1985), der in den USA 1991 mit dem *Pegasus*-Preis ausgezeichnet wurde, könnte überall auf der Welt spielen, wo faschistoide Systeme sich etablieren. Den Inhalt zusammenzufassen bedeutet zugleich, ihn zu interpretieren, denn es ist nicht eindeutig, ob die »Nacht« und ihre Arbeiter Wirklichkeit, Traum, Symbol oder Thema eines Romans sind. Jedenfalls senkt sich die Nacht immer tiefer über eine fiktive Stadt, immer mehr Menschen werden von den »Arbeitern« mißhandelt und getötet, und der integre Schriftsteller N. wird von seinem früheren Schulkameraden O., dem Chef der Nachtarbeiter, in ein Spiel auf Leben und Tod verwickelt. Dabei wird N. gezwungen, ins Ausland zu reisen, um auf einer internationalen Pressekonferenz die Glaubwürdigkeit der von ihm gehaßten »Organisation« zu »bezeugen«, doch als er zu fliehen versucht, wird er niedergeschossen und in die »Heimat« zurückgebracht, wo er – vermutlich in einer Irrenanstalt – seine Erlebnisse niederschreibt, während sich die Finsternis als System etabliert.

Der Schreibende kann angesichts des Grauens, das er gesehen hat, nicht schweigen. Da er jedoch selbst ein Teil des Romans ist, sind seine Figuren womöglich Spiegelungen seiner selbst. Am Ende, als N. von O. durch ein Tor in die Dunkelheit gestoßen wird, sieht er ein Gesicht auf sich zukommen.

»Das auf mich zukommende Gesicht werde ich, wenn es

mir ziemlich nahe ist, eine kurze Zeit für O. halten. Dann
werde ich aufgeben. Je näher es mir kommt, wird es mir
wie das Gesicht der Frau namens Sevinç erscheinen. Auch
wenn sie wie ein Mann gekleidet ist. (…) Ich werde verstehen, daß all das ein Spiel ist, das meine Augen mit mir
spielen. Sevinç wird mit einem etwas ironischen Lächeln
schauen. Auf einmal werde ich sie erwürgen wollen. Wie
verrückt werde ich mich auf ihren Hals stürzen. Mit einem
widerlichen Schmerz, als würden alle meine Körperteile
zerschnitten, werde ich mit einem unheimlichen Poltern
zu Boden stürzen. Zusammen mit den zerbrochenen Lich-
tern. O., Sevinç, Sevim und ein blonder, tauber Junge werden in einem einzigen Gesicht vereint, blutend, lächelnd
mir zuschauen, wie in Spiegeln, oder auf dem Boden, vielleicht in meinem Kopf. (…) Während sich das Licht ganz
langsam verdunkelt, werde ich endlich ich sein, in jedem
gebrochenen Teil enthalten. Im Spiegel das von mir nicht
erkannte Ich. Tausende Stücke. Hunderttausende Stücke,
die ich nicht mehr bin.«

Die vier genannten Personen – wobei unklar bleibt, ob
sich hinter dem tauben Jungen N. selbst verbirgt – sind
die Erzähler der vier Erzählstränge, deren Beziehungen zueinander sich der Leser selbst zusammensetzen muß. Die
Erzählstruktur entspricht der Aussage, daß die Welt nicht
eindeutig faßbar ist und auch kein Mensch dem anderen
trauen kann, nicht einmal dem sogenannten Geliebten, ja
nicht einmal dem eigenen Ich.

Bilge Karasu hat diese Auffassung schon in seinem wesentlich heitereren Erzählzyklus *Der Garten entschwundener Katzen* (*Göçmüş Kediler Bahçesi*, 1980) gestaltet.
Die Rahmenerzählung spielt in einer italienischen Stadt,
wo in Erinnerung an eine historische Begebenheit eine Art
Schachspiel mit lebenden Figuren ausgetragen wird. Der

Ich-Erzähler, ein reisender Schriftsteller, wird durch einen Mann, der ihn stark fasziniert, in das mysteriöse Spiel hineingezogen. Als er jedoch einen unerlaubten Zug tut, ist sein Tod besiegelt. Es scheint so, als umarmte und erdrückte ihn der unheimliche Geliebte. Diese Version wird dann auf den letzten Seiten überraschend korrigiert. Der überlebende Freund entpuppt sich als der eigentliche Verfasser der Geschichte: »Ich hätte mich, als wir den Garten verließen, rechtzeitig vor den Mann werfen müssen, der sich darüber aufregte, daß die Stadtmannschaft seinetwegen verloren hatte, und ihn deshalb angriff. Dann wäre er nicht gefallen und unter jenes Auto gekommen. (...) Er starb in meinen Armen. Wozu nach ihm noch weiterleben?«

In den zwölf in die Rahmenhandlung eingefügten »Märchen« geht es ebenfalls um Liebe, um Verwirrspiele und um das Befremdliche. So entspinnt sich im ersten Märchen zwischen einem Fischer und dem von ihm gefangenen Riesenfisch eine »Liebesbeziehung«, weil der Fisch den Arm des Fischers verschluckt und dieser eher den Tod ertragen will, als den Fisch zu lassen.

»Je schwerer der Fisch wurde, desto klarer wurde dem Fischer, daß er diese Last liebte, mit zunehmendem Gewicht erleichterte sich sein Herz. In der Kälte kochte eine Wärme in ihm, die sich ausbreitete und ihn selbst und den Fisch wärmte. Er fühlte, daß er langsam die Sprache des Fisches zu verstehen begann. Wer weiß, vielleicht war es der Fisch, der die Sprache des Fischers zu verstehen begann.«

Auch in den anderen Märchen nimmt die Liebe seltsame Züge an, sie fordert Verschmelzung, Verwandlung und ein Sicheinlassen auf das Unbekannte.

Der Autor Bilge Karasu hat die längste Zeit seines Lebens in Ankara gelebt und dort zuerst beim staatlichen

Rundfunk, später als Dozent für Sprachphilosophie an der Hacettepe-Universität gearbeitet. Durch seine Übersetzungen macht er moderne westliche Autoren wie Faulkner, Lawrence, Simone de Beauvoir und Italo Calvino in der Türkei bekannt.

Bilge Karasu war unter anderem ein verehrtes Vorbild für seinen jüngeren Kollegen Ali Hasan Toptaş (geb. 1958). Dieser wurde lange Zeit nur von Schriftstellerfreunden im Raum Ankara geschätzt. Von Beruf Steuerbeamter und Gerichtsvollzieher, ging er 2005 in den Ruhestand, um sich ganz dem Schreiben zu widmen. Bekannt wurde er, als sein Roman *Die Schattenlosen* (deutsch 2006; *Gölgesizler* 1994) den Yunus-Nadi-Preis und der Roman *Uykuların Doğusu* (Der Osten des Schlafes) den Orhan-Kemal-Preis 2006 bekam.

Die Schattenlosen ist ein Spiel auf vielen Ebenen. Zu Beginn wartet der Ich-Erzähler im Friseursalon in der Stadt (Ankara ist erkennbar gemeint) auf die Rasur, als ihn der Friseur nach seinem nächsten Roman fragt. Dieser entwickelt sich aus den Elementen, die der Autor wahrnimmt: den tänzelnden Friseur mit den »Henkersäuglein«, den Lehrling, der losgeschickt wird, um Rasierklingen zu holen, und endlos nicht wiederkommt, die verträumten oder ungeduldigen Kunden, die Kohlezeichnung einer Taube an der Wand über dem Spiegel, den Straßenverkehr vor dem Fenster. Die Erzählung bewegt sich zwischen dem scheinbar realistischen Ausgangspunkt – am Schluß erfährt der Leser, daß auch der Friseursalon Teil einer Fantasiereise ist – und einem zweiten Friseurladen in einem entfernten Dorf. Über diesem anatolischen Dorf scheint ein Fluch zu liegen, weil ständig Leute verschwinden, und wenn sie wieder auftauchen wie der Friseur Nuri, dann finden sie sich in ihrem alten Umfeld nicht zurecht und wissen nicht zu sagen, wo sie so lange abgeblieben sind. Als das schöne Mädchen Güvercin (die Wortbedeutung ist Taube!) verschwindet, wird ein junger Mann, Cennets Sohn (Cennet bedeutet Paradies), beschuldigt, sie entführt zu haben. Der Unschuldige wird gefoltert, bis er den Verstand verliert. Weil der Bürgermeister sich für den Unstern, der über dem Dorf liegt, verantwortlich fühlt, reitet er in die Stadt, wo die Behörden sich für Güvercins Verschwinden nicht interessieren, was den Bürgermeister zur Verzweiflung treibt: Er kehrt unerkannt ins Dorf zurück und erhängt sich.

Diese einfachen Menschen sind sämtlich verunsichert, sie verstehen nicht, was mit ihnen geschieht. Personen gehen ineinander über, verdoppeln oder verwandeln sich. Damit der Leser nicht allzu verwirrt ist von den sich überlagernden Erzählsträngen, geht der Erzähler immer wieder an seinen Ausgangspunkt zurück und reflektiert das Geschehen. So beginnt das 27. Kapitel:

»In der dröhnenden Stille des Frisörladens war ich nun gänzlich allein. Ich machte mir schon gar keine Hoffnungen mehr, daß der Frisör und der Lehrling einmal wiederkommen würden. Ich hatte mir einen Stuhl ans Fenster gestellt, sah auf die Straße und die vorbeifahrenden Autos und dachte an das Dorf in weiter Ferne.

Wie hätte ich auch nicht daran denken sollen? Sie gingen mir alle nicht aus dem Kopf: Güvercin, die nach wie vor verschollen war; Cennets Sohn, der den Verstand verloren hatte und dauernd nach dem Fallen des Schnees fragte; der Wächter; Rıza; der Imam, der nicht wußte, wessen Haare er besprach; der Bürgermeister, der noch immer nicht aus der Kreisstadt zurück war; Cingil Nuri auch, von dem man bis heute nicht wußte, wohin er vor Jahren verschwunden und woher er Jahre später wieder gekommen war; Reşit, der wie ein altes Skelett zwischen seinem Haus und dem

Bürgermeisteramt hin und her wandelte; Hacer, die mit dem Feuer, das in ihr loderte, im Strohschuppen einen Brand entfachte; der von dem Pferd zu Tode getrampelte Ramazan. In gewisser Weise befand ich mich mitten unter ihnen.«

Für manche Autoren war die »Steppenstadt« (Bilge Karasu) Ankara ein ausgezeichneter Schreibort, andere sind lediglich dort geboren, sie haben die Türkei schon als Kind verlassen, wie zum Beispiel Renan Demirkan (geb. 1955) und Zafer Şenocak (geb. 1961), die in Deutschland Karriere gemacht haben. Die beliebte Erzählerin Ayla Kutlu (geb. 1938) hat in Ankara studiert ebenso wie Buket Uzuner und Murathan Mungan. Auch der vielseitige Attila Ilhan (1925-2005), Roman- und erfolgreicher Drehbuchautor, Lyriker und Essayist, lebte in den siebziger Jahren in Ankara. Wahrscheinlich waren alle türkischen Autoren irgendwann in ihrem Leben einmal in der Hauptstadt.

Eigentlich müßten auch Europäer nach Ankara wallfahrten, denn das eingangs genannte *Museum für Anatolische Zivilisationen* bewahrt Tontafeln mit hethitischen Texten auf, die ca. 150 Kilometer östlich von Ankara in der alten Hauptstadt des Hethiterreichs, Hattuşa (bei Boğazkale), gefunden wurden. Hethitisch ist die älteste schriftlich überlieferte indoeuropäische Sprache.

Ein Ausflug nach Hattuşa lohnt sich, denn erst angesichts der großartigen Anlage mit den Resten von Palästen, Tempeln, Stadtmauern, Zisternen und Vorratsspeichern inmitten einer rauhen Bergwelt erahnt man die Bedeutung dieses Reiches, das zwischen 1700 und 1200 v. Chr. Kleinasien beherrschte.

Die Hethiter beherrschten nicht nur die Kunst, hochwertiges Eisen (in der sogenannten Bronzezeit!) herzustellen, sie richteten auch Pferdegespanne für ihre mit drei Kriegern besetzten Streitwagen ab. Das wissen wir aus Briefen benachbarter Fürsten, die den Hethiterkönig um solche Dinge als Geschenke baten. Inzwischen liegen viele tausend Keilschrifttafeln mit Briefen, Verträgen, Gesetzestexten, Opfer- und Festvorschriften, Gebeten usw. entziffert vor. Für die Niederschrift ihrer Sprache verwendeten die Hethiter die Zeichen der akkadischen (babylonischen) Keilschrift, die im Vorderen Orient im diplomatischen Schriftverkehr üblich war. Die Beziehungen der Hethiter zu den Achäern in Milet und zu Homers Troja sind genauso wie die zu den Pharaonen Ägyptens anhand von Briefen bezeugt.

Literarischen Rang besitzen die sogenannten Pestgebete des König Mursili II. (1318-1290 v. Chr.). Da heißt es zum Beispiel:

»Ihr Götter, meine Herren, es ist so: Man sündigt. Und auch mein Vater sündigte und übertrat das Wort des Wettergottes, meines Herrn; ich habe in nichts gesündigt. Und es ist so: Die Sünde des Vaters kommt über den Sohn. Und auch über mich kam die Sünde meines Vaters. Und ich habe sie nunmehr dem Wettergott des Landes, meinem Herrn, und den Göttern, meinen Herren, gestanden: ›Es ist so, wir haben es getan.‹ Und weil ich nun meines Vaters Sünde gestanden habe, soll sich dem Wettergott, meinem Herrn, und den Göttern, meinen Herren, der Sinn wieder besänftigen. Seid mir wieder freundlich gesinnt, und jagt die Pest wieder aus dem Land Hattuša hinaus. (…)

Wenn aber die Götter, meine Herren, die Pest aus dem Land Hattuša nicht verjagen, werden die Brotopferer und Trankspender dahinsterben. Und wenn auch diese tot sind, dann werden für die Götter, meine Herren, Opferbrot und Trankspende aufhören. (…) Weil mir jetzt Familie, Haus, Truppen und Wagenkämpfer dahinsterben, womit soll ich da euch, ihr Götter, wieder in Ordnung bringen?« (Brandau 211 f.; 214)

Offenbar überzeugte diese Logik die Götter, denn die Krankheit, die über zwanzig Jahre gewütet hatte, verebbte endlich.

Den größten geschichtlichen Triumph erlebte Hattuša unter König Hattusili III., der mit dem ägyptischen Pharao Ramses II. 1259 v. Chr. den Friedensvertrag von Kadesch schloß. Von diesem ersten völkerrechtlichen Vertrag der Welt, der eine Absage an den Krieg gegeneinander und einen wechselseitigen Beistandspakt umfaßt, hängt eine Kopie im UN-Hauptgebäude in New York. Das in Ägypten gefundene Original in Silber trägt einen keilschriftlichen Text in akkadisch und die Siegel von Hattusili und seiner Frau Puduhepa. Bei Ausgrabungen in Hattuša hat man das Pendant dazu gefunden. Die Hethiter, die in diesem Dokument von Ägypten als gleichberechtigte Großmacht anerkannt worden waren, verschwanden bald darauf aus der Geschichte, ohne daß man bisher den Grund dafür kennt. Die Hauptstadt Hattuša wurde bald nach 1200 v. Chr. von der Führungsschicht verlassen; Aufzeichnungen darüber gibt es nicht, und die Archäologie rätselt über die vorhandenen Brandspuren. Die hethitische Sprache ist ausgestorben.

Heutige türkische Feministinnen berufen sich auf die Königin Puduhepa, die gleichberechtigt neben ihrem Mann den berühmten Vertrag siegelte und uns aus diversen Texten als politisch aktive und diplomatisch kluge Frau entgegentritt. Die Hethiter sind den Bewohnern von Ankara als »Vorfahren« unter der türkischen Form *Eti* wohlbekannt. Es gibt zum Beispiel eine »Hethiterbank« (Etibank) und »Hethiterkekse«, die an die einfallsreichen Backwaren der Hethiter erinnern. Der türkische Staat und seine

Elite sieht die vielfältigen reichen Kulturen, die lange vor der Landnahme der Seldschuken in Anatolien geblüht haben, als nationales Erbe an, das erforscht, geschützt und gepflegt werden muß.

Kulturadressen

Antalya
- Antalya Müzesi (Archäologisches Museum). Konyaaltı Cad., Di-So 9-18 Uhr.
- Hadrianstor (Teil der antiken Stadtmauer). Atatürk Cad.
- Hıdırlık-Turm (antiker Leucht- oder Wachturm). Kaleiçi/Karaalioğlu Park.
- Yivli-Minare-Moschee. Atatürk Cad.

Izmir
- Agora. Im Stadtteil Namazgah, oberhalb des Basarviertels.
- Arkeoloji Müzesi (Archäologisches Museum). Bahribaba Parkı, Di-So 9-12 und 13-17 Uhr.
- Etnografya Müzesi (Ethnographisches Museum). Halit Rıfat Cad. 3, Konak, Di-So 8.30-17.30 Uhr, im Winter Mittagspause 12.30-13.30 Uhr.
- Kemeraltı (Marktviertel). Hinter dem Konak Meydanı.

Pergamon
- Antike Ruinenstätte Pergamon. Tägl. 8.30-18 Uhr.
- Bergama Müzesi (archäologisches Stadtmuseum). Cumhuriyet Cad. 6, Di-So 9-12 und 13-17.30 Uhr.

Manisa
- Manisa-Museum. Saruhan Bey Mah. Murat Cad. 107 – Manisa. Tel.: (236) 232 00 62.

Bodrum
- St. Peter Kastell (u. a. Museum für Unterwasserarchäologie). Im Sommer tägl. 8.30-12 Uhr und 13.30-17.30 Uhr.

Troja
- Ausgrabungsstätte Troja. Tägl. 8-17 Uhr, im Sommer bis 19.30 Uhr. Geschlossen am 1. Jan., 8.-10. Jan., 16.-19. März, 23. April, 19. Mai, 30. Aug. und 29. Okt.

Çanakkale
- Arkeoloji Müzesi (Archäologisches Museum). Izmir Cad. Di-So 8-17 Uhr. Geschlossen am 1. Jan., 8.-10. Jan., 16.-19. März, 23. April, 19. Mai, 30. Aug. und 29. Okt.

Istanbul
- Arkeoloji Müzesi (Archäologisches Museum) im Gülhane-Park beim Topkapı-Museum. Di-So 9.30-17 Uhr.
- Beylerbey Sarayı (Sommerpalast am asiatischen Bosporusufer). Di-Mi, Fr-So 9.30 bis 17 Uhr.
- Dichterpark in Beşiktaş, Süleyman Sera Cad. Immer zugänglich.
- Dichterpark in Bebek am europäischen Bosporusufer. Immer zugänglich.
- Hagia Sophia (Ayasofya Müzesi). Di-So 9.30-17 Uhr.
- Kapalı Çarşı (Gedeckter Basar). Mo-Sa zu Geschäftszeiten.
- Mevlevihane Müzesi (Kloster der Tanzenden Derwische). Galata, Galip Dede Cad. Mi-Mo 10-17 Uhr.
- Sahaflar Çarşısı (Bücherbasar und Antiquariate). Zwischen Universität und Großem Basar. Täglich zu Geschäftszeiten.
- Türk ve Islam Eserleri Müzesi (Museum für türkische und islamische Kunst). Atmeydanı in Sultanahmet. Di-So 9.30-17 Uhr.
- Yedikule (Kastell). Im südlichen Teil der Stadtmauer. Di-So 10-17 Uhr.

Samsun
- Archäologisches und Ethnographisches Museum. Tel./Fax: (362) 431 68 28.

Kastamonu
- Archäologisches Museum. İsfendiyarbey Mah. Cumhuriyet Cad. 6. Tel.: (366) 214 54 56.
- Ethnographisches Museum. Hepkebirler Mah. Sakarya Cad. Tel.: (366) 214 01 49.

Trabzon
– Hagia Sophia (Museum). Tel.: (462) 223 30 43.
– Sumela-Kloster. Tel.: (462) 321 46 59.

Kars
– Kulturdirektion. Tel.: (474) 212 46 16 / Fax: (474) 212 46 23.
– Kars Museum. Istasyon Mah. Cumhurriyet Cad. 365. Tel.: (474) 223 24 53.

Diyarbakır
– Fremdenverkehrsbüro. Tel.: (412) 221 78 40.
– Museum Ziya Gökalp. Ziya Gökalp Bulvarı.
  Tel.: (412) 221 27 55 / Fax: (474) 223 08 02.

Ankara
– Museum für Anatolische Zivilisationen. Hisar Cad. Ulus. Di-So 8.30-17.30 Uhr.
– Ethnographisches Museum. Talat Paşa Bulvarı Opera. Di-So 8.30-12.30 Uhr und 13.30-17.30 Uhr.
– Anıtkabir (Atatürks Mausoleum). So-Di, Winter: 9-12 Uhr und 13-17 Uhr, Sommer: 9-12.30 Uhr und 13.30-17 Uhr.

Webadressen:

www.turkin.net (unter »Reiseführer Türkei« umfassende Informationen zu allen größeren Städten der Türkei und ihren Sehenswürdigkeiten)
www.antalya.de (Informationsportal für Antalya)
www.antalyatravel.com (Informationsportal für Antalya)
www.goethe.de/izmir (Internetpräsenz des Goethe-Instituts Izmir)
www.bodrumpages.com (Informationsportal für Bodrum)
www.troia.de (prämierte website der Troja-Ausstellung von 2001/2002)
www.goethe.de/ankara (Internetpräsenz des Goethe-Instituts Ankara)

www.goethe.de/istanbul (Internetpräsenz des Goethe-Instituts Istanbul)

www.bosporus-istanbul.de (Internetportal für Istanbul)

www.istanbul2010.org (Informationsportal »İstanbul 2010« zur Kulturhauptstadt 2010)

http://english.istanbul.com (Internetportal für Istanbul (englisch))

www.canakkale.bel.tr (städtisches Internetportal für Çanakkale (englisch))

Literaturverzeichnis

- Adivar, Halide Edip: Das Flammenhemd. Roman. Internationaler Verlag Renaissance, Wien 1925.
- Ağaoğlu, Adalet: Die zarte Rose meiner Sehnsucht. Aus dem Türkischen von Wolfgang Scharlipp. Ararat-Verlag, Stuttgart 1979.
- Ağaoğlu, Adalet: Sich hinlegen und sterben. Aus dem Türkischen von Ingrid Iren. © 2008 by Unionsverlag, Zürich.
- Aischylos: Die Orestie. Ins Deutsche übertragen von Emil Staiger. Philipp Reclam jun. Verlag, Stuttgart 1958-1987.
- Ali, Sabahattin: Der Ochsenkarren. In: Türkische Erzählungen des 20. Jahrhunderts. Herausgegeben von Tevfik Turan und Petra Kappert. Insel Verlag Frankfurt am Main und Leipzig 1992.
- Ali, Sabahattin: Ses. Gramofon Avrat. (Erzählungen). In: Bütün Eserleri. Istanbul 1981.
- Ali, Sabahattin: Stimme. In: Geschichten aus der Geschichte der Türkei. Herausgegeben von Güney Dal und Yüksel Pazarkaya. Luchterhand Literaturverlag, Frankfurt am Main 1990.
- Ammann, Ludwig: Mein Feind, mein Bruder. Yasar Kemals Roman *Die Ameiseninsel*. In: Neue Zürcher Zeitung, Nr. 262.
- Anakreon: siehe Kindler.
- Anar, Ihsan Oktay: Der Atlas unsichtbarer Kontinente. Roman. Aus dem Türkischen von Ute Birgi-Knellessen. Ammann Verlag, Zürich 2004.
- Atılgan, Yusuf: Hotel Heimat. Roman. Aus dem Türkischen von Hanne Egghardt. Verlag am Galgenberg, Hamburg 1985.
- Aykol, Esmahan: Hotel Bosporus. Roman. Aus dem Türkischen von Carl Koss. Diogenes Verlag, Zürich 2003.
- Bannert, Herbert: Homer lesen. Verlag frommann-holzboog, Stuttgart-Bad Cannstadt 2005.
- Baykurt, Fakir: Die Rache der Schlangen. Roman. Aus dem Türkischen von Horst Wilfrid Brands. Ararat-Verlag, Berlin 1981.
- Baykurt, Fakir: Mutter Irazca und ihre Kinder. Roman. Aus dem Türkischen von Horst Wilfrid Brands. Ararat-Verlag, Berlin 1981.

– Baykurt, Fakir: Das Epos von Kara Ahmet. Roman. Aus dem Türkischen von Hannelore Lüpertz. Ararat-Verlag Berlin 1984.
– Becker, Thorsten: Sieger nach Punkten. Roman. Copyright © 2004 by Rowohlt Verlag GmbH, Reinbek bei Hamburg.
– Bernières, Louis de: Traum aus Stein und Federn. Roman. © 2004 by Louis de Bernières. Aus dem Englischen von Manfred Allié und Gabriele Kempf-Allié. © S. Fischer Verlag GmbH, Frankfurt am Main 2005.
– Beyatlı, Yahya Kemal: siehe Bizans'tan.
– Bilgin, Ismail: Çanakkale Destanı. Istanbul 2006.
– Bilgin, Ismail: Gelibolu. Istanbul 2004.
– Bizans'tan Günümüze Istanbul Şiirleri. (Anthologie). Herausgegeben von Enver Ercan. Verlag Alfa Yayinlari, Istanbul 2002.
– Borries, Erika und Ernst von: Deutsche Literaturgeschichte. Band 1: Mittelalter, Humanismus, Reformationszeit, Barock. Deutscher Taschenbuch Verlag, München 1991.
– Brandau, Birgit und Schickert, Hartmut: Hethiter, die unbekannte Weltmacht. Piper Verlag, München 2001.
– Dağlarca, Fazil Hüsnü: Steintaube. Taş güvercin. Gedichte. Deutsch/türkisch. Aus dem Türkischen von Nevfel Cumart. © 1999 by Unionsverlag, Zürich.
– Dal, Güney: Eine kurze Reise nach Gallipoli. Roman. Aus dem Türkischen von Carl Koss. Piper Verlag, München 1994.
– Eco, Umberto: Baudolino. Roman. Aus dem Italienischen von Burkhart Kroeber. © 2001 Carl Hanser Verlag, München.
– Edgü, Ferit: Ein Winter in Hakkari. Roman. Aus dem Türkischen von Sezer Duru. © 1987 by Unionsverlag, Zürich.
– Elçi, Ismet: Gesetz des Schweigens. Erzählung. Verlag Clemens Zerling, Berlin 1990.
– Elçi, Ismet: Sinan ohne Land. Erzählungen. Verlag Clemens Zerling, Berlin 1988.
– Elçi, Ismet: Cemile oder Das Märchen von der Hoffnung. Verlag Clemens Zerling, Berlin 1991.
– Emre: siehe Yunus Emre.
– Erbil, Leyla: Eine seltsame Frau. Roman. Aus dem Türkischen

von Angelika Gillitz-Acar und Angelika Hoch. Unionsverlag, Zürich 2005.

- Ercan, Enver: siehe Bizans'tan.
- Die Erzählungen aus den Tausendundein Nächten. Sechs Bände. Nach dem arabischen Urtext der Calcuttaer Ausgabe aus dem Jahre 1839 übertragen von Enno Littmann. Insel Verlag Frankfurt am Main und Leipzig 2004.
- Erzeren, Ömer: Eisbein in Alanya. Erfahrungen in der Vielfalt deutsch-türkischen Lebens. edition Körber-Stiftung, Hamburg 2004.
- Eugenides, Jeffrey: Middlesex. Roman. Deutsche Übersetzung von Eike Schönfeld. Copyright © 2002 by Rowohlt Verlag GmbH, Reinbek bei Hamburg.
- Evliya Çelebi, Seyahatname: siehe Kreiser.
- Eyüboğlu, Bedri Rahmi: siehe Bizans'tan
- Francia, Luisa: Mond, Tanz, Magie. Verlag Frauenoffensive, München o. J.
- Giebel, Marion: Sappho. Rowohlt Verlag, Reinbek, 7. Auflage 2002.
- Goethe, Johann Wolfgang: Faust. Der Tragödie erster und zweiter Teil. Insel Verlag Frankfurt am Main und Leipzig 1999.
- Gronau, Dietrich: Nazim Hikmet. Rowohlt Verlag, Reinbek 1991.
- Halikarnas Balıkçısı: Mavi Sürgün. Bilgi Yayinevi, o. Ort, o. J.
- Hartmann von Aue: Lieder. Mittelhochdeutsch/neuhochdeutsch. Herausgegeben, übersetzt und kommentiert von Ernst von Reusner. Philipp Reclam jun. Verlag, Stuttgart 1985.
- Hausen, Friedrich von: siehe Borries.
- Hikmet, Nazim: Mädchen wie Silberfäden. In: Dietrich Gronau, a. a. O.
- Hilsenrath, Edgar: Das Märchen vom letzten Gedanken. Roman. Piper Verlag, München 1989.
- Homer: Ilias. Ins Deutsche übertragen von Roland Hampe. © Philipp Reclam jun. Verlag, Stuttgart 1979.
- Homer: Odyssee. Ins Deutsche übertragen von Roland Hampe. © Philipp Reclam jun. Verlag, Stuttgart 1979.

- Inceoğlu, Necati: Siper Mektuplari. Istanbul 2001.
- Jens, Walter: Ilias und Odyssee. Nacherzählt von Walter Jens. Ravensburger Buchverlag, Ravensburg 1983.
- Irwin, Robert: Die Welt von Tausendundeine Nacht. Aus dem Englischen von Wiebke Walther. Insel Verlag Frankfurt am Main und Leipzig 2004.
- Işık, Haydar: Die Vernichtung von Dersim. Roman. Aus dem Türkischen von Sabine Adatepe. Edition arArat 3. Unrast Verlag, Münster 2002.
- Işık, Haydar: Der Agha aus Dersim. Aus dem Türkischen von Sabine Atasy. A1 Verlag, München 2. Aufl. 1995.
- Kabaağaçlı, Cevat Şakir (Halikarnas Balıkçısı): Mavi Sürgün. Roman. Ohne Erscheinungsort und -jahr.
- Kadri, Yakup (richtig wäre der Nachname Karaosmanğlu): Der Fremdling. Roman. Aus dem Türkischen von Max Schultz-Berlin. Suhrkamp Verlag Frankfurt am Main 1989.
- Kamphoevener, Elsa Sophia von: An Nachtfeuern der Karawan-Serail. Märchen und Geschichten alttürkischer Nomaden. 2 Bände. Christian Wegner Verlag, Hamburg 1956/57.
- Kanik, Orhan Veli: Galatabrücke. In: Fremdartig/Garip. Gedichte in zwei Sprachen. Herausgegeben, übersetzt und mit einem Nachwort versehen von Yüksel Pazarkaya. © Dagyeli Verlag, Frankfurt am Main 1985.
- Karasu, Bilge: Der Garten entschwundener Katzen. Erzählzyklus. Aus dem Türkischen von Deniz Göktürk. Literaturca Verlag, Frankfurt am Main 2002.
- Karasu, Bilge: Die Nacht. Roman. Literaturca Verlag, Frankfurt am Main 2001.
- Kaygusuz, Sema: Wein und Gold. Roman. Aus dem Türkischen von Barbara Yurtdas. Suhrkamp Verlag Frankfurt am Main 2008.
- Kemal, Orhan: Murtaza oder Das Pflichtbewußtsein des kleinen Mannes. Aus dem Türkischen von Carl Koss unter Mitarbeit von Kemal Kozanoglu. Ararat Verlag, Stuttgart 1979.
- Kemal, Yaşar: Die Ameiseninsel. Aus dem Türkischen von Cornelius Bischoff. Unionsverlag, Zürich 2001.

- Kemal, Yaşar: Memed mein Falke. Roman. Aus dem Türkischen von Horst Wilfrid Brands. © 1980 by Unionsverlag, Zürich.
- Kemal, Yaşar: Die Disteln brennen (Memed II). Roman. Aus dem Türkischen von Helga Dagyeli-Bohne und Yildirim Dagyeli. Unionsverlag Zürich, 1991.
- Kindlers Neues Literaturlexikon. Chefredaktion Rudolf Radler. Band I. Kindler Verlag, München 1988.
- Kleist, Heinrich von: Penthesilea. Ein Trauerspiel. Philipp Reclam jun. Verlag, Stuttgart 2001.
- Kreiser, Klaus: Evliya Celebi – Weltreisender und Gesellschafter. In: Damals. Das Magazin für Geschichte und Kultur 36/2 (Februar 2004).
- Kreiser, Klaus und Neuman, Christoph K.: Kleine Geschichte der Türkei. Philipp Reclam jun. Verlag, Stuttgart 2003.
- Latacz, Joachim: Troia und Homer. Verlag Koehler & Amelang, Leipzig 2005.
- Latzke, Hans E. u. a.: Westtürkei und Zentralanatolien. DuMont Richtig reisen. DuMont Reise Verlag, Ostfildern 2003.
- Levi, Mario: Istanbul war ein Märchen. Aus dem Türkischen von Barbara Yurtdas. Suhrkamp Verlag Frankfurt am Main 2008.
- Livaneli, Zülfü: Katze, Mann und Tod. Aus dem Türkischen von Wolfgang Riemann. Unionsverlag, Zürich 2005.
- Makal, Mahmut: Unser Dorf in Anatolien. Aus dem Türkischen von Sanem Alacakaptan unter Mitarbeit von Ulrike Schlingmann. Express-Edition, Berlin 1981.
- Moir, Aleksej: Eine verschüttete Utopie. Die Aleviten Anatoliens. In: Literaturzeitschrift Torso, Nr. 3, Frühjahr 1994.
- Moir, Aleksej: Die Literatur aus der Erde. Alevitische Barden in Anatolien. In: Literaturzeitschrift Torso, Nr. 4, Frühjahr 1995.
- Moltke, Helmuth von: Briefe über Zustände und Begebenheiten in der Türkei aus den Jahren 1835-1839. Greno Verlag, Nördlingen 1987.
- Moser, Achill: Zu Fuß durchs wilde Kurdistan. Im Land der Söhne Saladins. Reisebericht und Ratschläge. Pietsch Verlag, Stuttgart 1990.

– Mungan, Murathan: Palast des Ostens. Aus dem Türkischen von Birgit Linde und Alex Bischof. Mit einem Nachwort von Börte Sagaster. © 2006 by Unionsverlag, Zürich.
– Müller, Lothar: Nun schaut auf diese Stadt. In: Literaturbeilage der Süddeutschen Zeitung vom 21. 11. 2006.
– Nadel, Barbara: Der gläserne Käfig. Roman. Aus dem Englischen von Nikolaus de Palézieux. Ullstein-Taschenbuchverlag, München 2003.
– Nadel, Barbara: Im Gewand der Nacht. Roman. Aus dem Englischen von Franca Fritz und Heinrich Koop. List Verlag, München 2004.
– Nasreddin Hoca: Wer den Duft des Essens verkauft. Schwänke und Anekdoten. Aus dem Türkischen von Herbert Melzig. Rowohlt Verlag, Reinbek 1988. © Aufbau Verlagsgruppe GmbH, Berlin. (Diese Ausgabe erschien 1988 erstmals im Verlag Rütten & Loening; Rütten & Loening ist eine Marke der Aufbau Verlagsgruppe GmbH, Berlin.)
– Özakın, Aysel: Die Preisvergabe. Aus dem Türkischen von Heike Offen. Buntbuch Verlag, Hamburg 1982.
– Özdamar, Emine Sevgi: Das Leben ist eine Karawanserei hat zwei Türen aus einer kam ich rein aus der anderen ging ich raus. Roman. © 1992, 2005 by Verlag Kiepenheuer & Witsch, Köln.
– Özdamar, Emine Sevgi: Die Brücke vom Goldenen Horn. Roman. Verlag Kiepenheuer & Witsch, Köln 1998.
– Özdoğan, Selim: Die Tochter des Schmieds. Roman. © Aufbau Verlagsgruppe GmbH, Berlin 2005. (Der Roman erschien im Aufbau-Verlag; Aufbau ist eine Marke der Aufbau Verlagsgruppe GmbH, Berlin.)
– Pamuk, Orhan: Istanbul. Erinnerungen an eine Stadt. Aus dem Türkischen von Gerhard Meier. © 2006 Carl Hanser Verlag, München.
– Pamuk, Orhan: Das Schwarze Buch. Roman. Aus dem Türkischen von Ingrid Iren. © 1995 Carl Hanser Verlag, München.
– Pamuk, Orhan: Rot ist mein Name. Roman. Aus dem Türkischen von Ingrid Iren. © 2001 Carl Hanser Verlag, München.

– Pamuk, Orhan: Schnee. Roman. Aus dem Türkischen von Christoph K. Neumann. © 2005 Carl Hanser Verlag, München.
– Pamuk, Orhan: Das neue Leben. Roman. Aus dem Türkischen von Ingrid Iren. © 1998 Carl Hanser Verlag, München.
– Pamuk, Orhan: Die weiße Festung. Roman. Aus dem Türkischen von Ingrid Iren. Insel Verlag Frankfurt am Main und Leipzig 1990.
– Pamuk, Orhan: Der Blick aus meinem Fenster. Betrachtungen. Aus dem Türkischen von Cornelius Bischoff. Carl Hanser Verlag, München 2006.
– Pamuk, Orhan: Loblied eines Türken auf den Roman als europäische Kunst. Dankesrede für den Friedenspreis des Deutschen Buchhandels 2005. In: Süddeutsche Zeitung vom 24. 10. 2005.
– Peters, Christoph: Das Tuch aus Nacht. Roman. btb Verlag, München 2005.
– Rabe, Jens-Christian: Die Spinne auf der Hand meines Vaters. Der Plagiatsvorwurf gegen Feridun Zaimoglu: Geschichte eines wunderlichen Nicht-Ereignisses. In: Süddeutsche Zeitung vom 10./11. 6. 2006.
– Radt, Wolfgang: Pergamon. Geschichte und Bauten, Funde und Erforschung einer antiken Metropole. DuMont Buchverlag, Köln 1988.
– Ranke-Graves, Robert von: Griechische Mythologie. Quellen und Deutung. Ins Deutsche übertragen von Hugo Seinsfeld unter Mitwirkung von Boris von Borresholm. Rowohlt Taschenbuchverlag, Reinbek bei Hamburg 1984.
– Reich-Ranicki, Marcel: Mein Leben. Deutsche Verlags-Anstalt, Stuttgart 1999.
– Rilke, Rainer Maria: Werke. Bd. 1-6. Herausgegeben von Ernst Zinn und Ruth Sieber-Rilke. Insel Verlag Frankfurt am Main 1980.
– Rüdiger, Horst: Anakreon. In: Griechische Lyriker. Griechisch und deutsch. Ins Deutsche übertragen, eingeleitet und herausgegeben von Horst Rüdiger. Artemis-Verlag, Zürich, 2. Auflage 1968.
– Sappho: siehe Giebel.

- Schimmel, Annemarie: Aus dem goldenen Becher. Türkische Gedichte aus sieben Jahrhunderten. Önel-Verlag, Köln 1993.
- Schimmel, Annemarie: Gärten der Erkenntnis. Texte der islamischen Mystik. Ins Deutsche übertragen von Annemarie Schimmel. Eugen Diederichs Verlag, Düsseldorf/Köln 1982.
- Schlötzer, Christiane: Risse im Schleier des Schweigens. In: Süddeutsche Zeitung vom 19. 4. 2005.
- Schlötzer, Christiane: Die Freundschaft der früheren Feinde. In: Süddeutsche Zeitung vom 7. 7. 2005.
- Schlötzer , Christiane: Das Mädchen mit dem falschen Namen. Türkische Tabus. Picus Verlag, Wien 2006.
- Schüle, Christian: Türkeireise. Von unerhörten Begegnungen, erfüllten Sehnsüchten und der Suche nach Europa. Malik in Piper Verlag, München 2006.
- Schütte, Wolfram: Die Blaue Blume von Stambul. Orhan Pamuks phantastische Reise ans Ende der (türkischen) Nacht. In: Frankfurter Rundschau vom 25. 11. 1998.
- Schulze, Ingo: Der Marmor von Pergamon und die verlorenen Freunde. Über die Lektüre der *Ästhetik des Widerstands* und den Zeitumbruch von 1989/90. Dankesrede für den Peter-Weiss-Preis 2006. In: Süddeutsche Zeitung vom 21. 11. 2006.
- Seal, Jeremy: Der Fez. Eine Reise durch die Türkei auf der Suche nach einem Hut. Aus dem Englischen von Joachim Kalka. © 1995 Jeremy Seal. Klett-Cotta, Stuttgart 1998.
- Seferis, Giorgos: Alles voller Götter. Essays. Herausgegeben, aus dem Griechischen übersetzt und mit einem Nachwort versehen von Asteris Kutulas. Suhrkamp Verlag Frankfurt am Main 1990.
- Seferis, Giorgos: Poesie. Texte in zwei Sprachen. Ins Deutsche übertragen von Christian Enzensberger. Herausgegeben von Hans Magnus Enzensberger. Suhrkamp Verlag Frankfurt am Main 1962.
- Selby, Bettina: Ararat! Mit dem Fahrrad durch Kurdistan. Aus dem Englischen von Jürg Wahlen. Piper Verlag, München 2004.
- Selimoğlu, Zeyyat: Versammlung auf dem Achterdeck. Aus dem Türkischen von Ingrid Lenz-Aktaş. In: Von Istanbul bis Hak-

kâri. Eine Rundreise in Geschichten. Herausgegeben von Tevfik Turan. © 2005 by Unionsverlag, Zürich.

– Shafak, Elif: Der Bastard von Istanbul. Roman. Aus dem Amerikanischen von Juliane Gräbener-Müller. Eichborn Verlag, Frankfurt am Main 2007.

– Soysal, Sevgi: Yenişehir'de Bir Öğle Vakti. Bilgi Yayinevi, Ankara 1973 (7. Aufl. 1988).

– Soysal, Sevgi: Tante Rosa. Aus dem Türkischen von Aliye Yenen. Buntbuch Verlag, Hamburg 1981

– Tanpınar, Ahmet Hamdi: Sommerregen. Erzählungen. Aus dem Türkischen von Beatrix Caner. Literaturca Verlag, Frankfurt am Main 2001.

– Tekinay, Alev: Engin im Englischen Garten. Ravensburger Buchverlag, Ravensburg 1990.

– Tekinay, Alev: Nur der Hauch vom Paradies. Roman. Brandes & Apsel Verlag, Frankfurt am Main 1993.

– Thelen, Sibylle: (über Murathan Mungan). In: Stuttgarter Zeitung vom 2. 12. 2006.

– Toptaş, Ali Hasan: Die Schattenlosen. Roman. Aus dem Türkischen von Gerhard Meier. © 2006 by Unionsverlag, Zürich.

– Türkali, Vedat: Mavi Karanlık. Roman. Everest Alfa Kitap, Istanbul 2004.

– Türkische Märchen. Herausgegeben und übertragen von Otto Spies. Rowohlt Verlag, Reinbek 1992.

– Türkische Märchen. Herausgegeben von Adelheid Uzunoglu-Ocherbauer. S. Fischer Verlag, Frankfurt am Main, Neuauflage 1994.

– Türkische Volksmärchen. Herausgegeben von Pertev Naili Boratav. Eugen Diederichs Verlag, Köln, Neuauflage 1990.

– Ümit, Ahmet: Nacht und Nebel. Roman. Aus dem Türkischen von Wolfgang Scharlipp. Unionsverlag, Zürich 2005.

– Uhland, Ludwig: Schwäbische Kunde. Ballade. In: Der ewige Brunnen. Anthologie. Herausgegeben von Ludwig Reiners. C. H. Beck Verlag, München 1955/2006.

– Uzun, Mehmed: Im Schatten der verlorenen Liebe. Aus dem

Kurdischen von Hüseyin Dozen und Andreas Grenda. © 1998 by Unionsverlag, Zürich.

– Uzuner, Buket: Uzun Beyaz Bulut Gelibolu. Istanbul 2001.

– Wannagat, Detlev: Der Blick des Dichters. Antike Kunst in der Weltliteratur. Wissenschaftliche Buchgesellschaft, Darmstadt 1997.

– Weiss, Peter: Die Ästhetik des Widerstands. Roman. Suhrkamp Verlag Frankfurt am Main 1975.

– Werfel, Franz: Die vierzig Tage des Musa Dagh. Roman. Copyright 1933 by Paul Zsolnay Verlag, Wien. Alle Rechte vorbehalten S. Fischer Verlag GmbH, Frankfurt am Main.

– Westphal, Wilfried: Richard Löwenherz und Saladin. Historische Erzählung. Thorbecke Verlag, Ostfildern 2006.

– Wolf, Christa: Kassandra. Erzählung. Luchterhand Literaturverlag, Darmstadt und Neuwied 1983.

– Wolf, Christa: Voraussetzungen einer Erzählung: Kassandra. Frankfurter Poetik-Vorlesungen. Luchterhand Literaturverlag, München 2000/2004.

– Wolf, Christa: Medea. Stimmen. Luchterhand Literaturverlag, München 1996.

– Yunus Emre: Ausgewählte Gedichte/Secme Siirler. Zweisprachig. Aus dem Türkischen von Annemarie Schimmel. Önel-Verlag, Köln 1991.

– Yunus Emre: Das Kummerrad/Dertli Dolap. Zweisprachig. Ins Deutsche übertragen und mit einem Nachwort versehen von Zafer Senocak. Dagyeli Verlag, Frankfurt am Main 1986.

– Yurtdas, Barbara: Istanbul. Ein Reisebegleiter. Insel Verlag Frankfurt am Main und Leipzig 2004.

– Zaimoğlu, Feridun: Leyla. Roman. © 2006 by Verlag Kiepenheuer und Witsch, Köln.

– Zimmer Bradley, Marion: Die Feuer von Troia. Roman. Aus dem Amerikanischen von Manfred Ohl und Hans Sartorius. Wolfgang Krüger Verlag, Frankfurt am Main 1988.

Autorenregister

253

Abbildungsnachweis